전자금융과 결제

e-banking and it's payment

유순덕 저

홍릉과학출판사

머리말

인터넷을 기반으로 하는 웹 서비스를 알게 된 것이 대학 시절이었다. 그 이후에 기업에서 자연스럽게 접하게 된 금융업무와 IT 업무를 수행하면서 많은 정보를 알아가며 전자금융 기술 발달과 함께 살아왔다. 이런 경험을 기반으로 전자금융에 대해 많은 이들이 쉽게 이해를 할 수 있는 책이 있었으면 바람에서 작업을 하게 되었다.

이 책은 전자금융 분야에 종사하는 전문가들과 후학들이 현업을 폭넓게 이해하기 위해 필요로 하는 내용이 수록되어 있다. 그리고 전자금융 관련 업무에 일하고자 하는 이들에게 체계적으로 전자금융을 이해할 수 있도록 구성되어 있으며 핀테크 등 전자금융과 결제에 관심을 가지는 경영자들에게 도움을 주고자 서술하였다.

이 책에서 다루는 내용을 살펴보면 먼저 도입부분은 전자상거래 개요, 시장현황, 모바일 상거래 및 전자금융의 중요성을 담고 있다. 또한 전자금융 개념, 전자채권, 결제수단 발행, 결제대금예치, 전자고지결제를 소개하고 있다. 중간부분에서는 전자화폐의 개념과 가상 화폐의 종류와 각 특징을 논의하고 전자지급결제대행 서비스 유형과 수익구조, 관련 기업 분석, 전자결제 서비스 연동 방법에 대하여 설명하였다. 그리고 국내외 핀테크를 포함한 국내외 관련 전자금융 현황과 미래의 발전방향에 대해 논의 한 후 전자금융 보호, 전자결제 보안관리, 관련법과 정책에 대하여 다루고 있다.

이 책은 현업에서 전자금융관련 업무를 수행하는 전문가들이 전자금융을 이해하는데 도움 되도록 소개하였다. 전자금융이 우리 삶에 많은 혜택을 주고 있다. 그러나 전자금융은 사기나 피해에 민감한 것으로 부정적인 인식이 강하다. 현재의 기술에 충분한 이해를 통해 많은 장점을 이용하여 이를 우리의 삶이 보다 풍요롭기 바란다.

2015년 3월

유 순 덕

목 차

제 1 장 전자상거래

제1절 전자상거래 개요 • 3

1. 전자상거래 개념 ··· 3
2. 전자상거래의 유형과 특징 ··· 5
   2.1 전자상거래 유형 ··· 5
   2.2 전자상거래 특징 ··· 7
   2.3 전자상거래 효과 및 장단점 ··· 8

제2절 전자상거래 시장현황 • 11

1. 해외 전자상거래 시장현황 ··· 11
   1.1 전자상거래 시장현황 ··· 11
   1.2 미국시장 현황과 전망 ··· 15
   1.3 영국시장 현황과 전망 ··· 16
   1.4 인도시장 현황과 전망 ··· 18
2. 국내 전자상거래 시장현황 ··· 19
3. 전자상거래 전망 ··· 22

제3절 모바일 상거래 • 25

1. 모바일 상거래 개념 ··· 25
   1.1 모바일 상거래의 개념 ··· 25
   1.2 모바일 상거래 현황 ··· 29
   1.3 모바일 상거래의 전망 ··· 33

제4절 전자금융의 중요성 • 35

1. 전자금융의 중요성 ··· 35

제 2 장 전자금융

제1절 전자금융 • 39

1. 전자금융 정의 ······ 39
2. 전자금융업의 유형 ······ 41
3. 전자금융업 허가 및 등록조건 ······ 44
4. 전자금융 관련 법률 ······ 51

제2절 전자채권 • 55

1. 전자채권 개념 ······ 55
2. 전자채권과 전자어음 ······ 59

제3절 결제 수단발행 • 62

1. 결제 수단발행 개념 ······ 62
   1.1 결제 수단발행 개념 ······ 62
   1.2 결제 수단 발행자 요건과 발행절차 ······ 65
2. 직불전자지급수단 개념과 특징 ······ 68
   2.1 직불전자지급수단 개념 ······ 68
   2.2 직불전자지급수단 특징 ······ 70
3. 선불전자지급수단 개념과 특징 ······ 72
   3.1 선불전자지급수단 개념 ······ 72
   3.2 선불전자지급수단의 특징 ······ 73

제4절 결제대금예치 • 75

1. 결제대금예치제도 개념 ······ 75
2. 결제대금예치업의 특징 ······ 76
3. 결제대금예치업 도입현황 ······ 77

제5절 전자고지결제 • 79

1. 전자고지결제 개념 ······ 79
2. 전자고지결제 특징 ······ 80

제 3 장 전자화폐

제1절 전자화폐 • 85

1. 전자화폐 개념 및 특징 ······ 85
2. 전자화폐의 유형 ······ 86
   2.1 IC카드형 : K-CASH ······ 88
   2.2 IC카드형 : Mondex 카드 ······ 89
   2.3 Network형 ······ 91
3. 국내 전자화폐 현황 ······ 92
4. 전자화폐 법률 현황 ······ 94

제2절 가상화폐 • 96

1. 가상화폐의 개념 ······ 96
2. 가상화폐의 특징 ······ 97
3. 가상화폐 유형 ······ 99
4. 가상화폐 도입현황 ······ 103
   4.1 Bitcoin ······ 103
   4.2 리플(Ripple)코인 ······ 107
   4.3 Litecoin (LTC) ······ 109
   4.4 Linden Dollar ······ 111

제 4 장 전자지급결제대행 서비스

제1절 전자지급결제대행 서비스 • 117

1. 지급결제 서비스 개요 ······ 117
2. 오프라인 지급결제대행 서비스 : VAN 서비스 ······ 118
3. 전자지급결제대행 서비스 등장 배경 ······ 120
4. 전자지급결제대행 서비스 ······ 122
5. 전자지급결제대행 시스템 ······ 127

제2절 전자지급결제대행 서비스 유형과 수익구조 • 130

1. 전자지급결제 서비스 범위 ······ 130

2. 전자지급결제 유형별 자금정산 131
2.1 신용카드 PG 131
2.2 계좌이체 PG 132
2.3 가상계좌 PG 134
2.4 통신과금서비스 PG 135
2.5 상품권 PG 140

제3절 전자지급결제 주요기업 분석 • 142
1. 비즈니스 모델로서 전자지급결제 서비스 142
2. LG U+ 143
3. KG이니시스 143
4. 한국사이버결제 144
5. KG 모빌리언스 145
6. 다날 146
7. 갤럭시아컴즈 146

제4절 전자지급결제 서비스 연동 • 148
1. 전자지급결제 서비스 연동 148

제 5 장 국내외 전자지급결제 서비스

제1절 전자지급결제 서비스 환경 • 153
1. 전자지급결제대행 서비스 성장요인 153
1.1 오프라인 서비스의 온라인 결제화 153
1.2 모바일 관련 기술 발달 155
2. 전자지급결제 시장 전망 156

제2절 해외 전자지급결제 서비스 현황 • 158
1. 시장 현황 158
2. 핀테크 서비스 현황 159
3. 페이팔 서비스 163
3.1 페이팔 서비스 개요 163

3.2 페이팔 결제 방식 ········ 164

4. 구글 월렛 ········ 168

5. 애플페이 ········ 169

6. 알리페이의 Cross-border 결제 ········ 172

제3절 국내 전자지급결제 서비스 현황 • 174

1. 국내 전자지급결제 환경의 변화 ········ 174

2. 전자지급결제 서비스 시장현황 ········ 177

3. 모바일 결제 및 통신과금서비스 현황 ········ 180

4. 국내 핀테크 서비스 현황 ········ 185

5. 간편결제 서비스 현황 ········ 188

5.1 페이핀 ········ 188

5.2 페이나우 플러스 ········ 189

5.3 스마일페이 ········ 191

5.4 카카오페이 ········ 192

5.5 BC PayAll ········ 193

5.6 오픈페이 ········ 194

6. 간편결제 서비스 비교 ········ 195

제 6 장 전자금융 보안

제1절 정보보호 • 201

1. 정보보호의 정의 및 유형 ········ 201

2. 정보보호 위협 ········ 204

2.1 목표대상이 명확한 조직적 공격 ········ 206

2.2 스마트폰 등 모바일 기반 위협 ········ 208

2.3 악성 프로그램 위협 ········ 210

2.4 클라우드 컴퓨팅 보안 위협 ········ 211

2.5 기타 ········ 213

3. 디지털 인증 ········ 216

3.1 디지털 인증 ········ 216

3.2 공인인증서 ········ 220

3.3 공인인증서 현황 ········ 222

제2절 전자금융 보호 • 225

1. 금융전산보안 ········ 225
1.1 전자금융 시스템에 대한 공격 ········ 225
1.2 금융전산보안 강화 방안 ········ 227
2. 전자금융 사기 ········ 230
2.1 개요 ········ 230
2.2 온라인 전자금융 사기 유형 ········ 232
2.3 오프라인 전화금융 사기 유형 ········ 235
3. 전자금융 사기 사전 대응방안 ········ 237
3.1 전자금융 사기 현황 ········ 237
3.2 전자금융 사기 사전 대응 ········ 239
4. 전자금융 사기 사후대응방안 ········ 243
4.1 해외의 전자금융사기 피해자 구제방안 ········ 243
4.2 전자금융 사기에 대한 이용자 보안대책 및 피해자 구제 근거 ········ 245

제3절 전자결제 보안관리 • 248

1. 전자결제 보안관리 개요 ········ 248
2. 신용카드의 부당 청구관리 시스템 ········ 252
3. 전자결제 거래관리 시스템 ········ 254
4. 전자지급결제 거래 리스크 관리 ········ 260

제4절 관련법과 정책 • 262

1. 전자금융 거래에 따른 정보보호 관련 법률 ········ 262
2. CPO 및 CISO의 기업 내 역할과 책임 ········ 265
3. 금융권의 CPO와 CISO 운영형태 ········ 269

참고문헌 ········ 271

제 1 장

전자상거래

제 1 절　전자상거래 개요

제 2 절　전자상거래 시장현황

제 3 절　모바일 상거래

제 4 절　전자금융의 중요성

E-BANKING &
PAYMENT

E-Banking & Payment

제 1 절 전자상거래 개요

① 전자상거래 개념

IT기술 발전으로 전자상거래(Electronic Commerce, 또는 e-Commerce)가 새로운 차원의 기업의 비즈니스 도구로 활용되고 있다. 따라서 전자상거래의 개념과 이와 관련된 환경에 대하여 고찰하고자 한다.

일반 소비자가 느끼는 전자상거래는 기업 간의 거래뿐만 아니라 기업과 소비자 간의 직접적인 상거래 통해 인터넷 사이버 상에서 전자적으로 수행이 가능하도록 지원하는 것이다. 예를 들면 기업과 소비자 간의 전자상거래 형태는 이렇게 이루어진다. 먼저 판매상점들은 고객이 구매하고자 하는 상품을 컴퓨터 화면을 통해 볼 수 있도록 인터넷 사이버 상에 진열한다. 고객은 원거리에서 네트워크를 통해 상점 사이트를 방문하여 원하는 물건이 있으면 컴퓨터 화면상에서 주문을 한다. 주문결과에 대한 대금 지불처리를 행하면, 대금지불이 끝난 상품을 고객에게 배달되는 일련의 상거래 과정을 전자적으로 지원하는 것이 전자상거래이다. 다음은 다양한 기관에서 제시한 전자상거래 개념을 정리하였다.

<표 1-1> 전자상거래 개념

구 분	개 념
WTO	전자적인 수단에 의한 상품 및 서비스의 생산, 유통, 마케팅, 판매 및 전달을 의미
OECD	개인과 조직을 모두 포함해서 텍스트, 음성, 화상을 포함한 디지털화된 데이터의 처리와 전송에 바탕을 두고 있는 상업적인 활동과 관련된 모든 종류의 거래 형태
미국 (상무보고서, 1999)	인터넷 또는 웹을 기반으로 한 시스템에서 거래가 이루어지는 영업 방식

<표 1-1> 전자상거래 개념 (계속)

구 분	개 념
EU	물리적인 교환 또는 직접적인 물리적 접촉에 의한 것보다는 당사자들이 전자적으로 상호작용함으로써 이루어지는 모든 형태의 거래

법적인 측면에서 전자상거래는 재화 또는 용역(이하, 재화 등)을 거래함에 있어서 그 전부 또는 일부가 전자문서에 의하여 처리되는 방법으로 상행위를 하는 것을 의미한다(『전자상거래등에서의 소비자보호에 관한법률』 제2조(정의) 제1호).

『정보통신망이용촉진 및 정보보호법』 제2조 제5호)에 따르면 전자문서는 다음과 같이 정리된다.

(1) 정보처리시스템에 의하여 전자적 형태로 작성, 송수신 또는 저장된 정보 (『전자거래기본법』 제2조 제1호)
(2) 컴퓨터 등 정보처리능력을 가진 장치에 의해 전자적인 형태로 작성되어 송·수신 또는 저장된 문서형식의 자료로서 표준화된 것을 의미함

전자상거래의 광의의 의미로는 '기업 내 혹은 기업과 기업 간 거래관계의 모든 프로세스를 전자적(Electronically)으로 처리하는 것'이라고 정의할 수 있다. 즉, 기업, 개인, 정부 간의 상품 및 서비스 거래에 필요한 모든 정보를 컴퓨터 및 통신망을 이용하여 교환하고 거래하는 방식이다. 또한 협의의 의미로는 '사람과 사람이 물리적인 매체의 전달을 통해 상품을 사고파는 전통적인 상거래와는 달리 컴퓨터와 네트워크라는 전자적인 매체를 통해 상품을 사고파는 행위'를 말한다. 따라서 전자상거래란 컴퓨터와 같은 정보처리시스템을 이용한 전자문서에 의해 재화나 용역을 거래함에 있어서 그 일부 또는 전부가 처리되는 거래이다. 다음은 전자상거래의 유형에 대하여 논의하고자 한다.

2 전자상거래의 유형과 특징

2.1 전자상거래 유형

전자상거래는 EDI, E-mail, DB, 이미지 시스템, 바코드, BBS등 모든 정보 기술을 포괄하는 보다 폭넓은 개념이며, 단순한 기술 이상의 것이다. 이는 확장기업(Extended Enterprise), 가상기업(Virtual Corporation)과 같은 새로운 개념의 비즈니스 모델을 가능하게 한다. 특히 정보화 시대에 전략경영을 추진하는 기업들 입장에서는 전자상거래가 비용과 시간, 가치창출, 서비스 등 모든 비즈니스 측면에서 경쟁우위를 갖출 수 있게 한다. 전자상거래 유형은 기업 간 거래(B2B : Business to Business), 기업과 개인 간 거래(B2C : Business to Customer), 기업과 정부 간의 거래(B2G : Business to Government), 개인 간 거래(C2C : Customer to Business), 개인과 정부 간의 거래(C2G : Customer to Government) 등으로 분류된다.

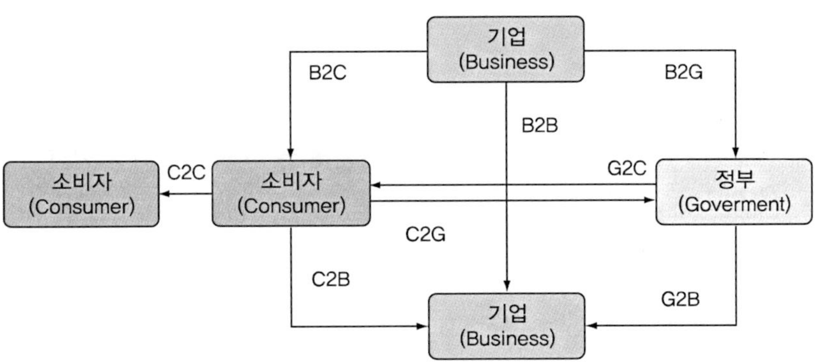

[그림 1-1] 전자상거래 유형

B2B(Business to Business)는 기업 간의 전자상거래 유형이다. B2B 거래에서는 거래의 주체에 따라 판매자 중심, 구매자 중심, 중개자 중심의 거래로 구성된다. 기업 간 거래는 주로 무역 제조 분야 부품, 원자재,

기계 등 생산 자제이고 현재는 유통, 서비스 등 기업이 제공하는 모든 물품과 서비스도 포함한다. B2B의 사례로 아이마켓 코리아가 있는데, 이 기업은 소모성 자재(MRo : maintenance, repair and operation)1) 구매 대행 사업을 하는 B2B 전자상거래 기업이다.

B2C(Business to Customer)는 기업이 전자적 매체를 통신망과 결합하여 소비자에게 재화나 용역을 거래하는 행위로서 일반적으로 운영되고 있는 오픈마켓인 옥션, G마켓, 11번가 등이 B2C의 대표적인 사례이다. 또한 C2B(Customer to Business)는 소비자가 거래의 주체가 된다. 공동구매, 역경매 등 소비자가 기업에 원하는 상품의 가격과 조건을 제시하는 거래 방식이다.

B2G(Business to Government)는 인터넷을 통해 기업과 정부 간에 이루어지는 전자상거래이다. 정부가 조달예정 상품을 인터넷에 공시하면 기업이 확인한 후 거래를 성사시킨다. G는 단순히 정부뿐만 아니라 지방 정부, 공기업, 교육기관 등 다양한 공공기관을 의미한다. 즉 공공물자의 조달을 인터넷을 통해 거래하는 형태이다. B2G의 사례로 나라장터를 들 수 있다. 나라장터는 조달청의 국가종합전자조달 시스템으로 국내 유일 공공부문 전자조달 창구이며 조달의 전 과정을 전자로 처리하는 시스템이다. 국가종합전자조달, 조달청 운영 공공기관 물자구매, 시설공사 계약 입찰 등의 서비스를 제공하고 있다. 또한 관공서와 공공기관의 전자입찰을 중개하고 각 기관에서 관리하는 회사물품구매 용역, 공사, 제조 등 국가기관이 진행하는 모든 전자거래를 공정하고 편리하게 이용할 수 있는 입찰시스템으로 누구나 참여할 수 있는 서비스이다.

C2C(Customer to Customer)는 소비자 간의 인터넷 비즈니스를 지칭하는 말로서 소비자 간의 전자상거래를 의미하며 경매나 벼룩시장을 이

* * * *

1) 기업에서 제품 생산과 관련된 원자재 및 대형설비를 제외한 기업에 필요한 모든 소모성 자재를 말하며 Maintenance(유지), Repair(보수), Operation(운영)의 머리글자에서 따온 용어이다. 기업소모성자재, 기업운영자재 등으로 부르며 일반적으로 사무용품, 청소용품, 공구, 기계부품 등의 소모성 자재를 말하지만, 소액설비와 서비스 등을 포함하는 개념으로 그 범위가 확장되고 있다.

용한 중고품 매매가 일반적이다. 비슷한 욕구와 동기를 가진 개인 소비자들이 효과적으로 의사소통 및 물건을 교환할 수 있는 가상 공동체를 형성하는 것이다. C2C의 경우 소비자는 상품을 구매하는 주체이면서 동시에 공급의 주체가 되기도 한다. 인터넷이 소비자들을 직접 연결시켜주는 시장의 역할을 하게 됨으로써 발생한 거래 형태로 현재는 경매나 벼룩시장처럼 중고품을 중심으로 거래가 이루어지고 있다(출처: 네이버 지식백과).

G2C(Government to Customer)는 정부와 국민간의 전자상거래로 인터넷을 통한 민원서비스 등 대국민 서비스 향상을 주목적으로 하고 있다. 대표적인 서비스는 세금납부, 사회복지급여, 민원24시 등이 있다.

2.2 전자상거래 특징

전자상거래를 3가지 측면인 커뮤니케이션 측면, 비즈니스 프로세스 관점, 서비스 측면으로 논의할 수 있다. 첫째, 커뮤니케이션 측면에서 전자상거래는 정보의 전달에서부터 상품과 서비스의 배달, 지불까지의 과정이 모두 전자적인 매체를 통해 이루어지는 거래활동이다. 둘째, 비즈니스 프로세스 관점에서의 전자상거래는 기존의 상거래 업무 처리과정을 자동화하여 사람의 개입을 최소화하고 이를 통해 정확성과 신속성을 높이는 것을 목표로 삼는다. 셋째, 서비스 측면에서 전자상거래는 위의 두 가지 특성을 이용하여 중간 유통비용을 최소화함으로써 소비자에게 보다 저렴한 가격에 우수한 품질의 서비스를 제공하는 것을 추구한다.

전자상거래는 다음과 같은 특성을 포함하고 있다. 첫째, 정보처리시스템을 이용한 전자문서에 의하여 이루어진다. 둘째, 재화나 용역의 소유권이나 사용권의 이전 등의 부수적인 거래이다. 마지막으로, 거래의 전부 또는 일부가 전자문서에 의하여 이루어지는 거래로 소비자가 인터넷서점에서 책을 구입하는 행위, 인터넷 경매에서 물품을 구입하는 행위, 재화나 용역거래와 관련된 인터넷 뱅킹 등이 전자상거래 범위에 해당된다. 그러나 전자우편에 의한 주주총회 소집통지, 인터넷에 의한 민원서류 발급신청행위 등은 단순한 의사의 통지(각종의 최고, 거절 등)나, 관념의 통지(채권양도의 통지와 승낙 등) 행위이므로 전자상거래에 해당되지 않는다.

2.3 전자상거래 효과 및 장단점

전자상거래는 직접적 효과와 전자상거래 활성화로 나타나는 간접적 효과로 구분할 수 있다. 먼저, 전자상거래의 직접적 효과는 정보 획득의 시간절감 등 편의성 제고, 경쟁 활성화 등이 있다. 전자상거래의 간접적 효과는 경쟁 활성화에 따른 물가안정, 효율적인 자원배분을 통한 경제효율성 제고가 있으며, 온라인결제와 물류산업 등 새로운 시장 및 고용창출은 전자상거래 활성화로 생성되는 효과이다. 특히 전자상거래의 효과를 물가안정 측면에서 보면, B2B 측면에서는 기업내부의 운영 효율성과 생산성 증대를 통한 원가절감 효과이고, B2C 측면에서는 유통체계의 개

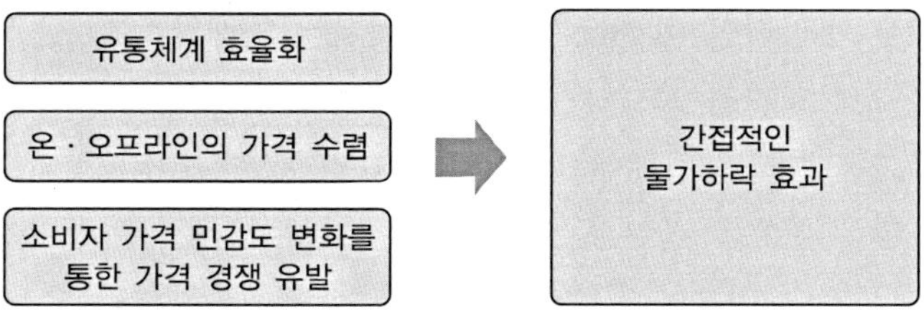

[그림 1-2] 전자상거래가 물가에 미치는 영향

선과 온·오프라인간의 경쟁촉진, 그리고 소비자 가격민감도 변화를 통한 간접적인 물가하락 효과를 제공한다. 구매자와 판매자 양자를 만족시키기 위하여 전통적인 상거래에서 발생한 문제점을 개선하는 해결책으로 전자상거래를 이용할 수 있다.

전자상거래 활용의 장점을 좀 더 세부적으로 살펴보면 다음과 같다. 먼저 구매자 측면에서는 가상공간(Cyber Space) 자체가 갖는 장점 중의

하나로, 상품 구매 시 시간적·공간적 제약을 받지 않는다. 상품구매 의사결정 과정에서 상품에 대한 가격 정보는 물론 유사 상품에 대한 정보까지도 쉽게 확보할 수 있어 좋은 구매 결정을 내릴 수 있다. 시장 공급에 따른 진입장벽이 약화되어 기업 간의 가격경쟁이 심화되고, 이에 따라 소비자는 저렴한 가격으로 상품을 구매할 수 있다. 쌍방향 커뮤니케이션을 이용하여 소비자는 자신의 욕구를 전달할 수 있으며, 기업의 즉각적인 조치에 의해 자신의 욕구에 맞는 제품을 공급받을 수 있다. 전자상거래에서는 정보 탐색 비용 및 시간이 저렴하여 충분한 사전 조사를 통해 구매할 수 있어 계획구매가 가능하다.

판매자 측면에서는 네트워크를 이용하여 거래가 이루어지기 때문에 값비싼 물리적 시 공간과 고용 등 고정·간접비용을 절감하여 상대적으로 저렴한 비용으로 판매가 가능하다. 가상공간에서는 시간 및 공간의 제약이 심각하지 않기 때문에 상대적으로 저렴한 비용으로도 광고가 가능하며 영업시간의 제약 없이 24시간 거래가 가능하다.

기업의 운영상 측면에서 오류 및 재작업의 감소와 전자 주문 등 업무의 전산화로 시간과 비용을 절감하는 효과를 얻을 수 있다. 재화 및 용역의 판매 및 운송에서 중간 유통단계를 생략함으로써 유통비용을 절감하여 시장의 가격 경쟁력을 확보할 수 있는 기반이 조성된다. 고객과의 쌍방향 커뮤니케이션이 가능함에 따라 고객정보의 획득을 통한 고객 구매행태에 대한 분석이 용이하다.

전자상거래의 단점도 소비자인 구매자와 기업인 판매자 측면으로 나누어 볼 수 있다. 먼저 구매자의 입장에서는 제품에 대한 정보탐색에 한계가 항상 존재하고, 거래 및 결제 시 개인정보(신용정보 포함) 등의 노출로 인해 정보 등이 악용될 수 있다. 즉 오프라인 구매에 비해 편리하며 비대면성을 가지고 있는 인터넷의 특성상 전자상거래 사기의 가능성이 높다.

판매 기업 측면에서 전자상거래는 다른 상업에 비해 진입장벽이 낮아 치열한 다수의 경쟁업체가 존재하는 시장으로서 소비자의 선택을 받지 못하면 경쟁에서 살아남기 어렵다는 점이다. 또한 상품규격의 표준화 문제, 물류 및 배달 체계의 의존성이 다른 산업에 비해 크기 때문에 이를 해결할 수 있는 효율적인 운영방안 구축이 필요하다. 그리고 전자상거래법에 명시된 대로 소비자의 개인정보 보호와 안전결제를 위한 신뢰할 수 있는 보안시스템과 결제 시스템 구축 및 운영에 따른 추가적인 비용부담이 발생한다.

제2절 전자상거래 시장현황

① 해외 전자상거래 시장현황

1.1 전자상거래 시장현황

2011년 전 세계 전자상거래 중에서 B2C시장 규모는 9,610억 달러에서 전년 대비 20% 증가하고 2012년 전 세계 B2C 매출이 1조 달러를 돌파했다. 글로벌 B2C시장은 2013년에 1.2조 달러(순수 인터넷 거래 기반이 시장규모에 포함된다)에 이르게 될 것이며, 2014년에는 아시아 태평양 지역의 전자상거래가 다른 지역을 앞지를 것으로 전망된다. 전자상거래 등 e-비즈니스 사업은 전 세계적으로 증가하고 있다.

<표 1-2> 국가별 전자상거래 시장현황(B2C)

(단위: 억 달러)

지역 구분	국가	2012년 거래규모
North America	미국	3,434
	기타	212
	소계	3,646
Asia Pacific	중국	1,100
	일본	1,278
	한국	295
	기타	647
	소계	3,320

2012년 북미시장에서 B2C 전자상거래 총규모는 3,646억 달러였지만 2013년에는 4,090억 달러로 12.2% 증가할 것으로 추정된다(출처: e-marketer, 순수 인터넷 기반으로 제공된 형태만 고려한 수치이다). 북미시장에서 미국은 2012년도에는 3,434억 달러이고 기타 지역은 212억 달러이다. 아시아 지역은 2012년 B2C 매출이 33.6% 성장한 3,320억 달러, 2013년도에는 4,330억으로 2012년 매출에 비해 30% 이상 성장한 것으로 평가되었다(출처: http://www.emarketer.com/).

전자상거래 규모에 대한 전반적인 전망은 아시아 태평양 시장은 2011년도에 27.9%에서 2016년도에는 39.7%로 성장, 북아메리카 시장은 35.9%에서 28.2%로 감소할 것으로 추정하고 있다. 서유럽 시장은 2011년 28%에서 2016년 22.6%로 감소, 라틴아메리카 시장은 소폭 증가할 것으로 전망된다.

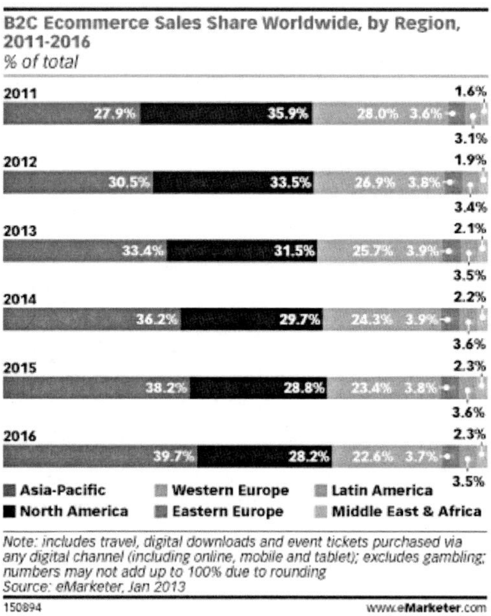

출처: http://www.eMarketer.com

[그림 1-3] 전 세계 지역별 B2C 전자상거래 매출분석

B2C 전자상거래 매출기준 상위 5개국은 미국, 중국, 영국, 일본, 독일 순으로 나누어진다. B2C의 거래를 보면, 미국의 경우 3,016억 달러(2011년), 3,434억 달러(2012년), 3,848억 달러(2013년)로 예상하고 있으며, 중국의 경우 566억 달러(2011년), 1,100억 달러(2012년), 1,816억 달러(2013년)로 매우 빠르게 성장하고 있다. 영국은 1,090억 달러(2011년), 1,247억 달러(2012년), 1,415억 달러(2013년)로 일본과 비슷한 규모로 성장하고 있고 독일의 경우도 380억 달러(2011년)에서 530억 달러(2013년)로 성장하였다.

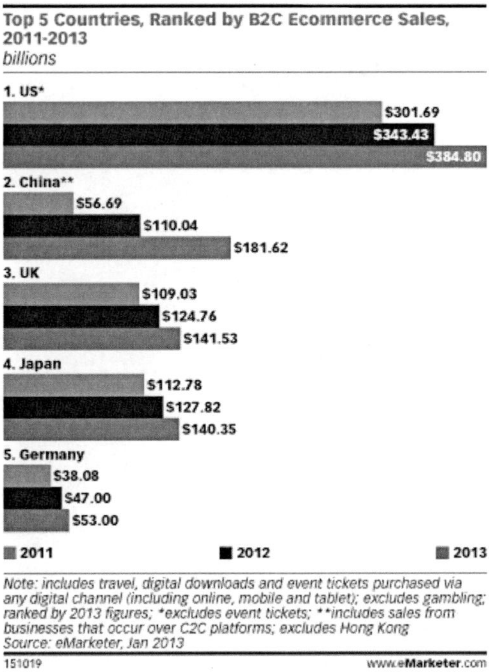

출처: http://www.eMarketer.com

[그림 1-4] B2C 거래에서 상위 5개 국가 (2011–2013기준)

2012년 기준 국내는 295억 달러, 중국은 1,900억 달러, 미국의 전자상거래 판매규모는 2,255억 달러이다. 중국 시장은 2010년 710억 달러에서 2013년 3,211억 달러, 2015년 6,248억 달러로 미국과 한국의 시장 성장에 대비하여 매우 높게 성장할 것으로 전망되며 동남아 시장의 성장을 견인하는 주체 역할을 할 것으로 예상된다.

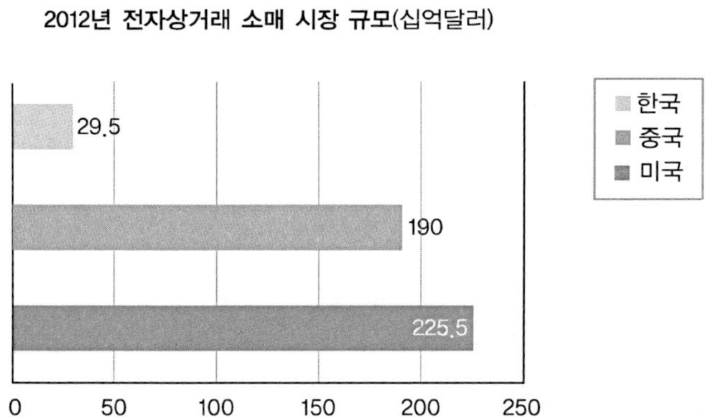

출처: eMarketer, 中國電子商★★★中心, 한국 통계청

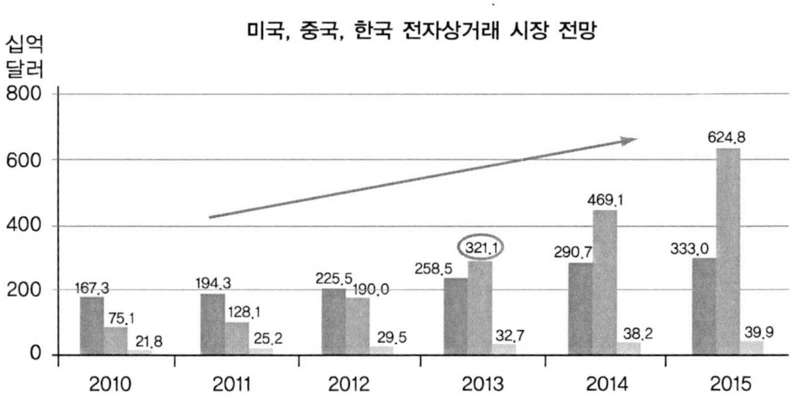

[그림 1-5] 2012년 전자상거래 소매시장 판매 규모 및 미국, 중국, 한국의 전자상거래 전망

1.2 미국시장 현황과 전망

스마트폰과 태블릿PC의 영향으로 모바일 상거래 시장이 빠르게 증가하고 있으며 2013년 말까지 미국 B2B 거래 규모 5,590억 달러에 도달할 것으로 추정된다(이 근거는 EDI거래를 제외한 온라인 거래만을 포함한 금액이다). 미국의 B2B 전자상거래업체들은 거래 사이트를 B2C 형태의 판매 사이트로 교체하여 B2C의 판매경험을 접목했다. 2008년 리만브라더스 사태로 기업 성장률이 줄어들었지만 그 이후에는 매년 7% 이상 성장하고 있으며 2012년부터 10% 이상 성장하고 있다. 가트너 발표(2010)에 따르면 2014년에는 기업 인프라 성장 폭은 약 10% 정도로 예측되고 있다.

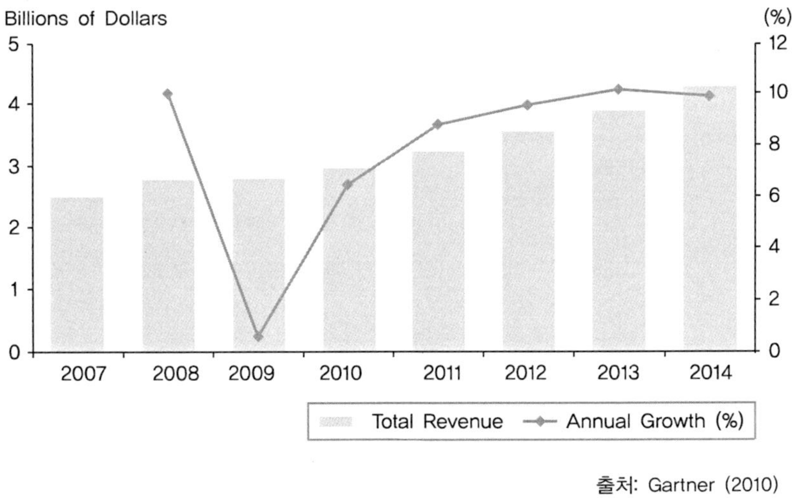

출처: Gartner (2010)

[그림 1-6] B2B 기업의 인프라 성장규모 2009-2014년 예측치

eMarketer가 미국 상무부(DOC)의 최근 전자상거래시장 실제 판매기록을 기준으로 온라인시장을 전망했다. 그 결과 기술 발전과 비즈니스 모델 혁신에 의해 2012년부터 2017년까지 전자상거래시장의 연평균 성장률은 14%로 예상되며 장기적으로 낙관적이다. 2013년 B2C 미국 온라

인 쇼핑몰 판매액은 2012년 2,242억 달러 대비 14.8% 성장해 총 2,590억 달러에 이를 것으로 추산된다. 미국의 B2C 온라인 판매 규모는 1,522억 달러(2008), 1,552억 달러(2009), 2,242억 달러(2012), 2,790억 달러(2015)로 성장할 것으로 예측되어 결과적으로 미국 온라인 시장은 지속적으로 성장할 것으로 전망된다.

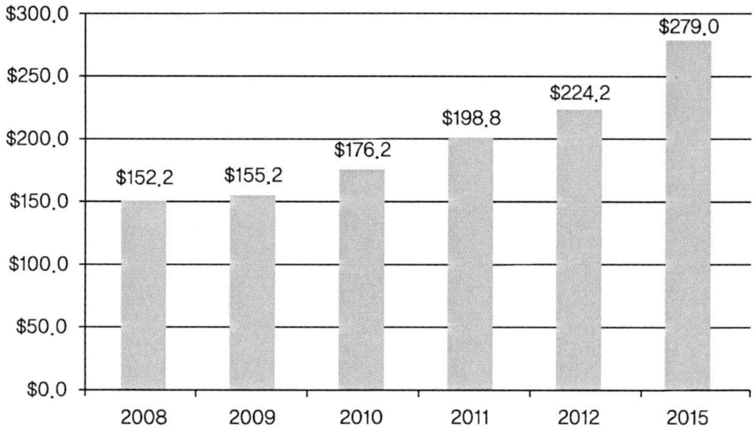

출처: Adjusted Forester estimates

[그림 1-7] 미국의 온라인 판매규모 (2008~2015)

1.3 영국시장 현황과 전망

유럽의 2012년 기준 전자상거래 시장규모를 보면, 영국(12.7%), 독일(10%), 프랑스(8.7%), 스위스(9.9%), 덴마크(9.1%), 노르웨이(9.1%), 스웨덴(8.0%)이 차지하고 있으며, 유럽 전 지역 평균 7.6% 성장세를 보이고 있다. 유럽의 경우 영국, 독일, 프랑스가 전체 EU 시장 거래의 70%를 차지하고 있으며, 2008년 이후로 스위스, 노르웨이 덴마크 등이 2012년도까지 약 9% 이상 성장하고 있다.

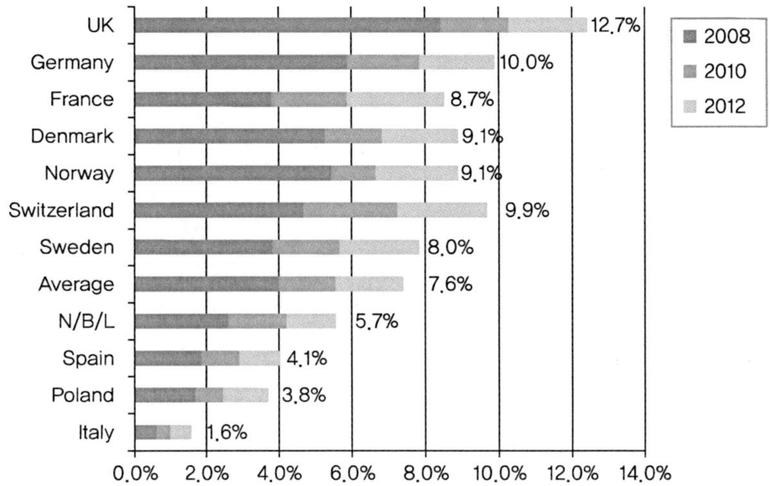

출처: Centre for retail research, 2012

[그림 1-8] 유럽의 전자상거래 시장규모 (2008-2012)

2012년 기준 영국의 전자상거래 규모는 280억 파운드(미화 약 4,200억 달러)이며, 이 중 해외 전자상거래 비중은 14%(40억 달러)를 차지한다. 2013년부터 2020년까지의 전망치를 고려했을 때 영국내 전자상거래

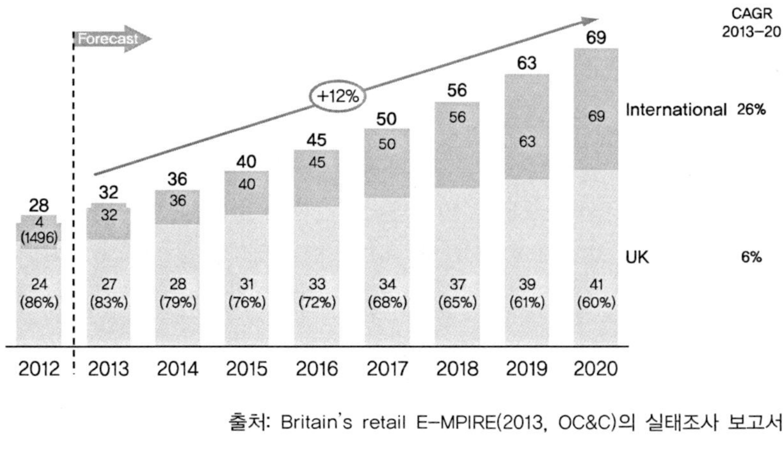

출처: Britain's retail E-MPIRE(2013, OC&C)의 실태조사 보고서

[그림 1-9] 영국의 국내 및 해외 전자상거래 규모 전망 (단위 :10억 파운드)

거래 규모는 향후 연평균 6% 성장할 것으로 기대된다. 국제거래 시장은 점차적으로 증가하여 2017년도에는 국제간 거래가 전체거래 시장의 32%로 증가, 2020년도에는 국제거래가 약 40%증가하고, 국내 거래가 60%로 감소할 것으로 전망되어 국제적인 교류가 더 활발해 질 것으로 예상된다.

2010년 가트너 발표에 따르면, 시장의 가격하락 요청에 따라 서유럽 국가(스페인, 독일 등)에서 전자상거래 비즈니스가 활발하게 발생할 것으로 전망된다.

1.4 인도시장 현황과 전망

인도의 전자상거래 시장은 2012년 기준 9조 2천억 원이며, 2014년 35억 달러에서 2015년 60억 달러로 증가할 것으로 전망했다 (Gartner, 2014). 인도시장은 초기 단계이지만 티켓팅, 온라인뱅킹, 각종 세금 납부 등 서비스를 중심으로 활성화되고 있으며 매년 60~70%의 성장세를 구가하며 아/태 지역에서 가장 빠르게 성장하고 있다. 빠른 스마트폰 보급과 외국 기업의 시장 진입을 강력히 제한했던 정부의 규제 완화가 시장 성장의 동력으로 작용하고 있다.

성장 잠재력이 큰 인도 전자상거래 시장 공략을 위해 글로벌 업체의 진출이 본격화되고 있다. 중국의 알리바바의 경우 인도 전자상거래 시장은 중국에 비해 매우 작은 편이지만 급성장이 예상되는 만큼 조기 투자를 통해 시장을 선점한다는 전략을 가지고 있다. 2010년부터 B2B를 중심으로 사업을 전개해왔으나 미국 뉴욕 증시에서 상장(2014년)해서 상당한 양의 현금을 확보한 만큼 B2C 시장으로 행보를 확대할 계획이다. 소프트뱅크는 현지 업체 '스냅딜닷컴'과 '오라캡스'에 각각 6억 2,700만 달러, 2억 1,000만 달러를 투자하기로 결정(2014년)했다. 2011년부터 인도 휴대폰 최대업체 바티에어텔과 합자회사를 설립해 관련 애플리케이션에 투자하고 있으며 이는 향후 스마트폰 사업과 스냅딜닷컴의 전자상거래를 연계한 새로운 비즈니스로 이어질 것으로 전망하고 있다. 아마존은 2014년 인도 내 물류센터를 기존 2개에서 7개로 증설할 계획이며 이어 2014년 7월에는 인도 법인에 20억 달러 투자 방침을 발표했다. 따라서 인도의 전자상거래 시장은 글로벌 IT기업의 집결지로 주목받고 있다.

② 국내 전자상거래 시장현황

2013년 전자상거래 총 거래액은 1,204.1조원으로 전년(1,146.8조원)에 비해 5.0% 증가하여 지속적인 증가세를 유지하고 있다.

<표 1-3> 연도별 전자상거래 현황

(단위: 조원)

구 분	2004	2005	2006	2007	2008	2009	2010	2011	2012	2013
전자상거래 총 거래액	314	358	413	516.5	630.1	672.5	824.4	999.6	1,146.8	1,204.1
(전년비: %)	33.6	14.1	15.4	(24.9)	(22.0)	(6.7)	(22.6)	(21.3)	(14.7)	(5.0)

출처: 통계청, 2012년 전자상거래 및 사이버쇼핑 동향

부문별 거래액 비중을 보면, 2012년 기준 기업 간 전자상거래(B2B)가 총 거래액의 91.8%인 1,050조 9,850억 원으로 대부분을 차지하고 있으며, 기업·정부 간 전자상거래(B2G)가 5.4%, 기업·소비자간 전자상거래(B2C)가 1.7%, 그리고 소비자간 전자상거래(C2C)는 1.0%로 나타나고 있다. 전년대비 증감률을 보면 기업 간 전자상거래(B2B)가 15.1%, 소비자간 전자상거래(C2C)가 20.6%, 기업·정부 간 전자상거래(B2G) 6.6%, 기업·소비자간 전자상거래(B2C)는 6.0% 증가했다. 전년대비 증가(14.5%)를 자세히 살펴보면 거래액 비중이 가장 높은 기업 간 전자상거래(B2B, 91.8%)가 15.1%, 소비자간 전자상거래(C2C)가 20.6%, 기업·정부 간 전자상거래는(B2G) 6.6% 등으로 모두 증가하고 있다.

<표 1-4> 전자상거래 거래규모 분석

(단위: 십억원, %)

구 분	2011년		2012년		거래액전년대비	
	거래금액	구성비	거래금액	구성비	증감액	증감률
• 총거래액	999,582	100	1,204,091	100	145,107	14.5
- 기업간(B2B)[1)]	912,883	91.3	1,095,696	91.0	138,103	15.1
- 기업 · 정부간(B2G)[1)]	58,378	5.8	70,649	5.9	3,880	6.6
- 기업 · 소비자간(B2C)	18,533	1.9	24,331	2.0	1,108	6
- 소비자간(C2C)	9,788	1	13,414	1.1	2,016	20.6

1) B2B 및 B2G 거래액에는 사이버 쇼핑거래액에서 발생한 B2B 및 B2G 거래액이 일부포함
(출처: 통계청, 2013년 연간 및 4/4분기 전자상거래 및 사이버쇼핑 동향)

B2B 전자상거래 규모를 산업별로 보면, 제조업이 전체 시장의 70%로 거래를 주도하고 있고, 도·소매업이 16%로 그 뒤를 잇고 있으며, 그 외 산업의 거래 비중은 미미한 수준이다. 다만, 전기/가스/수도업을 제외한 대부분 산업의 전자상거래 매출 규모는 증가 추세이다. B2C와 C2C 중심의 온라인쇼핑은 2008~2011년 동안 연평균 17.0% 증가하여 2011년 매출액이 29조 720억 원을 기록했다. 품목별로는 의류/패션 및 관련 상품의 매출 비중(16.7%)이 가장 높으며, 그 외 여행 및 예약서비스(14.0%), 가전/전자/통신기기(11.1%), 생활/자동차용품(10.5%) 등이 주요 거래 품목이다.

<표 1-5> 온라인쇼핑 상품군 별 매출액

(단위: 십억 원, %)

상품군 별	매출액						구성비		연평균 성장률 (12~13)
	2008	2009	2010	2011	2012	2013	2012	2013	
컴퓨터 및 주변기기	1,636	2,035	2,388	2,808	3,063	3,074	9.0	8.0	0.4
소프트웨어	112	130	132	93	81	82	0.2	0.2	1.0
가전 · 전자 · 통신기기	2,466	2,683	3,117	3,238	3,751	4,078	11.0	10.6	8.7

<표 1-5> 온라인쇼핑 상품군 별 매출액 (계속)

상품군 별	매출액						구성비		연평균 성장률 (12~13)
	2008	2009	2010	2011	2012	2013	2012	2013	
서 적	875	1,030	1,169	1,274	1,273	1,196	3.7	3.1	-6.0
음반·비디오·악기	111	136	154	152	142	152	0.4	0.4	7.4
여행 및 예약서비스	2,857	2,670	3,445	4,066	5,577	6,447	16.4	16.7	15.6
아동·유아용품	1,027	1,247	1,512	1,539	1,658	2,017	4.9	5.2	21.6
음식료품	1,009	1,352	1,642	2,142	2,892	3,246	8.5	8.4	12.2
꽃	51	60	54	49	142	46	0.1	0.1	2.0
스포츠·레저용품	614	844	1,076	1,215	1,334	1,707	3.9	4.4	27.9
생활·자동차용품	1,710	1,959	2,572	3,044	3,655	4,256	10.7	11.1	16.4
의류·패션 및 관련 상품	2,996	3,524	4,248	4,869	5,550	6,256	16.3	16.3	12.7
화장품	917	1,104	1,414	1,605	1,946	2,092	5.7	5.4	7.5
사무·문구	262	298	340	357	415	470	1.2	1.2	13.4
농수산물	493	588	681	821	956	1,130	2.8	2.9	18.2
각종 서비스	56	69	81	135	1,730	2,246	5.1	5.8	29.8
합 계	18,143	20,644	25,204	29,070	34,068	38,494	100.0	100.0	13.0

출처: 통계청, 2013년 연간 및 4/4분기 전자상거래 및 사이버쇼핑 동향

모바일 커머스가 빠르게 성장하고 있다. 스마트폰의 보급 확대와 함께 전자상거래의 새로운 유통채널로 모바일쇼핑이 부상하고 있으며 모바일쇼핑은 2009년 매출액이 30억 원에서 2012년 6,000억 원으로, 지난 3년간 200배 증가했다. 그 결과 G마켓, 인터파크, 11번가 등 기존 온라인 쇼핑몰은 물론 대형마트, 백화점 등 오프라인 유통업체들도 모바일쇼핑 시장에 적극 뛰어들고 있다.

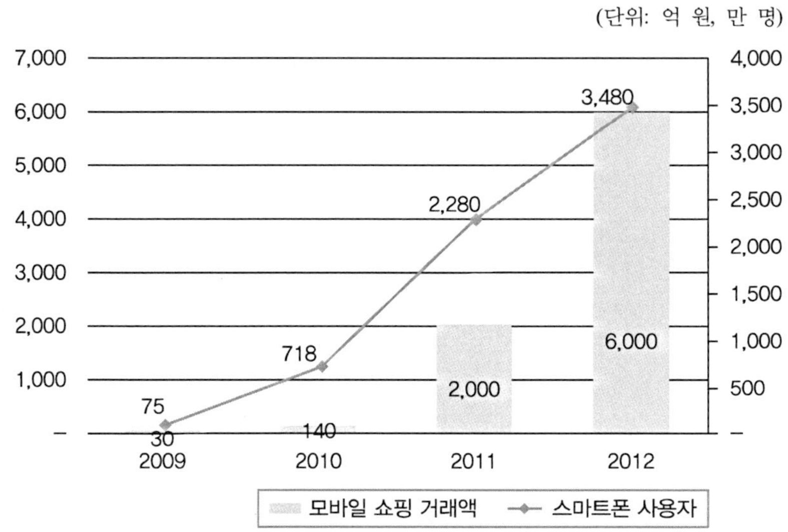

출처: 한국 온라인쇼핑 협회·KT경제경영연구소(2012)

[그림 1-10] 스마트폰 사용자 및 모바일 쇼핑 거래액

3 전자상거래 전망

전자상거래 시장은 지속적으로 성장할 것으로 전망되고 있으며 관련 기업들은 글로벌 시장에서 경쟁을 하며 기술 발달에 따른 편리한 서비스로 생태계를 구성하는 기업이 생존하는 환경에 도달했다. 따라서 글로벌 시장을 둘러싼 기업들 간 치열한 경쟁을 하고 있으며 규모의 경제를 확보하기 위한 인수합병(M&A)부터 연구개발, 마케팅 등 기업들은 지속 가능한 성장을 위해 혁신을 거듭하고 있다. 경쟁에서 살아남기 위해 다양한 기술과 서비스를 제공하고 있다. 그 대표적인 서비스로 노력을 들이지 않아도 원하는 제품을 빠른 시간 내 살 수 있는 '제로 에포트 상거래(Zero Effort Commerce)'가 글로벌 유통업계의 새로운 패러다임으로 부상했다. 제로 에포트 상거래는 이베이 '미래형 쇼핑' 서비스 개발그룹에서 처음 주창한 개념으로 시간과 노력을 최소화해 원하는 제품을 한

번에 얻을 수 있는 쇼핑 패턴을 말한다.

아마존과 이베이 등을 보면 글로벌 유통 기업은 현재 제품 구매 시간을 최소화하는데 미래에 대한 방향을 설정하고 있다. 아마존은 창립 초기부터 '원클릭' 슬로건을 강조하며 여타 전자상거래 기업과 차별화를 시도했다. 한 번의 클릭만으로 제품 선택부터 구매까지 이어지게 하겠다는 것이다. 이를 위해 유통업계 최초로 빅데이터 분석을 마케팅에 접목했다. 2억 명에 달하는 고객 데이터를 분석해 좋아할 만한 상품을 추천한다. 과거 구매 이력이나 자주 찾아본 페이지 등을 참고해 최적의 추천 제품을 선정한다. 수백만 가지 물건을 가지런히 진열하는 것보다 사용자가 구매할 확률이 가장 높은 제품 한 가지를 보여 주는 편이 구매로 이어지는 비율을 높이기 때문이다. 실제로 아마존은 회원에 따라 다른 초기 화면을 제공한다.

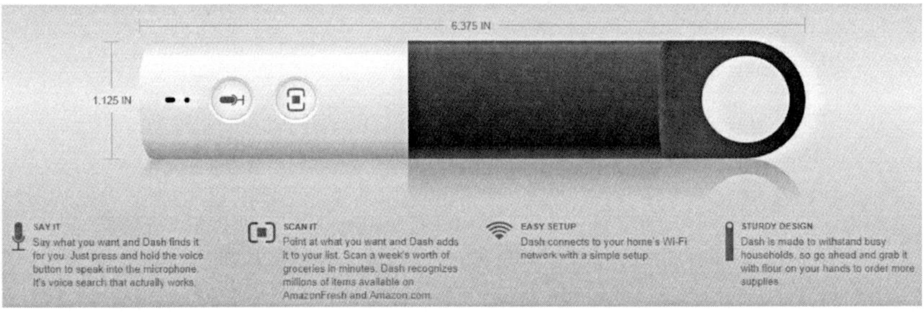

출처: https://fresh.amazon.com/dash/

[그림 1-11] 아마존 대시

아마존이 발표한 막대형 기기 '대시'는 구매 편의성을 최대로 끌어올린 또 하나의 혁신이다. 대시는 음성인식과 스캐닝으로 가정에서 직접 물건을 주문할 수 있다. 사용자의 구매력을 끌어올려 매출은 물론이고 식료품 배송 서비스 '아마존 프레시'의 사용자 확대를 넓히는 방안으로 미래 시장에 커다란 부분으로 자리매김할 것으로 보고 있다.

이베이는 별도 조직을 만들어 사물인터넷(IoT : Internet of things)과

웨어러블 기기를 활용한 쇼핑 서비스 개발에 한창이다. 스마트폰으로 마음에 드는 진열대의 제품을 촬영하면 휴대폰이 이베이 사용자 계정에 구매목록을 제공하는 것이다. 유리창의 제품 카테고리 이미지를 사용자가 터치하면 수백 개의 상품목록이 제공되고, 정보를 얻는 '커넥티드 글라스'도 개발 중이다.

향후에는 옷 제작뿐만 아니라 모든 물품에 3D프린터기를 이용한 제작방식이 등장하여 고객의 취향과 특성을 반영하여 옷감, 실루엣 등에 직접 관여하여 판매자와 구매자간의 경계가 점점 허물어질 것으로 예상한다(출처: By Scott Gerber(2013)).

전자상거래 시장도 기술 발달로 진화를 거듭할 것이며, 이는 정부의 지원환경과 새로운 서비스를 제공하는 기업의 기술력 발달로 지속적인 진화를 계속할 것이다.

E-Banking & Payment

제3절 모바일 상거래

1 모바일 상거래 개념

1.1 모바일 상거래의 개념

모바일 상거래(Mobile Commerce or M-Commerce)란 이동전화나 휴대 단말기를 이용하여 지불처리가 가능한 모바일 전자상거래를 의미한다. 기존 PC에 의한 전자상거래의 한계를 넘어 모바일 단말기를 기반으로 이동성과 휴대성을 부여한 것이다. 모바일 상거래에 대한 개념은 연구자에 따라 조금씩 다르게 정의되고 있지만, 기본적으로 이동하기 편리한 노트북, 스마트폰 등의 단말기 기반으로 이동 통신망을 활용하는 제반활동 및 애플리케이션이라고 정의할 수 있다.

모바일 상거래는 무선인터넷이 가능한 휴대 단말기 수가 급증함에 따라 중요성이 커지고 있다. 최근 스마트폰 보급의 확대로 무선 통신망에 접속 가능한 단말기의 수가 PC를 능가하고 있다. WAP(Wireless Application Protocol: 무선 애플리케이션 프로토콜)과 같은 무선통신 표준에 기초를 둔 단말기들과 네트워크상의 데이터 수용능력의 향상은 스마트폰의 빠른 보급과 더불어 모바일 상거래의 영역을 확장시키고 있다.

<표 1-6> 모바일 상거래의 정의

구 분	정 의
Durlacher (2003)	모바일 상거래는 모바일 통신 네트워크를 통해 행해지는 금전적인 가치(monetary value)를 지니는 모든 거래 행위를 의미한다
Clarke (2001)	모바일 네트워크를 통하여 이루어지는 금전적인 가치를 지니는 것들의 교류

<표 1-6> 모바일 상거래의 정의 (계속)

구 분	정 의
Siau and Shen(2003)	무선통신 기술의 발달로 모바일 단말기를 통해서 일어나는 새로운 형태의 전자상거래
김상훈 외(2006)	휴대전화, PDA 등 무선 단말기와 공중 무선통신 네트워크를 이용하여 정보에 접속하고 거래 처리를 지원함으로써 정보, 서비스, 상품의 대가로 가치를 이전하게 하는 것
영국사전 (British Dictionary)	휴대전화 또는 다른 무선기반 전자 디바이스의 사용을 통해 인터넷상에서 수행되는 비즈니스를 의미함

모바일 비즈니스를 이해하기 위해 이를 제공하는 기반에 대하여 살펴보고자 한다. 모바일 서비스는 크게 3가지 측면인 기술, 비즈니스, 문화적 측면으로 분류할 수 있다. 따라서 인프라를 제공하는 기술과 그 위에 비즈니스가 발달하고 비즈니스는 문화를 형성하여 각국의 특성을 반영한 모바일시장 환경을 제공하고 있다.

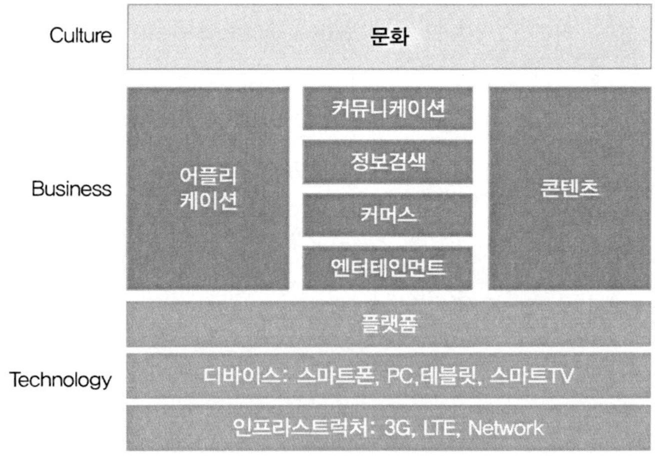

출처: 모바일 플랫폼 비즈니스, 류한석(2012)

[그림 1-12] 모바일 비즈니스 아키텍쳐

기술적인 측면에서 논의하면 모바일 서비스는 새로운 환경 기반을 제공하는 것이다. 이를 인프라스트럭쳐(Infrastructure)라고 명칭하고 그 내용에는 통신망 네트워크로서 3G, LTE(Long Term Evolution) 및 네트워크 등을 제공하는 IT 기반의 시설로서 투자된 각종 설비들이다. 이 분야는 관련 대기업들이 오랜 시간을 두고 투자해온 결과물로서 중소기업이 참여하기에는 한계가 있는 영역이다.

모바일 서비스는 인프라스트럭쳐 기반 위에 제공된 각종 기기(Devices)들을 기반으로 제공되고 있다. 대표적 기기는 스마트폰, 태블릿, PC, 스마트 TV 등이 있다. 스마트폰 시장에서 국내 대기업인 삼성, LG 등이 두각을 나타냈으며 삼성의 경우는 스마트 TV 시장에서도 인지도가 매우 높다. 그러나 하드웨어 기반위에 제공되는 플랫폼 산업은 구글, 애플 등이 시장에서 우위를 점유하고 있다. 구글은 웹 검색을 시작으로 클라우드 컴퓨팅, 광고를 주 사업영역으로 하는 미국의 다국적 회사로 성장했다. 모바일 분야에서 구글은 독보적인 운영 체제인 안드로이드(Android) OS를 제공한다. 이는 휴대전화를 비롯한 모바일을 위한 소프트웨어 안드로이드 킷캣 OS를 기준으로 세계 점유율의 24.5%를 차지하고 있어 세계적인 모바일 사업 성공 사례로 등장하고 있는 기업이다. 안드로이드 OS와 대적하는 애플사의 iOS도 지속적으로 모바일시장에서 경쟁하고 있다.

비즈니스 측면에서 논의하면 소비자들이 모바일을 통해 제공되는 서비스 단계에는 어플리케이션과 콘텐츠를 연결해 주는 커뮤니케이션 툴, 정보검색, 커머스, 엔터테인먼트 등이 존재한다. 그 중에서 어플리케이션에 해당하는 앱스토어는 모바일시장 중심에 서있으며 가파른 성장세를 보이고 있다. 또한 실생활에서 가장 유용하게 사용되고 있으며 앱스토어를 통해 많은 서비스를 다운받아 사용한다. 구글의 플레이스토어는 안드로이드 운영체제를 기반으로 하고 있으며, 2008년 8월 안드로이드 모바일 OS 출시와 함께 발표했다. 2012년에 45만 개의 앱, 2013년에 100만 개의 앱을 제공했으며 프로그램 개발자들의 상상력과 창의력의 집합소가 되고 있다. iOS 앱스토어는 아이폰, 아이패드에서만 구동 가능한 iOS운영체제를 기반으로 하고 있으며, 2008년 7월 10일부터 아이튠즈 업데이트 형태의 서비스를 진행하고 2013년에 앱 토탈 500억 다운로드를 넘기며 상승세를 유지하고 있다. iOS 앱스토어를 사용하기 위해서는 개발자 등록비용으로 연간 99달러를 지불해야 하며 iOS 앱스토어의 특징은 폐쇄성과 완벽지향성이다.

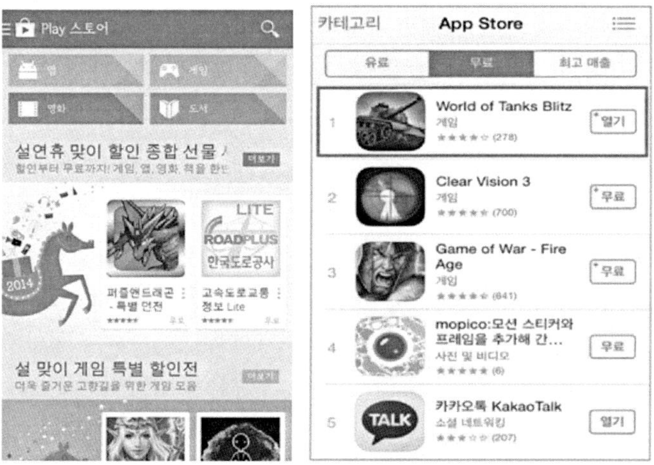

출처: 구글 사이트

[그림 1-13] 구글 플레이스토어(왼쪽) 와 앱스토어(오른쪽) 화면 비교

PC기반의 전자상거래와 모바일 상거래를 비교하면 가장 큰 차이가 모바일 상거래는 휴대전화를 기반으로 이동성이 제공되는 것이다. 다음은 PC기반의 전자상거래와 모바일 상거래를 비교하여 정리하였다.

<표 1-7> 전자상거래와 모바일 상거래 비교

구 분	전자상거래	모바일 상거래
네트워크	• 이동성 없음 • 고속 가입자 회선 • 풍부한 애플리케이션 • 안정적인 통신품질	• 이동성 제공 • 저속 가입자 회선(상대적) • 애플리케이션 부족(상대적) • 불안정한 통신품질(상대적)
단말기	• 큰 화면 • 많은 메모리 • 높은 처리속도 • 편리한 UI 및 입력장치	• 작은 화면 • 작은 메모리 • 낮은 처리속도 • 불편한 UI 및 입력장치
기타	• 가정이나 사무실에 위치 • 고정위치 • 개인적 또는 공동적	• 휴대용 위치 파악 가능 • 가변 위치 • 개인적

출처: 정보통신정책연구원(2014)

1.2 모바일 상거래 현황

전자상거래는 컴퓨터인 PC 등을 기반으로 제공되는 상거래로 분류되는데 이와 달리 모바일 상거래는 스마트 기기 기반으로 이루어지는 전자상거래로 인식된다. 모바일 상거래의 등장배경은 단말기와 네트워크의 데이터 수용능력이 향상되고, 스마트폰 이용자의 급격한 증가이다. 지속적인 IT기술 발달로 다양한 기능을 보유한 이동성 및 고성능 단말기의 보급과 이를 지원하는 기술, 인증 및 보안, 법제도 등의 개선으로 인해 모바일 상거래의 규모가 확대되고 있다. 또한 모바일 상거래가 확산되는 배경에는 다음과 같은 장점이 존재하기 때문이다.

첫째, 기존 전자상거래와는 달리 모바일 상거래는 장소에 구애받지 않으며, 편리성과 휴대성이 뛰어나다. 즉 소비자가 이동 중에도 손쉽게 모바일을 통해 원하는 업무를 수행할 수 있다. 모바일 서비스의 사례로서 모바일 뱅킹을 예로 들 수 있다. 모바일 뱅킹은 인터넷이 가능한 휴대전화로 언제 어디서나 잔액조회, 계좌이체, 환율조회, 자기앞수표 조회, 거래내역 조회, 신용카드 거래, 현금서비스 등의 은행 업무를 볼 수 있는 금융 거래 서비스를 말한다. 국내는 2003년부터 시행하고 있으며 안전하게 사용할 수 있다는 점에서 텔레뱅킹과 구분되고, 이동 중에도 사용할 수 있다는 점에서 PC 기반 인터넷 뱅킹과 구분된다. 이동하면서 은행 업무를 볼 수 있어 인터넷 뱅킹보다 시간을 절약할 수 있다(출처: 네이버 지식백과). 한국은행에 따르면, 모바일 뱅킹 서비스의 91.2%는 조회 서비스이고 인터넷 뱅킹 사용건수는 인터넷 뱅킹 서비스의 90.4%를 차지하였다. 또한 2014년 9월 말 17개 국내 은행과 우체국의 인터넷 뱅킹 서비스에 등록한 고객 수가 석 달 전에 비해 1.6% (161만 명) 늘어나 1억110만 명을 기록하였다. 이는 모바일 뱅킹 고객인원을 포함해 각 은행 수치를 중복 합산한 수치다.

둘째, 기술 발달로 소비자가 상거래시 안전하고 보다 편리한 플랫폼 환경을 제공하고 있다. 모바일 상거래 활용기반에는 스마트폰 발달에 따른 앱을 유통 활용할 수 있는 플랫폼들이 구글과 애플사에 의해 제공되어 관련 시장이 폭발적으로 증가하고 있다. 그 대표적인 사례로서 앱을 판매 거래할 수 있는 플랫폼인 구글 Play와 iOS앱을 들 수 있다.

셋째, 최근에는 소셜미디어 발전과 이에 따른 다양한 마케팅 전략의 보급이 시장 확대의 주요인이다. GPS 기술을 이용한 위치기반 서비스(LBS : Location Based Service)는 이동 중인 소비자에게 휴대전화를 활용하여 각종 서비스를 제공하는 형태로 새로운 모바일 기반의 마케팅으로 자리 잡으면서 이를 기반으로 하는 모바일 상거래 서비스를 제공하고 있다. 예를 들면, 먼저, 특정 위치를 검색하여 해당 정보를 제공하고 그 다음, 현재 위치를 검색하여 주변의 정보를 출력 가까운 상영관 안내, 내비게이션, 이벤트 소개, 할인 및 적립정보 등의 다양한 서비스를 제공하는 형태이다. 다음은 모바일 상거래의 대표적인 사례에 대하여 살펴보고자 한다.

1.2.1 아마존의 킨들

국내 모바일 상거래의 영역인 모바일 기반의 전자책은 다양하고 편리한 기능으로 모든 연령층이 사용 가능하고 출판사나 신문사들의 기존 비즈니스 모델의 변화와 다양한 단말기, 애플리케이션이 개발되고 있다. 다음은 아마존이 개발한 전자책 단말기인 킨들에 대하여 살펴보고자 한다.

랩126은 아마존의 자회사로서 2007년 11월 19일 킨들을 공개한 뒤 아마존의 디지털 콘텐츠 플랫폼을 만들어 왔다. 랩126은 킨들이 나오기 전까지 3년 동안 비밀리에 운영되었다. 아마존 로고의 화살표가 가리키는 랩126은 알파벳 a(1), z(26) 번째를 합한 126을 뜻하며, 이는 랩126의 모토이다. 지난 10년 동안 아마존은 '책보다 편한 전자책'이라는 설계 원칙을 고수하고 있으며 랩126과 아마존은 2007년 11월 19일 전자책 단말기 '킨들'(흔히 '1세대 킨들'이라고 부른다)을 공개하였다.

출처: 아마존 사이트

[그림 1-14] 아마존의 킨들

킨들은 이전의 전자책 단말기와 달리 여러 가지 기능을 보유하고 있다. 첫째, 책 한 권을 다운받는 데 1분 이내에 가능할 수 있도록 지원한다. 둘째, 다운로드에 따른 인터넷 사용료는 모두 아마존이 부담하였다. 셋째, 킨들은 독자가 읽던 페이지를 기억해두었다가 책을 다시 읽을 때

마지막으로 읽은 곳을 펼쳐준다. 넷째, e잉크주식회사의 전자잉크 기술이 눈의 피로를 덜어주기 때문에 아마존은 킨들에 e잉크주식회사의 화면을 쓴다.

아마존은 킨들을 출시하며 뉴욕타임스가 선정한 베스트셀러와 신간 목록 112권 중 103권을 전자책으로 올렸다. 아마존은 '한 번 사면 어디에서든 볼 수 있다'라는 의미를 부각시키고 있다. 전자책 전용 단말기를 만들었지만 이와 별도로 윈도우 PC와 맥, 아이폰과 아이패드, 안드로이드, 블랙베리, 윈도우 폰을 지원하는 전용 앱도 만들어 서비스를 제공하고 있다. 그 덕분에 아마존의 킨들 사용자는 한 번 전자책을 사면, 킨들 단말기가 없어도 PC나 스마트폰, 태블릿 등 자신이 갖고 있는 기기에서 언제든지 읽을 수 있다.

아마존은 킨들을 출시하며 작가가 아마존에서 직접 전자책을 팔 수 있는 서비스인 '킨들 다이렉트 퍼블리싱(Kindle Direct Publishing 이하 KDP)'을 제공한다. KDP는 글로벌 플랫폼으로서 영어, 독일어, 프랑스어, 스페인어, 포르투갈어, 이탈리아어, 일본어로 된 책을 다운받을 수 있다.

1.2.2 스마트 월렛

스마트폰 보급의 확대로 모바일 결제 규모가 커지면서 전자상거래 시장도 같이 성장하고 있다.

국내 모바일 지갑분야 1위를 달리는 SK플래닛 스마트 월렛(현재 시럽)은 지난 2010년 6월 출시 이후 9개월 만에 100만 가입자가 사용 등록했고 2014년 700만 명을 돌파하였다.

모바일 카드가 1,500만 장 이상 발급되었으며, 이를 플라스틱 카드 발급비용 100~400원 기준으로 환산하면 약 15~60억 이상 비용절감이 발생한 것이다. 모바일 지갑의 기대효과를 살펴보면, 소비자의 경우 카드 사용과 관리가 편리해서 적립, 할인 혜택을 받지 못하는 경우가 줄어들고, 서비스 제공자 면에서는 스마트폰을 활용한 마케팅과 장당 평균 200

[그림 1-15] 스마트 웰렛

원의 카드 발급 비용을 아낄 수 있다. 그러나 환경적 측면에서 스마트 웰렛 서비스는 소비자나 판매자 모두 현금이나 신용카드로 거래하는 것이 익숙해야 하며, 모바일 카드 리더기도 충분히 보급되지 않았을 뿐만 아니라 개인정보 유출이나 보안 불안 등이 문제점으로 나타나고 있다.

1.3 모바일 상거래의 전망

모바일 기반의 상거래는 기존 PC 기반에서 이루어지는 대부분의 거래를 수행할 수 있는 환경을 갖고 있다. 미래에는 PC 기반에서 이루어지기 어려운 서비스들이 모바일 기반에서는 가능하게 될 것으로 예측하고 있다. 미국 IT 전문매체 씨넷(CNET)에 따르면 영국계 IT 시장조사기관 쥬니퍼 리서치는 2014년 모바일 기기를 통해 제품을 구매하거나 은행 거래를 하는 사용자 수가 약 16억 명이며, 2017년 말 모바일 거래 이용자 수는 20억 명에 도달할 것으로 예측하고 있다. 또한 일부 선진국에서는 5년 안에 스마트폰, 태블릿 등 모바일기기를 통한 거래가 기하급수적으로 증가할 것으로 예측하였다.

모바일 결제 영향력 확대 시장조사 기관인 Gartner가 최근 발표한 '2015년 글로벌 IT 시장 10대 주요 예측'에 따르면, 모바일 결제에 대한 관심이 높아지면서 2015년 부분적으로 애플 페이와 NFC 기반 구글 월렛 등 모바일 커머스가 증가할 것이라고 밝혔다. 이 연구에 따르면 2017년까지 미국 내 모바일 커머스 수익이 디지털 커머스 수익의 50%를 점유할 것이라고 예상하였다.

해외 전자결제(PG)기업들의 국내 모바일 결제 시장 진출 2014년 6월부터 외국인들이 국내 쇼핑몰에서 물건을 구매할 때 공인인증서가 없어도 이용 가능하게 됨에 따라 외국인들은 기존에 본인이 이용하는 결제 시스템을 통해 결제할 수 있게 되었다. 이에 따라 해외 모바일 결제기업들도 국내업체와 전략적 제휴를 통해 국내시장에 진입하고 있다.

NFC기반 결제 서비스는 기존 교통카드 등에 활용되고 있는 RFID와 유사한 방식이지만 단말기 간 '양방향 통신'이 가능하고 '암호화 기술'이 적용되었다는 점에서 다르다. 국내 출시되는 대부분의 스마트폰에 NFC기능이 탑재되어 있어 이용이 증가할 것으로 예상된다.

모바일 지갑 선점을 위한 경쟁구도 심화 통신사뿐만 아니라 금융권에서도 모바일 지갑 서비스를 제공하고 있으며, 차별화된 디자인과 편리성을 무기로 가입자 기반으로 시장에 진입하고 있다. ICT 업체의 모바일 지급결제 시장에 진출한 애플은 새롭게 출시되는 아이폰6에 NFC와 터치 ID 기반의 모바일 결제 시스템을 장착하여 출시하였으며, 다음 카카오는 카카오페이라는 모바일 간편 결제 서비스를 출시하였다. 앞으로도 이와 같은 새로운 서비스가 출현할 것이며 따라서 모바일결제 시장의 경쟁은 심화될 것으로 전망한다.

제4절 전자금융의 중요성

① 전자금융의 중요성

전자상거래 시장은 PC 기반에서 모바일 기반으로 이동하여 지속적으로 성장하고 있으며 또한 관련 기술 발달로 인해 오프라인 시장이 온라인 기반 시장으로 이동하고 있다. IT기술 및 통신 기술의 빠른 발전과 금융서비스에 대한 소비자의 요구에 따라 금융업무의 자동화 및 정보화 수준이 향상되었다. 또한 은행 및 증권 업무와 온라인을 통한 물품구매를 중심으로 전자금융의 지속적인 저변확대가 일어나고 있다.

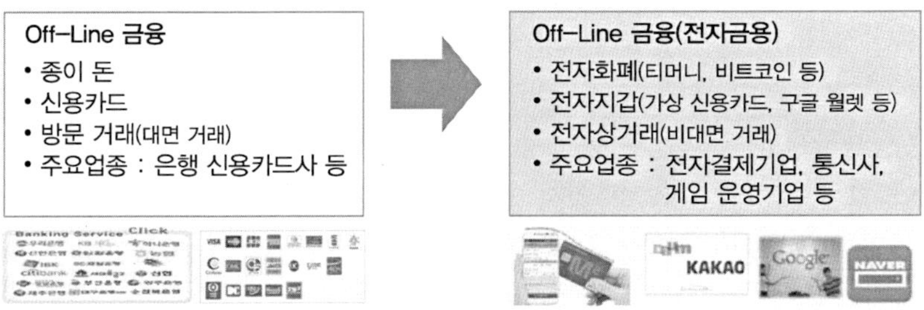

[그림 1-16] 전자금융 시장 활성화

인터넷뱅킹을 포함한 전자금융 서비스가 편리한 금융 거래 수단으로써 생활화되었으며 그 중요성 또한 점차 증가하고 있다. 따라서 전자금융의 중요성에 대하여 살펴보면 다음과 같이 정리할 수 있다.

첫째, 기존의 오프라인 기반의 은행업무 사용이 기하급수적으로 줄어들고 있으며 비금융권 기업의 온라인 기반 금융서비스 영역의 확대가 이루어지고 있다. 과거에는 은행을 이용했던 사람들이 다양한 지불시스템을 이용하게 되면서, 직접 방문하여 저축하거나 주식거래를 위해 금융권에 방문하는 횟수가 줄어들고 있다. 이제는 더 이상 금융 거래를 위해서 은행에 직접 방문하지 않고 모바일 기반으로 제공되는 서비스를 제공하고 있으며, 이를 통해 서비스 제공 기업은 거래 수수료를 기업이윤으로 창출하고 있다. 따라서 과거와는 달리 은행은 거대한 금융 거래 인프라를 제공하는 시스템으로서의 역할이 중요해지고, IT 기업들이 기술 협업을 기반으로 전자금융 거래 서비스를 제공하고 있다. 기존 금융기업이 보유하고 있는 시스템이 인프라로서의 역할을 수행하고 금융기업보다는 비금융권 기업인 IT 기업들이 직접적인 금융서비스에 진입하고 있다. 현재 해외의 전자결제 시스템을 제공하고 있는 대표적인 기업은 중국의 바이두, 알리바바, 그리고 미국의 구글, 애플, 아마존 등이다. 아마존의 경우 일정 금액 이상을 소비한 구매자는 아마존 코인으로 모든 물건의 값을 지불하는 방식을 도입하였다.

둘째, 새롭게 등장하고 있는 기술인 빅데이터(Big Data)와 사물인터넷(IOT : Internet of things) 등의 발달은 금융 거래의 온라인화를 가속화시키고 있다. 일상생활에서 생산되는 데이터에 대한 분석능력이 증가하고 이를 기반으로 하는 다양한 금융서비스를 온라인으로 제공하고 있다. 따라서 금융권인 은행을 중심으로 제공하던 오프라인 서비스를 온라인 기반으로 활용할 수 있는 환경 속에 살고 있다.

셋째, 편리성을 추구하는 소비자의 요구사항을 반영한 모바일 거래시장의 확대와 활성화이다. 소비자는 이동 중에 편리하게 금융 거래를 할 수 있는 편리성 확보로 인해 기존의 오프라인 서비스 보다 온라인 기반 서비스를 선호하고 있다. 따라서 시장에 소비자의 요구를 반영한 다양한 모바일 기반 서비스가 등장함에 따라 모바일 기반 서비스 및 거래시장은 빠르게 증가하고 있다.

기술 발달과 이를 통해 제공되는 편리성으로 비 금융권의 인터넷 기반 기업들이 전자금융 거래 서비스에 진입했으며, 이를 통해 많은 수익을 창출하고 있다. 온라인 기반의 금융서비스는 이미 생활의 일부로 자리 잡고 있으며 따라서 전자금융의 중요성은 향후 더욱더 증가할 것이다. 다음은 전자금융에 대하여 자세히 고찰하고자 한다.

제 2 장

전자금융

제 1 절 전자금융

제 2 절 전자채권

제 3 절 결제수단발행

제 4 절 결제대금예치

제 5 절 전자고지결제

E-BANKING &
PAYMENT

제1절 전자금융

① 전자금융 정의

IT기술 발달로 온라인 영역에서 새로운 서비스가 급속도로 등장함에 따라 서비스를 지원하는 다양한 금융서비스가 생성되고 있다. 따라서 오프라인 기반의 금융서비스뿐만 아니라 전자적으로 이루어지는 서비스를 지원하는 전자금융 업무가 중요해지고 있다.

Kalakota and Whinston, 1996; Banks(2001)에 따르면, 전자금융이란 정보기술을 활용하여 금융 업무를 수행하는 것으로서 디지털금융, 온라인뱅킹, 인터넷금융, e-금융 등 다양하게 불린다. 즉, 전자금융은 금융기관이 IT를 활용하여 금융업무 및 관련 부수 업무를 전자적 방식에 의해 처리하는 것을 말한다. 또한 전자금융은 정보기술을 금융업무의 전반에 도입시켜 업무의 자동화를 이루는 단계를 시작으로 온라인시스템 구축 등 금융의 네트워크화, 서비스 채널의 다양화뿐만 아니라 금융 EDI (Electronic Data Interchange)와 같은 지식정보산업화 단계로 발전하고 있다(출처: 한국은행(2009) 한국은행(2010)). 금융감독원(2009)에 따르면, 전자금융은 거래측면에서는 거래의 개시부터 종료까지 비전자적인 수단이 개입하지 않는 금융 거래라고 정의하고 있다.

국제결제은행(BIS : Bank for International Settlements)은 전자금융(Electronic Banking)을 전자적 채널을 통하여 금융상품 및 서비스를 제공하는 것으로, 예금·대출, 계좌관리, 금융자문의 제공, 전자납부서비스(EBPP : Electronic Bill Presentment & Payment) 전자화폐 등의 상품 및 서비스를 포함한다고 정의하고 있다. 미연방금융검사위원회(FFIEC : Federal Financial Institutions Examination Council)는 전통적인 유형과 새로운 유형을 포함한 금융상품 및 서비스를 전자적이고 상호적인 의사 전달 채널을 통하여 고객에게 직접 전달하는 것과 이를 지원하는 시스템을 포함하는 것으로 전자금융의 정의를 제시하고 있다.

국내 전자금융 거래법에서는 전자금융 거래를 금융기관 또는 전자금융업자가 전자적 장치를 통하여 금융상품 및 서비스를 제공하고, 이용자가 금융기관 또는 전자금융업자의 종사자와 직접 대면하거나 의사소통을 하지 아니하고 자동화된 방식으로 이를 이용하는 거래로 정의하고 있다. 따라서 전자금융이란 은행, 증권회사 및 보험회사 등의 금융기관이 컴퓨터, 정보통신 기술 등을 활용하여 금융업무와 관련한 시스템을 전산화하고 금융상품 판매, 금융서비스 채널 제공, 지급결제 등 금융업무 및 관련 업무를 전자적 방식에 의해 처리하는 것을 말한다.

전자금융과 유사하게 사용되고 있는 용어로는 Virtual Banking, Cyber Banking, Remote Banking 등이 있다. Virtual Banking 또는 Cyber Banking은 인터넷뿐만 아니라 전용선 등으로 금융기관에 접속하여 금융거래를 수행하는 것으로 인터넷뱅킹에 PC 기반으로 이루어지는 뱅킹을 포함시킨 개념이다. 또한 Remote Banking은 ATM, 전화, TV, 인터넷 등의 접근장치를 이용하여 금융기관 창구 외의 장소에서 금융서비스를 이용하는 것으로 주로 직접적인 대면거래가 아닌 비대면거래 개념으로 사용되고 있다.

전자금융에 이용되고 있는 접근장치는 전화, 현금자동지급기(CD : Cash Dispenser), 현금 자동 입·출금기(ATM : Automated Teller Machine) 등 전통적인 전자매체에서부터 PC, 휴대전화, 전자화폐 등을 통해 이루어지고 있다. 새로운 접근장치의 등장으로 전자상거래대금의 지불, 무형의 콘텐츠 사용료 지불, 전자인증, 공과금의 전자고지 및 납부(EBPP : Electronic Bill Presentment & Payment), 개인 간 송금(P2P: Person-to-Person) 등 다양한 금융서비스가 제공되고 있다.

2 전자금융업의 유형

2007년 재정된 전자금융 거래법에서 전자금융업을 6가지로 정의하고, 관련 업무에 대한 규제 및 감독기준을 마련하였다. 전자금융업은 다음과 같다.

(1) 전자화폐(Electronic Money) 발행
(2) 전자채권 관리
(3) 결제 수단(직불전자지급수단, 선불전자지급수단)의 발행 및 관리
(4) 전자지급결제대행(PG : Payment gateway)
(5) 결제대금예치(Escrow)
(6) 전자고지결제(EBPP : Electronic Bill Presentment and Payment)

다음은 전자금융업의 종류별 개념에 대하여 살펴보고자 한다.

첫째, 전자화폐란 범용성 선불카드로서 전자적인 매체(컴퓨터, IC카드, Network 등)에 화폐적 가치를 저장한 후 물품 및 서비스 구매 시 활용하는 결제 수단이다. 신용카드와 직불카드는 은행의 결제계좌를 통한 자금이체 방식인 반면 전자화폐는 매체나 네트워크상에 저장된 가치로 결제하는 방식이다.

둘째, 전자채권이란 기업 간 상거래에서 사용되고 있는 어음의 위변조, 연쇄부도 등 종이 어음제도의 단점을 보완하기 위한 새로운 결제 수단으로 구매 기업이 B2B(Business to Business) 거래 등을 통한 물품구매대금을 지급하기 위해 판매 기업을 채권자로 지정하여 발행하는 지명채권이다.

셋째, 결제 수단(직불전자지급수단, 선불전자지급수단)의 발행 및 관리가 있다. 직불전자지급수단 발행 및 관리는 이용자와 가맹점 간에 전자적 방법에 따라 금융기관의 계좌에서 자금을 이체하는 등의 방법으로 재화 또는 용역의 제공과 그 대가의 지급을 동시에 이행할 수 있는 증표 또는 그 증표에 관한 정보를 발행하는 업무이다. 선불전자지급수단 발행

및 관리는 이전 가능한 금전적 가치가 전자적 방법으로 저장된 증표 또는 그 증표에 관한 정보를 발행하는 업무를 말한다. 선불전자지급수단의 발행 및 관리는 T-money, 선불카드 등 선불 지급수단을 발행 및 관리하는 것이다.

넷째, 전자지급결제대행(PG : Payment Gateway)은 인터넷 쇼핑몰 등 전자상거래 공급업체와 수요자 사이의 자금거래(신용카드 결제, 가상계좌 결제, 통신과금서비스 등)를 중계하고 정산하는 서비스이다.

다섯째, 결제대금예치(Escrow)는 구매자에게 물품 등이 제대로 전달되었는지를 확인한 뒤 구매자로부터 받은 결제대금을 전자상거래 공급업체 등에 지급하는 서비스를 말한다.

여섯째, 전자고지결제는 물품 공급업자를 대행하여 수요자에게 전자고지서를 발부하고, 대금을 직접 수령하고 공급자에게 지급하는 서비스이다.

<표 2-1> 전자거래 금융업법상 전자금융업자 유형

구 분		내 용	비고
전자화폐발행 및 관리		이전 가능한 금전적 가치가 전자적 방법으로 저장된 증표 또는 그 증표에 관한 정보를 발행하는 업무	허가 대상
전자채권		기업 간 상거래에서 사용되고 있는 어음의 위변조, 연쇄부도 등 어음제도의 단점을 보완하기 위한 새로운 결제 수단으로 구매 기업이 B2B (Business to Business) 거래 등을 통한 물품구매대금을 지급하기 위해 판매 기업을 채권자로 지정하여 발행하는 지명채권이다.	등록 대상
결제 수단 발행자	직불전자지급수단 발행 및 관리	이용자와 가맹점 간에 전자적 방법에 따라 금융기관의 계좌에서 자금을 이체하는 등의 방법으로 재화 또는 용역의 제공과 그 대가의 지급을 동시에 이행할 수 있는 증표 또는 그 증표에 관한 정보를 발행하는 업무	

<표 2-1> 전자거래 금융업법상 전자금융업자 유형 (계속)

구 분	내 용	비고
선불전자지급 수단 발행 및 관리	이전 가능한 금전적 가치가 전자적 방법으로 저장된 증표 또는 그 증표에 관한 정보를 발행하는 업무	
전자지급결제대행	전자적 방법으로 재화의 구입 또는 용역의 이용에 있어서 지급결제 정보를 송신하거나 수신하는 것 또는 그 대가의 정산을 대행하거나 매개하는 업무	
결제대금예치	「전자상거래 등에서의 소비자보호에 관한 법률」 제13조 제2항 제10호에 의거 안전한 구매를 위해 재화 등의 배송 확인시점까지 결제대금을 예치받는 업무	등록 대상
전자고지결제	수취인을 대행하여 지급인이 수취인에게 지급하여야 할 자금의 내역을 전자적인 방법으로 지급인에게 고지하고 자금을 직접 수령하여 정산을 대행하는 업무	

전자지급결제대행(PG : Payment Gateway)은 전자상거래 수요자와 공급자 사이의 자금결제를 대행하는 업무로서 구매와 거의 동시에 결제가 이루어진다는 점에서 결제대금예치(Escrow)와 구별되며, 고지서를 직접 발부하지 않는다는 점에서는 전자고지결제(EBPP : Electronic Bill Presentment and Payment)와 구별된다.

전자금융 거래법상의 규정에 따라 전자금융 서비스를 제공하는 비금융기관은 전자금융업자 및 전자금융보조업자로 구분하고, 여기에 해당되지 않는 경우는 기타 전자지급결제 서비스 제공자로 구분하는 경우도 있다. 국내 비금융기관의 전자지급결제 서비스는 전자금융업자를 중심으로 제공되고 있으며, 전자금융보조업자는 금융기관 및 전자금융업자의 전자지급결제 서비스가 원활하게 이루어질 수 있도록 결제정보 전송을 위한 전산망 운영, 신용카드 단말기 보급과 같은 역할을 수행한다. 기타 전자지급결제 서비스 제공자는 소비자가 이용할 수 있는 전자지급결제 서비스를 다양화하는 역할을 수행하고 있다.

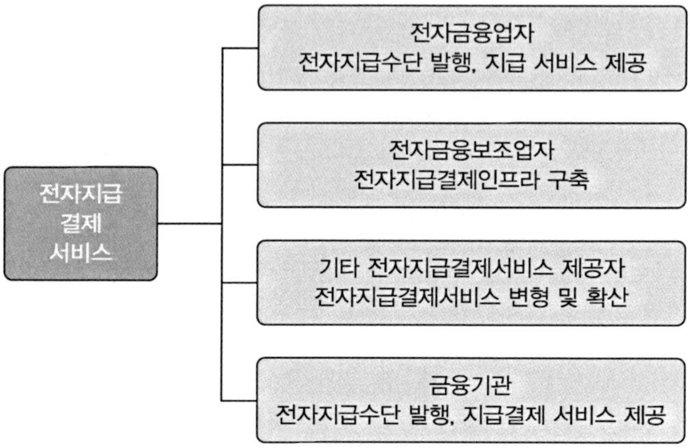

출처: 비금융권의 전자지급결제업무 현황과 향후 과제, 한국은행(2014)

[그림 2-1] 전자지급결제 서비스 관련기관

3 전자금융업 허가 및 등록조건

다음은 전자금융업을 수행하기 위한 허가 및 등록 조건에 대하여 논의하고자 한다. 전자금융업의 6가지 업무 중에서 전자화폐발행 및 관리업만이 허가를 필요로 하는 경우이고 나머지 5가지는 재무적, 물적, 인적 요건을 갖추고 해당기관에 등록을 신청하는 경우이다. 전자금융을 영위하기 위해서는 물리적 보안 등 시스템을 확보해야 하며 이를 운영 및 관리할 수 있는 적절한 인력을 준비해야 한다. 다음은 각 전자금융업의 허가 및 등록 요건을 정리하였다.

<표 2-2> 전자금융업 허가 및 등록 주요 요건

구 분	전자화폐 발행 및 관리업	전자자금 이체업	직불발행 및 관리업	선불발행 및 관리업	전자지급 결제 대행업	결제대금 예치업	전자고지 결제업
1. 허가 및 등록 요건	허가	등록	등록	등록	등록	등록	등록
• 최소자본금	50억 원	30억 원	20억 원	20억 원	10억 원	10억 원	5억 원

<표 2-2> 전자금융업 허가 및 등록 주요 요건 (계속)

구 분	전자화폐 발행 및 관리업	전자자금 이체업	직불발행 및 관리업	선불발행 및 관리업	전자지급 결제 대행업	결제대금 예치업	전자고지 결제업
• 부채비율	180% 이내	200% 이내	200% 이내	200% 이내	200% 이내	200% 이내	200% 이내
2. 전문 인력	2년 이상 경력 전산전문 5인 이상	2년 이상 경력 전산전문 5인 이상	2년 이상 경력 전산전문 5인 이상	2년 이상 경력 전산전문 5인 이상	2년 이상 경력 전산전문 5인 이상	2년 이상 경력 전산전문 5인 이상	2년 이상 경력 전산전문 5인 이상
3. 경영지도기준							
• 자기자본유지	총자산> 총부채	총자산> 총부채	총자산 >총부채	총자산> 총부채	총자산> 총부채	총자산> 총부채	총자산> 총부채
• 미상환잔액 대비 자기 자본비율	20% 이상	해당 없음	해당 없음	20% 이상	해당 없음	해당 없음	해당 없음
• 총 자산대비 투자위험도가 낮은 자산 비율*	20% 이상	10% 이상	10% 이상	20% 이상	10% 이상	10% 이상	10% 이상
• 유동부채 대비 유동 자산비율	60% 이상	40% 이상	40% 이상	50% 이상	40% 이상	40% 이상	40% 이상
4. 전자금융 사고 대비 보험가입 기준	1억 원	2억 원	2억 원	1억 원	1억 원	1억 원	1억 원
5. 적용범위	5개 업종 이상	해당 없음	해당 없음	2개 업종 이상	해당 없음	해당 없음	해당 없음
6. 이용지역	2개 이상 광역 지자체 500개 이상 가맹점	해당 없음	해당 없음	해당 없음	해당 없음	해당 없음	해당 없음

* 투자 위험성이 낮은 자산 : 현금, 은행예금, 한은예치지급준비자산, A등급 이상회사채, A2등급 이상 기업어음 등, 은행채, 은행보증 또는 담보채권, 주택저당증권, OECD 국가의 중앙정부 및 중앙 은행에 대한 채권 및 동 기관이 발행 또는 보증한 증권에 의해 담보된 채권

2015년 1월말 현재 총 68개의 전자금융업자가 전자지급서비스를 제공하고 있으며 전자금융업자가 영위하고 있는 업종은 총 117개(선불전자지급수단 발행 및 관리 업 23개, 직불전자지급 수단 발행 및 관리업 17개, 전자지급결제대행업 52개, 결제대금예치업 20개, 전자고지결제업 5개)이다.

2014년 2/4분기 중 전자금융업자가 제공하는 전자지급서비스의 이용건수는 17.4억 건(전 분기 대비 +3.6%), 이용금액은 19.0조원(전 분기 대비 -2.1%)을 기록하였다. 이용금액의 감소는 아파트 관리비 납부에 주로 이용되는 전자고지결제 서비스 금액이 줄어든 이유에 주로 기인하고 있다. 서비스 유형별 이용 비중을 살펴보면 건수기준으로는 교통카드로 주로 사용되는 선불전자지급수단(78.9%)이, 금액기준으로는 인터넷 쇼핑 등의 전자지급결제대행(68.7%)이 가장 높은 비중을 차지하고 있다.

51개의 전자지급결제대행(PG) 업체가 있는데, 이들의 고객 모집 방식 및 고유 업무 등에 따라 전문 PG업체, 쇼핑몰, 통신과금 기업, 기타 등으로 구분한다. 전자지불결제기업(전문 PG업체)은 전문 IT업체로서 가맹점을 직접 모집하여 PG서비스를 제공하는 업체를 뜻한다. 대표적인 기업으로는 이니시스, 한국사이버결제, 뱅크웰, 인포허브, 다날, 모빌리언스 등이 있다. 쇼핑몰은 입점업체(가맹점)를 대상으로 PG 서비스 제공하며 대표적인 기업은 인터파크, SK텔레콤 등이 있다. 통신과금서비스 사업자는 통신요금에 합산하여 PG 서비스를 제공하며 기업은 전문 PG, 통신회사 등이 있다. 그 외에는 가맹점 모집 등의 영업활동 없이 소수 계열사나 특정 서비스에 국한해서 서비스를 제공하며 관련 기업으로는 엘지씨엔에스, 씨제이시스템즈, 마이비 등 선불카드회사와 웹캐시 등이 있다.

<표 2-3> 전자금융업 등록 현황 (2015.01 기준)

번호	등록일	업체명	전자금융업 등록 현황						
			전자 화폐 발행업	전자 채권 관리업	선불 전자 지급 수단 발행업	직불 전자 지급 수단 발행업	전자 지급 결제 대행업 (PG)	결제 대금 예치업 (ESCROW)	전자 고지 결제업 (EBPP)
1	2007-04-19	㈜마이비			●		● (11. 10.11 등록)		
2	2007-05-18	이지스 엔터프라이즈㈜					●	● (08. 1.7 등록)	●
3	2007-06-14	㈜엘지유플러스					●	●	
4	2007-06-15	뱅크웰㈜					●	● (13. 1.31 등록)	
5	2007-06-18	㈜인포허브					●		
6	2007-06-19	㈜케이에스넷				● (14. 2.17 등록)	●	●	
7	2007-06-19	㈜올앳					●	●	
8	2007-06-20	㈜한국스마트카드			●		●		
9	2007-06-20	㈜엘지씨엔에스					●		
10	2007-06-25	㈜케이지이니시스					●	● (07. 11.13 등록)	

<표 2-3> 전자금융업 등록 현황 (2011.01 기준) (계속)

번호	등록일	업체명	전자금융업 등록 현황						
			전자화폐 발행업	전자채권 관리업	선불전자 지급수단 발행업	직불전자 지급수단 발행업	전자지급 결제대행업 (PG)	결제대금 예치업 (ESCROW)	전자고지 결제업 (EBPP)
11	2007-06-28	한국정보통신㈜			● (14. 2.10 등록)	● (14. 2.10 등록)	●	● (11. 4.20 등록)	
13	2007-06-28	㈜씨스퀘어소프트					●		
14	2007-06-28	케이아이비넷㈜					●		
15	2007-06-29	㈜페이게이트					●	●	
16	2007-06-29	㈜이베이코리아			●		●	●	
17	2007-06-29	㈜인터파크아이엔티			● (09. 5.29 등록)		●	●	
18	2007-06-29	㈜케이지모빌리언스				● (12. 12.28 등록)	●	● (12. 08.10 등록)	
19	2007-06-29	효성에프엠에스㈜					●		● (13.8.9 등록)
20	2007-06-29	씨제이시스템즈㈜					●		
21	2007-06-29	㈜한국사이버결제				● (14. 10.02 등록)	●	●	
22	2007-07-13	㈜동서아이티에스							●

<표 2-3> 전자금융업 등록 현황 (2015.01 기준) (계속)

번호	등록일	업체명	전자금융업 등록 현황						
			전자화폐 발행업	전자채권 관리업	선불전자지급수단 발행업	직불전자지급수단 발행업	전자지급결제대행업 (PG)	결제대금예치업 (ESCROW)	전자고지결제업 (EBPP)
23	2007-07-18	성호아이피오㈜					●		
24	2007-07-19	㈜다음 커뮤니케이션			●		●		
25	2007-07-25	브이피㈜					●		
26	2007-08-24	㈜아이에스이 커머스					●		
27	2007-09-18	세틀뱅크㈜					●		
28	2007-11-22	부산하나로카드㈜			●				
29	2008-03-18	페이레터㈜					●		
30	2008-03-19	퍼스트데이터 코리아(유)					●	● (14. 09.19 등록)	
31	2008-03-20	하이플러스카드㈜			●				
32	2008-03-25	웹케시㈜					●		
33	2008-06-30	㈜더존비즈온					●		●
34	2008-08-08	㈜이비시스					●		
35	2008-09-25	갤럭시아 커뮤니케이션즈㈜			● (14.7.7 등록)		●	● (14.7.7 등록)	
36	2008-12-12	㈜애드빌소프트					●		

<표 2-3> 전자금융업 등록 현황 (2015.01 기준) (계속)

번호	등록일	업체명	전자금융업 등록 현황						
			전자 화폐 발행업	전자 채권 관리업	선불 전자 지급 수단 발행업	직불 전자 지급 수단 발행업	전자 지급 결제 대행업 (PG)	결제 대금 예치업 (ESCROW)	전자 고지 결제업 (EBPP)
37	2008-12-26	㈜티모넷					●		
38	2009-05-29	인포뱅크㈜					●	● (10. 4.30등록)	
39	2009-07-03	에스케이 커뮤니케이션즈㈜			●				
40	2009-07-03	㈜다날				● (12. 12.28 등록)	●		
41	2010-04-26	㈜글로벌쉬핑 마스터앤투앤					●	●	
42	2010-07-22	유페이먼트㈜			●		●		
56	2012-12-07	코레일네트웍스㈜			●		●		
57	2013-01-14	㈜인터페이				●			
58	2013-01-17	㈜한페이시스			●		●		
59	2013-10-28	㈜신세계페이먼츠					●		
60	2013-12-06	현대증권㈜				●			
61	2014-03-28	메리츠종합 금융증권㈜				●			
62	2014-04-04	신한금융투자㈜				●			

<표 2-3> 전자금융업 등록 현황 (2015.01 기준) (계속)

번호	등록일	업체명	전자금융업 등록 현황						
			전자 화폐 발행업	전자 채권 관리업	선불 전자 지급 수단 발행업	직불 전자 지급 수단 발행업	전자 지급 결제 대행업 (PG)	결제 대금 예치업 (ESCROW)	전자 고지 결제업 (EBPP)
63	2014-04-04	미래에셋증권㈜				●			
64	2014-05-02	한국철도공사			●				
65	2014-07-17	에이치엠씨 투자증권㈜				●			
66	2014-08-05	우리투자증권㈜				●			
67	2014-10-10	삼성증권㈜				●			
68	2015-01-07	비바리퍼블리카㈜					●		
	합 계	총 68개사 (117개업종)			23	17	52	20	5

출처: 금융위원회의 금융민원센터 (http://www.fcsc.kr/B/fu_b_06.jsp)

다음은 전자금융에 관련 법률에 대해 고찰하고자 한다.

전자금융 관련 법률

국내 금융의 전자화로 전자금융의 컨버전스(융합), 새로운 형태의 상품 및 서비스가 등장하는 등 진화 속도가 점점 가속화되고 있다. 따라서 이를 관리하기 위한 법적 장치인 국내 전자금융 관련 법률을 살펴보면, 신용정보보호법(1995), 금융실명법(1997), 전자거래기본법(1998), 정보통신망법(2001), 전자상거래법(2002), 전자금융 거래법(2006), 개인정보보호법(2011)이 있다. 다음은 각 법률의 관련 내용을 생성 연도 별로 정리하였다.

<표 2-4> 생성 년도별 기준에 따른 전자금융관련 법률

법 률	소관부처	법률내용
신용정보보호법 (1995.1.5)	금융위원회	개인·법인 신용정보의 수집·이용·제공에 관한 규제, 신용정보 전산시스템의 안전보호를 위한 기술적·물리적·관리적 보안대책 수립의무, 손해배상 입증책임의 전환을 규정
금융실명법 (1997.12.31.)	금융위원회	실지 명의에 의한 금융 거래에 관한 상세한 기준 준수의무를 규정
전자거래기본법 (1998.2.8.)	미래창조 과학부	전자문서의 효력 및 암호기술사용, 전자거래사업자의 일반적인 준수 사항, 전자거래사업자에 대한 인증을 규정
정보통신망법 (2001.1.16.)	미래창조 과학부	개인정보의 수집·이용·제공·파기에 관한 규제, 개인정보 보호를 위한 기술적·관리적 조치 의무 및 기준 준수 의무를 규정
전자상거래법 (2002.7.24.)	공정거래 위원회	전자상거래 및 통신판매 등에 의한 재화 또는 용역의 공정한 거래에 관한 사항을 규정
전자금융 거래법 (2006.4.28.)	금융위원회	전자거래 안정성 확보와 이용자 보호를 위한 각종 의무·인력·조직관리, 외주관리 시설설비기준, 정보기술 시스템 상 보호 관리대책(해킹방지, 계정관리 등), 내부통제에 관한 상세한 기준 준수 의무를 규정
개인정보 보호법 (2011.3.29.)	안정행정부 & 개인정보 보호 위원회	개인정보의 수집·이용·제공·파기에 관한 규제, 개인정보의 안전한 관리, 손해배상 입증 책임의 전환 미 개인정보 단체소송 도입을 규정

상기 법률 중에서 전자금융과 가장 밀접한 관계를 가지는 법률은 전자금융 거래법이다. 정부가 입법 발의한 전자금융 거래법의 제정역사는 1993년 당시 재무부가 '전자자금이체 거래에 관한 법률' 법안을 마련하여 제정을 추진하던 시절부터 시작된다. 13년 동안 협의 후 제작된 전자금융 거래법(이하 '전금법'이라 한다)은 2007년 1월부터 시행된 전자금

융 거래 전반을 규율하는 통합법으로서 전자금융 사고방지를 위한 정보기술(IT) 보안 책임을 크게 강화하여 전자금융 거래의 안전성, 신뢰성을 확보하고 이용자 보호를 위해 운영되고 있다. 전자금융 거래법의 소관기관은 금융위원회(전자금융과)이다. 금융기관 및 전자금융업자의 실무자들이 전자금융상품 및 서비스의 기획, 전산개발 및 운영, 영업점 및 콜센터 등에서의 전자금융업무를 수행할 때 전자금융 거래법의 법적리스크(Legal Risk) 관리를 검토하여 준수해야 한다(출처: 전자금융총람, 한국은행, 2009).

<표 2-5> 전자금융 거래법의 재 개정 연혁

구 분	주요 내용
2007년	전자금융 거래법제정(2006. 4. 28.), 시행(2007. 1. 1.)
2009년	접근 매체의 양도, 양수, 부정 대여 등 금지(형사처벌 포함)
2012년	정보보호최고책임자(CISO) 도입, 양벌주의에 책임주의 원칙 도입
2013년	전자금융거래법 적용대상 제외, 해킹 관련 전자금융사업자 등 책임 명확화 등
2014년 개정	• 2015. 4. 16. 시행예정 • 전자자금이체의 지급 효력 발생시기, 공인인증서 사용 강제 조항 폐지, CISO 겸직 제한, 전자금융거래기록 파기, 제3자 재위탁 금지, 금융회사 안전성확보의무 위반 과태료 부과

출처: 태크앤로(2014)

전자금융 거래법의 내용을 살펴보면, 총칙, 전자금융 거래 당사자의 권리와 의무, 전자금융 거래의 안전성 확보 및 이용자 보호, 전자금융업 등의 감독, 보칙 및 벌칙으로 구성되어 있다.

<표 2-6> 전자금융 거래법의 구성

구분	목 록	내 용
1장	총 칙	• 목적, 용어정의, 적용범위
2장	전자금융 거래 당사자의 권리와 의무	• 전자금융 거래의 기본요소 및 절차 • 전자금융 사고시 책임분담 • 전자화폐 및 선불전자지급수단 관련 법률관계
3장	전자금융 거래의 안전성 확보 및 이용자 보호	• 안전성 확보 의무 • 거래기록의 생성 및 보존 • 거래정보의 제공 • 이의제기 및 분쟁처리
4장	전자금융업의 허가와 등록 및 업무	• 전자금융업의 인가 및 등록 등
5장	전자금융업 등의 감독	• 금융기관, 전자금융업자, 전자금융보조업자 등에 대한 감독 • 한국은행의 검사요구 등
6장	보 칙	• 전자금융 거래 통계조사 • 권한 위탁
7장	벌 칙	• 벌칙, 과태료 등

전자금융업은 전자화폐 발행, 전자채권 관리, 결제 수단(직불전자지급수단, 선불전자지급수단)의 발행 및 관리, 전자지급결제대행, 결제대금예치, 전자고지결제 등을 하는 업종을 말한다. 이 중에서 전자화폐와 전자지급결제대행은 각각 제3장과 제4장에서 별도로 자세히 다루고 나머지 업종은 순차적으로 설명하고자 한다. 다음은 전자채권에 대해 구체적으로 고찰하였다.

제2절 전자채권

① 전자채권 개념

전자채권이란 기업 간 상거래에서 사용되고 있는 어음의 위변조, 연쇄부도 등 어음제도의 단점을 보완하기 위한 새로운 결제 수단으로 구매 기업이 B2B거래 등을 통한 물품구매대금을 지급하기 위해 판매 기업을 채권자로 지정하여 발행하는 지명채권이다. 즉, 전자채권은 상거래를 통하여 재화나 용역의 구매 계약을 체결함으로써 발생한 물품 대금 채권을 구매 기업이 판매 기업을 채권자로 지정하여 일정 금액을 일정 시기에 지급토록 발행하는 전자적 결제 수단을 말한다.

채권은 일반 전자채권과 보증 전자채권으로 분류되며 보증 전자채권을 제외한 전자채권은 대개 일반(무보증) 전자채권을 말한다. 보증 전자채권은 구매 기업이 미리 발행한 전자채권으로서 구매 기업으로부터 물품 매매 계약이 이행되었음을 통지 받는 것을 조건으로 판매 기업이 전자채권상의 권리를 행사할 수 있는 전자채권이다. 구매 기업과 판매 기업이 각자의 신용으로 이용약정을 맺어서 각자 거래하는 1:1 거래 방식을 사용한다.

결제는 구매 기업이 결제 대금을 계좌 이체 방식으로 판매 기업에게 즉시 지급하는 현금 결제와, 구매 기업이 결제 대금을 일정한 만기일을 두고 어음 방식으로 판매 기업에게 결제하는 채권 결제(외상 지급)가 있다. 전자채권 지급방식에 적용되는 에스크로 결재는 구매 기업이 결제대금(현금 또는 채권)을 은행에 맡긴 후 판매 기업이 거래 물품을 배송하고, 구매 기업은 배송된 물품을 검수한 후 이상이 없을 경우 은행으로부터 판매 기업에게 결제 대금을 지급하도록 하는 방식으로써, 상거래 결제의 안전성을 더욱 강화한 방식이다(출처: 네이버 지식백과, 시사경제용어 사전).

전자외상매출 채권 (약칭 '전자채권')은 기업 간 상거래에서 널리 사용되고 있는 수표의 지급기능과 어음의 신용공여 기능을 혼합한 전자적인 형태의 새로운 지급수단으로 국내에서는 2002년 3월부터 기업 간 (B2B) 전자상거래 지급결제 시스템에서 제공되었다. 구매 기업이 거래 은행의 인터넷뱅킹을 통해 판매 기업을 채권자로 지정한 전자증서인 전자채권을 발행하여 채권으로 구매대금을 지급하면, 판매 기업은 채권을 만기까지 보유하거나 만기 전에 이를 담보로 거래 은행으로부터 대출을 받아 판매대금을 현금화할 수 있다. 전자채권은 발행 기업별 발행한도가 구매 기업의 거래 은행에 의해 등록·관리되고 만기가 180일 이내로 제한되어 있으며, 제3자에 대한 양도가 불가능하다(출처: 우리은행 홈페이지).

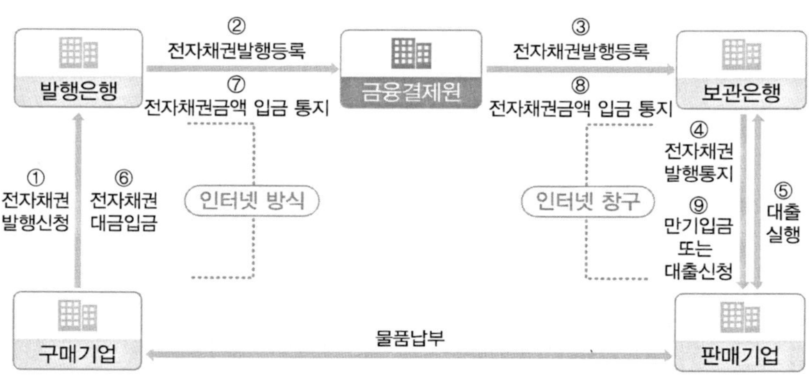

출처: 우리은행 홈페이지

[그림 2-2] 전자채권 업무 흐름도

전자채권은 구매 기업과 판매 기업에 따라 다음과 같이 업무를 처리한다. 전자채권은 주로 기업 간 거래에서 대금 지불용으로 사용하고 있으며 기존의 어음을 대신하여 발행되고 있다.

전자채권 취급은행은 산업, 기업, 국민, 외환, 농협, 우리, 신한, 하나은행, 스탠다드차타드, 씨티, 대구, 부산, 광주, 전북, 경남으로 총 15개 은행이 있다.

전자채권은 구매 기업과 판매 기업의 거래 은행이 서로 다른 경우에도 이용 가능하며 구매 기업은 발행 시, 판매 기업은 담보대출 시 금융기관으로부터 보증 가능하다. 이와 비슷한 상품인 전자방식 외상매출 채권은 구매 기업과 판매 기업의 거래 은행이 서로 같은 경우에만 이용하며 구매 기업은 발행 시, 판매 기업은 담보대출 시 금융기관으로부터 보증 가능하다.

<표 2-7> 전자채권 사용에 따른 구매 기업의 처리내용

구 분	내 용
발행방법	• 전자채권 발행
대상	• 법인 및 개인사업자
전자외상 매출 채권 발행조건	• 발행한도 : 과거 1년간 또는 예상 매출액의 1/2 범위 내 • 발행종류 : 무보증 또는 보증전자채권(지급보증 승인 필요) • 결제계좌 : 보통예금, 기업자유예금에 한함 (개인사업자는 사업자번호가 등록되어 있어야 함) • 발행기간 : 발행일로부터 3영업일 이상 180일 이내 • 발행수수료 : 건당 1,000원 (취급 은행별 차이가 있음)
업무처리	• 약정 후 인터넷방식으로 업무처리
결제	• 만기일에 결제계좌에 입금 시 자동처리
장점	• 업무간소화 및 어음발행비용절감 • 외상매출기간의 이자부담은 거래기업 (거래환경에 따라 변동 가능) • 총 신용 공여한도에 포함되지 않음 (총 대출한도는 필요) • 보증전자채권의 경우 세제혜택 : 어음발행 초과금액의 0.5%, 한도는 10%범위내 (대출금 상환기한이 세금계산서 등의 작성일부터 1월 이내인 것, 구매 기업이 대기업인 경우 중소기업에 지급하는 구매대금에 한함) • 현금 결제로 인정

<표 2-8> 전자채권 사용에 따른 판매 기업의 처리내용

<table>
<tr><th>구 분</th><th colspan="2">내 용</th></tr>
<tr><td>발행방법</td><td colspan="2">전자채권대출</td></tr>
<tr><td>대상</td><td colspan="2">법인 또는 개인사업자로 구매 기업으로부터 전자채권을 받은 고객 (단, 사업자등록번호가 등록된 고객만 가능)</td></tr>
<tr><td>결제계좌</td><td colspan="2">입출금이 자유로운 예금</td></tr>
<tr><td>보관수수료 징수</td><td colspan="2">건당 2,000원 (대출실행시점 또는 전자채권만기일에 징수, 거래기관에 따라 금액은 달라질 수 있음)</td></tr>
<tr><td>전자채권 보관은행 변경</td><td colspan="2">전자채권 만기일 2영업일 전까지 가능
보관은행 변경수수료 : 건당 20,000원(은행의 조건에 따라 달라질 수 있음)</td></tr>
<tr><td rowspan="9">서비스 안내</td><td>종류</td><td>보증/지정/비지정 전자채권대출 보증 : 발행은행이 보증한 전자채권담보대출</td></tr>
<tr><td>지정</td><td>구매 기업이 선정 지정 기업체가 발행한 전자채권담보대출</td></tr>
<tr><td>비지정</td><td>기타전자채권담보대출</td></tr>
<tr><td>대출금리 총액한도대출</td><td>기준금리 + 신용가산금리</td></tr>
<tr><td>총액한도 대상 외</td><td>단기대출 기준금리 + 신용가산금리 (30대 계열기업, 부도거래처)</td></tr>
<tr><td>대출한도</td><td>과거 1년간 매출액의 1/2 범위 내 상업어음할인 및 전자방식외상매출 채권담보대출 등 사용분 한도 차감</td></tr>
<tr><td>대출기간</td><td>약정기간은 1년, 1년 단위로 3년 이내 연장 가능
건별대출기간은 전자채권의 만기일까지로 함</td></tr>
<tr><td>대출신청</td><td>구매 기업 채권양도 통지 후 발행일에 이은 2영업일 인터넷으로 판매 기업이 직접실행</td></tr>
<tr><td>대출상환</td><td>전자채권 만기일에 구매 기업이 자동결제, 미결제시 판매 기업으로부터 직접 회수함</td></tr>
<tr><td>장점</td><td colspan="2">• 인터넷을 통하여 분할취급이 가능함 (취급회수, 금액에 제한 없음)
• 분할취급으로 유휴자금 최소화
• 기존 거래 은행을 통해 대금수령</td></tr>
</table>

2 전자채권과 전자어음

전자채권은 전자어음과 같이 인터넷으로 발행하는 채권을 말하며 만기에 대금을 지급하는 방식은 같지만 만기에 대금을 지급하지 못하면 부도에 영향을 미치는 것이 아니라 재발행에 대하여 불이익을 받을 수 있다. 제3자에게 양도가 가능한 전자어음과는 달리 제3자에게 양도가 불가능하여 거래기업이 은행에서 전자채권을 담보로 대출을 받지 못하는 경우 만기일까지 자금을 활용할 수 없는 단점을 가지고 있다. 전자채권의 장점은 발행실적에 따라 법인세 감면의 혜택이 있다.

출처: 금융결제원

[그림 2-3] 전자채권의 이용절차

전자채권의 이용절차는 다음과 같다.

① 구매(발행)기업 및 판매(수취)기업은 사전에 거래 은행과 각각 전자채권 이용약정을 체결
② 구매 기업은 인터넷뱅킹을 통해 판매 기업을 수취인으로 지정하여 전자채권을 발행(거래 은행의 보증을 받아 발행 가능)
③ 구매 기업 거래 은행은 발행내역을 금융결제원에 전송하고, 금융결제원은 발행내역 등록 후 판매 기업 거래 은행으로 전송
④ 판매 기업은 거래 은행 인터넷뱅킹을 통해 수취한 전자채권을 확인할 수 있으며, 만기 전에도 해당 전자채권을 담보로 거래 은행에서 대출을 받을 수 있음 (신용보증기금의 보증을 받아 대출 가능)
⑤ 구매 기업이 만기일 결제계좌에 채권대금을 입금하면, 입금내역이 금융결제원을 거쳐 판매 기업 거래 은행에 전송되고 판매 기업 계

좌로 즉시 입금

전자어음이란 기존 종이 약속어음을 전자화하여 인터넷뱅킹을 통해 발행한 어음으로서 자산이 100억 원 이상 기업만 발행이 가능하다. 또한 제3자에게 20회 이상 배서하여 양도가 가능하며 전자할인제도를 이용할 수 있기 때문에 기업이 선호한다. 전자어음 처리시 은행에 지급해야 하는 수수료가 발생하며 일반 어음과 같이 만기일에 갚지 못하면 부도가 발생할 수 있다.

<표 2-9> 전자채권과 전자어음의 비교

구분	전자채권	전자어음
정의	전자어음과 같이 인터넷으로 발행하는 채권을 말하며 만기에 대금을 지급하는 방식은 같지만 만기에 막지 못하면 부도의 개념은 아니며 재발행에 대하여 불이익을 받음	기존 종이 약속어음을 전자화하여 인터넷뱅킹을 통해 발행한 어음
발행	제3자에게 양도가 불가하며 은행에서 신용보증기금에서 보증을 받아야 대출이 가능	자산이 100억 이상인 기업은 의무 발행
장점	발행실적에 따라 법인세 감면 혜택이 있음	제3자에게 20회까지 배서 양도가 가능하여 전자어음할인이나 재 지급이 가능
단점	판매 기업은 대출을 받지 못하면 만기 시 까지 자금을 사용할 수 없음	수수료가 발생 만기일에 갚지 못하면 부도가 남

어음을 대체할 수 있는 상품으로는 전자어음, 전자채권뿐만 아니라 기업구매자금 어음도 있다. 기업구매자금 어음은 기존 약속어음과는 달리 판매 기업이 기업구매자금 어음을 발행하고, 구매 기업이 대출 또는 자기자금으로 구매대금을 지급하는 어음대체상품이다.

<표 2-10> 어음대체 상품별 주요비교

구 분	전자채권	전자어음	기업구매자금 어음
개념	구매 기업이 구매대금의 결제를 위해 인터넷뱅킹을 통해 채권을 발행하여 판매 기업에게 전자적 방식으로 지급하는 어음 대체 상품	구매 기업이 구매대금의 결제를 위해 인터넷뱅킹을 통해 어음을 발행하여 판매 기업에게 전자적 방식으로 지급하는 어음 대체 상품입니다. 종이어음과 마찬가지로 배서 및 할인이 가능	기존 약속어음과는 달리 판매 기업이 기업 구매자금 어음을 발행하고, 구매 기업이 대출 또는 자기자금으로 구매대금을 지급하는 어음대체상품
타행간사용	가능		불가능
발행주체	구매 기업		판매 기업
발행방법	인터넷뱅킹(공인인증서 사용)		인터넷뱅킹 또는 서면 발행 후 은행접수
할인(대출)시 이자비용 부담	판매 기업		구매 기업
판매 기업	저리융자(판매 기업)		저리융자(판매 기업)
배서	불가능	가능	불가능
만기	만기	1년 이내	38일 이내
이용 수수료	없음(은행자율 결정)	있음	없음(은행자율 결정)
특징	• 금융기관으로부터 보증가능 • 판매 기업은 대출금리 혜택 • 이용 수수료 없음(은행자율결정)	• 제3자 배서 가능 • 분실 도난 및 위조로부터 안전 • 판매 기업은 대출금리혜택 • 이용 수수료 발생	• 대출금리 혜택 • 구매 기업이 대출이자 비용 부담 • 만기가 짧은(38일 이내) • 이용 수수료 없음(은행자율결정)

출처: 금융결제원

제3절 결제 수단발행

① 결제 수단발행 개념

1.1 결제 수단발행 개념

결제 수단발행은 직불전자지급수단 발행 및 관리와 선불전자지급수단 발행 및 관리로 나누어진다. 직불전자지급수단 발행 및 관리는 이용자와 가맹점 간에 전자적 방법에 따라 금융기관의 계좌에서 자금을 이체하는 등의 방법으로 재화 또는 용역의 제공과 그 대가의 지급을 동시에 이행할 수 있는 증표 또는 그 증표에 관한 정보를 발행하는 업무이다.

선불전자지급수단 발행 및 관리는 이전 가능한 금전적 가치가 전자적 방법으로 저장된 증표 또는 그 증표에 관한 정보를 발행하는 업무이다.

<표 2-11> 전자거래 금융업법상 전자금융업자 분류측면 결제 수단 발행

구 분		내 용
결제 수단발행	직불전자지급수단 발행 및 관리	이용자와 가맹점 간에 전자적 방법에 따라 금융기관의 계좌에서 자금을 이체하는 등의 방법으로 재화 또는 용역의 제공과 그 대가의 지급을 동시에 이행할 수 있는 증표 또는 그 증표에 관한 정보를 발행하는 업무
	선불전자지급수단 발행 및 관리	이전 가능한 금전적 가치가 전자적 방법으로 저장된 증표 또는 그 증표에 관한 정보를 발행하는 업무

결제 수단발행의 범위를 살펴보면, 전자상거래 등에서의 소비자보호에 관한 법률 시행령 제8조에 따르면, "전자결제 수단 발행자, 전자결제

서비스 제공자 등 대통령령으로 정하는 전자적 대금 지급 관련자"(이)란, 해당 전자결제 수단의 발행자, 전자결제서비스 제공자 및 해당 전자결제 수단을 통한 전자결제서비스의 이행을 보조하거나 중개하는 자(이하 "전자결제업자 등"이라 한다)로서 다음 각 호의 어느 하나에 해당하는 자를 말한다.

(1) 「은행법」 등 법령의 규정에 따른 금융회사로서 계좌이체업무를 수행하는 금융회사
(2) 「여신전문금융업법」 제2조 제2호의 2에 따른 신용카드업자
(3) 전자적 매체 또는 정보처리시스템에 화폐가치 또는 그에 상응하는 가치를 기록·저장한후 재화 등의 구매 시 지급하는 결제 수단의 발행자
(4) 「정보통신망 이용촉진 및 정보보호 등에 관한 법률」 제2조 제3호에 따른 정보통신서비스 제공자
(5) 「정보통신망 이용촉진 및 정보보호 등에 관한 법률」 제2조 제11호에 따른 통신과금서비스 제공자
(6) 전자결제대행 또는 중개서비스 사업자

출처: 전자상거래 등에서의 소비자보호에 관한 법률 시행령 [대통령령 제24436호, 2013.3.23., 타법개정] 제8조 (전자결제업자 등)

전자상거래 등에서의 소비자보호에 관한 법률에서 결제 수단 발행자의 고지의무를 살펴보면 다음과 같다. 제6조(결제 수단 발행자의 고지) 법 제8조 제4항에 따른 결제 수단의 발행자는 다음 각 호의 사항을 소비자에게 고지하여야 한다.

(1) 대표자의 성명, 주된 사무소의 주소, 전화번호, 전자우편주소, 자본금 규모 및 자기자본 현황 등
(2) 법 제24조 제1항에 따른 소비자피해보상보험계약 등(이하 "소비자피해보상보험계약 등"이라 한다)의 체결사실 및 계약내용(채무

지급보증 범위를 포함한다)과 그 확인에 필요한 사항

(3) 남은 금액의 현금 반환과 관련된 사항

(4) 반품 시 처리기준 및 현금화와 관련된 사항

(5) 해당 결제 수단을 사용할 수 있는 사이버몰 현황

(6) 해당 결제 수단의 사용상 제한 및 주의사항

(7) 그 밖에 소비자에게 표시 또는 고지를 하지 아니하는 경우 해당 결제 수단을 사용하는 소비자에게 피해를 줄 우려가 있다고 인정되는 사항

전자거래금융업법과 전자상거래법이 목적이 다르므로 각 법에서 언급하는 결제 수단발행자의 정의 및 지위가 다르다. 따라서 전자상거래법에서는 포괄적으로 적용하여 해석자에 따라 결제 수단 발행자의 지위 및 범위를 확대 적용할 수 있다. 선지급식 통신판매에 사용되는 결제 수단의 발행자는 소비자피해보상보험 등의 조치를 취해야 할 의무가 있다.

<표 2-12> 결제 수단 발행자의 범위

구 분	전자거래금융업법	전자거래상거래법
목적	• 이 법은 전자금융 거래의 법률 관계를 명확히 하여 전자금융 거래의 안전성과 신뢰성을 확보함과 아울러 전자금융업의 건전한 발전을 위한 기반을 조성함으로써 국민의 금융편의를 꾀하고 국민경제의 발전에 이바지함을 목적으로 한다.	• 이 법은 전자상거래 및 통신판매 등에 의한 재화 또는 용역의 공정한 거래에 관한 사항을 규정함으로써 소비자의 권익을 보호하고 시장의 신뢰도를 높여 국민경제의 건전한 발전에 이바지함을 목적으로 한다.
결제 수단 발행자	• 전자화폐 발행자도 포함될 수 있으나 현행 서비스 등록업체는 없음 • 직불전자지급수단 발행 및 관리 및 선불전자지급수단 발행 및 관리자를 포함함	• 전금법에서 명시하는 전자화폐발행자, 직불전자지급수단 발행 및 관리 및 선불전자지급수단 발행 및 관리자를 포함하여 포괄적으로 확대 해석하여 적용할 수 있음 (법률

구 분	전자거래금융업법	전자거래상거래법
	• 선불전자지급 수단 발행자의 경우는 상기 조건에 따라 제외될 수 있음	적으로 명확히 한계가 지정되어 있지 않으므로)
선불전자 지급수단	• '선불전자지급수단'이란 발행자 이외의 제3자에게서 재화 또는 용역의 구매가 가능하여야 하고 구매 할 수 있는 재화범위가 2개 업종 이상이어야 함 • 둘 중에 하나라도 충족하지 않는다면 선불전자지급수단이라고 볼 수 없음 • 따라서 게임사들이 발행하는 선불전자지급수단이 해당 게임사에서만 사용된다거나, 게임 아이템만 구매하도록 한정되어 있다면 이는 전금법 상의 '선불전자지급수단'에 해당되지 아니하여 규제대상에서도 제외됨	–
직불전자 지급수단 발행 및 관리	이용자와 가맹점간에 전자적 방법에 따라 금융회사의 계좌에서 자금을 이체하는 등의 방법으로 재화 또는 용역의 제공과 그 대가의 지급을 동시에 이행할 수 있도록 금융회사 또는 전자금융업자가 발행한 증표(자금을 융통받을 수 있는 증표를 제외한다) 또는 그 증표에 관한 정보를 말함.	–

1.2 결제 수단 발행자 요건과 발행절차

결제 수단발행(직불, 선불전자지급수단의 발행) 및 관리업무를 행하기 위해서는 은행법에 따른 은행과 신용카드업자 등 대통령령이 정하는 금융기관을 제외하고 자본금이 20억 원 이상인 상법상의 회사로서 금융위원회에 등록해야 한다(전자금융 거래법 28조 2항, 30조 2항, 동법시행령 17조 1항 3호).

결제 수단발행(직불, 선불전자지급수단의 발행)하는 자로서 특정한 건물 안의 가맹점 등 대통령령이 정하는 기준에 해당하는 가맹점에서만 사용되는 경우, 총 발행 잔액이 30억 원 이하인 경우, 이용자가 미리 직접 대가를 지불하지 아니한 선불전자지급수단으로서 이용자에게 저장된 금전적 가치에 대한 책임을 이행하기 위하여 상환보증보험 등에 가입한 경우에는 금융위원회에 등록하지 않아도 된다(전자금융 거래법 28조 3항). 결제 수단발행(직불, 선불전자지급수단의 발행)자는 이용자의 보호와 업무수행에 충분한 전문 인력과 전산설비 등 물적 시설을 갖추고, 대통령령이 정하는 재무건전성 기준을 충족하여야 하며, 주요출자자가 충분한 출자능력과 건전한 재무상태 및 사회적 신용을 갖추어야 한다(전자금융 거래법 31조 1항).

결제 수단발행(직불, 선불전자지급수단의 발행)절차를 살펴보면, 발행자는 그 보유자로 부터 대가를 지급받고 직불, 선불전자지급수단을 발행해야 한다. 발행자가 이용자와 전자지급수단의 발행계약을 체결함에 있어서 약관을 명시하여야 하고, 이용자의 요청이 있는 경우에는 금융위원회가 정하는 방법에 따라 그 약관의 사본을 교부하고 그 약관의 내용을 설명해야 한다(전자금융 거래법 24조 1항).[2] 선불전자지급수단의 발행자가 이에 위반하여 계약을 체결한 때에는 당해 약관의 내용을 계약

* * * *

2) 금융기관 또는 전자금융업자가 전자금융 거래에 관한 약관을 제정하거나 변경하고자 하는 경우에는 미리 금융위원회에 보고하여야 한다(전자금융 거래법 25조 1항 본문). 다만, 이용자의 권익이나 의무에 불리한 영향이 없는 경우로서 금융위원회가 정하는 경우에는 약관의 제정 또는 변경 후 10일 이내에 금융위원회에 보고할 수 있다(전자금융 거래법 25조 1항 단서). 또 금융위원회는 건전한 전자금융 거래질서를 유지하기 위하여 필요한 경우에는 금융기관 또는 전자금융업자에 대하여 제1항의 규정에 따른 약관의 변경을 권고할 수 있다(전자금융 거래법 25조 2항). 금융기관 또는 전자금금융업자는 약관을 변경하는 때에는 변경되는 약관의 시행일 1월 전에 금융위원회가 정하는 방법에 따라 이를 게시하고 이용자에게 알려야 한다. 다만 법령의 개정으로 인하여 긴급하게 약관을 변경하는 때에는 금융위원회가 정하는 방법에 따라 이를 즉시 게시하고 이용자에게 알려야 한다(전자금융 거래법 24조 3항 단서).

의 내용으로 주장할 수 없다(전자금융 거래법 24조 2항). 선불전자지급수단의 발행에 있어서 발행자는 이용자의 신청이 있는 경우에 본인임을 확인한 후에 발급하여야 하나, 이용자의 신청이나 본인의 확인이 없는 때에도 발급할 수 있는데, 그 발급에 있어서 전자식 카드 및 이에 준하는 전자적 정보와 비밀번호 등의 접근 매체를 선정하여 발급하여야 한다(전자금융 거래법 6조 2항 근거).

전자지급수단의 발행권면 최고한도는 금융위원회가 정한다. 금융위원회는 대통령령이 정하는 바에 따라 선불전자지급수단의 발행자에게 발행권면 최고한도를 제한하거나 그 밖에 필요한 조치를 할 수 있다(전자금융 거래법 23조). 현행 선불전자지급수단의 발행권면 최고한도는 50만원이나, 실지명의로 발행된 선불전자지급수단의 발행권면 최고 한도는 200만원이다(동법 시행령 13조 1항 근거).

<표 2-13> 직불전자지급수단 이용한도

(2013.12 기준, 단위 : 만원)

구 분	1회 이용한도	1일 이용한도
직불전자지급수단	10,000	10,000
실명증표확인 외의 본인 확인수단을 이용하여 발급된 직불전자지급수단	30	30

무기명식은 실지명의 확인이 없거나 예금계좌와 연결되지 않고 발행된 전자화폐 내지 선불전자지급수단이고 기명식은 실지명의가 확인되거나 예금계좌와 연결되어 발행된 전자화폐 내지 선불전자지급수단이다.

<표 2-14> 전자화폐 및 선불전자지급수단 발행권면 최고한도

구 분	발행권면 한도 (단위: 만원)	
	무기명식	기명식
전자화폐	5	200
선불전자지급수단	50	200

2 직불전자지급수단 개념과 특징

2.1 직불전자지급수단 개념

전자금융 거래법 제2조에 따르면 직불전자지급수단이라 함은 이용자와 가맹점간에 전자적 방법에 따라 금융회사의 계좌에서 자금을 이체하는 등의 방법으로 재화 또는 용역의 제공과 그 대가의 지급을 동시에 이행할 수 있도록 금융회사 또는 전자금융업자가 발행한 증표(자금을 융통받을 수 있는 증표를 제외한다) 또는 그 증표에 관한 정보를 말한다. 직불전자지급수단은 정부가 주도한 스마트폰을 통한 직불결제 활성화 정책에 따라 2013년부터 본격적으로 발행되었다. 직불전자지급수단은 온라인 혹은 오프라인에서 물품 구매 시 스마트폰 등을 이용한 인증절차를 거쳐 구매자의 금융기관 계좌에서 판매자의 계좌로 구매대금을 이체할 수 있도록 중계하는 서비스로서 대표적인 사례로는 옐로페이, 페이톡, 엠틱, 바통 등이 있다.

스마트폰을 활용한 직불전자지급수단은 실물카드를 소지하지 않아도

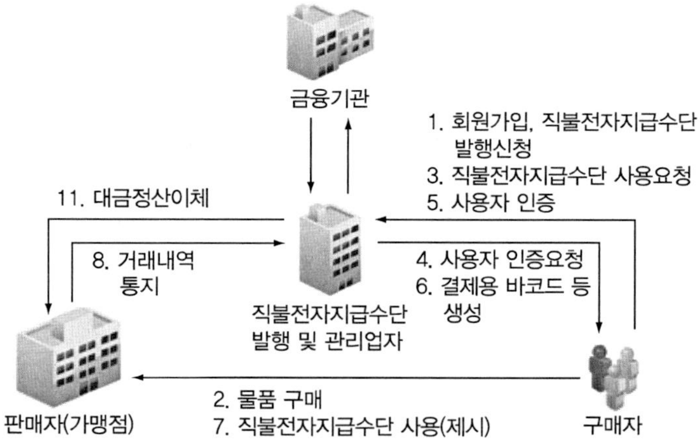

출처: 한국은행(2014)

[그림 2-4] 직불전자지급수단 발행 및 관리업 업무처리절차

사용 가능하다는 점에서 기존의 직불형식과 차이가 있다. 또한 직불전자지급수단 발행 및 관리업은 사전충전이 필요한 선불전자지급수단과 달리 온라인 혹은 오프라인에서 물품·용역 구매 시 구매자의 금융기관 계좌에서 판매자의 계좌로 구매대금이 이체되도록 중계하는 서비스이다.

직불전자지급수단은 전자금융업자의 중계를 통해 소비자의 금융기관 계좌에서 판매자의 계좌로 지급되는 형식이므로 기명식 발행이 불가피하며, 이에 따라 전자금융업자가 소비자의 거래정보, 개인정보 및 결제정보를 필수적으로 수집하게 된다. 직불전자지급수단 소비자는 온·오프라인을 통한 지급수단 발행 신청 절차를 통해 소비자의 금융기관 계좌번호 등의 정보를 사전에 등록하여야 한다.

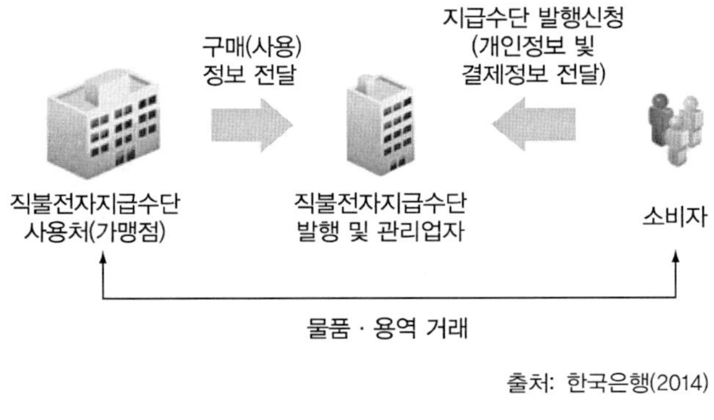

출처: 한국은행(2014)

[그림 2-5] 직불전자지급수단 발행 및 관리업자 정보입수 경로

2012년 11월부터 금융감독원은 기존 은행에 방문하여 직불결제 수단을 발급 받던 규정을 앱 다운로드 방식으로 변경하였으며 이는 오프라인 형태의 대면 결제 방식이다. 즉, 스마트폰 방식으로 앱 설치 후 바코드를 생성하여 결제 시 마다 이용하는 것이다. 따라서 카드 없이 전화번호나 스마트폰 어플리케이션(앱)만으로 통장잔고 내에서 원하는 물건을 살 수 있는 결제 서비스이다. 직불카드와 같은 직불전자지급수단을 앱의 형태로 스마트폰에 설치하여 사용하는 것이 근거리무선통신(NFC) 서비스 및 전자지갑 서비스와의 차이점이라고 할 수 있다.

2.2 직불전자지급수단 특징

직불전자지급수단은 기존 카드위주 오프라인 결제의 패러다임을 변화시키고 있으며 전자 직불결제 서비스의 특성상 지갑과 카드가 없이도 스마트폰만 있으면 원하는 결제를 할 수 있어 미래 지향적이다. 따라서 모바일 기반의 결제 시장 성장 환경 구축에 기여하고 있다. 현금거래를 제외하고 오프라인 결제의 대부분을 차지하고 있는 카드결제(신용카드, 체크카드, 직불카드 등)가 시장에서 경쟁적인 서비스로 등장하였다. 직불전자지급수단의 장점으로는 직불거래에 따른 결제 위험 감소로 인한 수수료 인하효과가 있으며(1.5% 수준), 모바일 IT기기(스마트폰 등)의 급속한 보급과 법제도 개정을 통한 결제 편리성 제공 등이 있으며, 이는 시장의 성장 환경을 제공하였다. 온라인상의 결제 수단을 제공하는 전자결제 기업들이 이를 통하여 오프라인 결제 시장 참여로 시장을 확대하고 있다.

NFC 결제 및 전자지갑 서비스는 서비스 인프라 부족, 서비스 제공자 간의 수익분배 문제 등으로 인해 시장의 기대보다는 확산이 느린 반면에 모바일 기반의 직불결제 서비스는 기존 인프라의 공동 활용, 낮은 결제수수료 등 장점이 많아 기존 카드시장의 진입장벽이 낮다.

<표 2-15> 신용카드와 직불결제 수단 비교

구 분	전자 직불결제	신용카드
결제방법	스마트폰으로 가맹점에서 결제	플라스틱 카드 발급 후 가맹점 결제
지불방식	직불결제 / 낮은 수수료 잔고 내에서 계획적 지출 가능	후불결제 / 높은 수수료(1.5~3.0%) 가계부채 및 개인신용도 문제 등장
수행주체	PG사업자 중심 바코드 리더기 or App 결제	카드사/은행, VAN사 보급된 카드 단말기로 결제
혜택	소득공제 시 신용카드보다 높은 공제율 적용 혜택(30%)	다양한 부가서비스 제공 (포인트 적립/할부, 제휴 할인 등)

직불전자지급수단의 경우 판매자의 장점은 다음과 같다

첫째, 낮은 결제수수료와 빠른 정산 주기이다. 기존 2% 대의 신용카드 수수료 대비 낮은 결제수수료(평균 1.5%)를 제공하고 빠른 정산 주기(기존 카드사, VAN사, 통신사 시스템과 독립적인 금융결제원 은행공동망 연계)로 결제 서비스로 인한 빠른 가맹점 정산(D+3 day 내외)이 가능하다.

둘째, 매출증대 및 회원확대 효과를 기대할 수 있다. 카드 없이, 지갑 없이, 누구나 사용할 수 있고, 낮은 수수료에 따른 비용절감, 전자직불결제를 통한 신규매출 확보 등의 장점이 있다. 또한 24시간 누구나 이용가능한 지급결제 수단으로 이용자에 따른 제한이 없다. 카드의 경우 신용도 및 만 19세 이상만 발급하여 사용할 수 있는 제한이 있는 반면, 직불전자결제는 누구나 이용이 가능하다. 따라서 이용자의 편의가 증대되고 가맹점의 경쟁력을 강화할 수 있다. 스마트폰만으로 결제 가능하며, 기존 결제인프라의 활용이 가능하여 별도의 도입비용이 발생하지 않는다. 앱(App) 설치만으로 서비스 적용이 가능하며 필요 시 바코드 리더기 및 POS 연동 작업을 무상으로 지원한다.

구매자인 이용자 측면의 장점은 다음과 같다. 첫째, 현금을 보유하지 않고 사용할 수 있는 편리한 결제 수단이다. 전자식 지급결제 수단의 대중화, 스마트폰 보유자의 50%가 모바일 뱅킹 이용 경험이 있으며 신용카드와 지갑 없이도 결제가 가능하고, 동전 보유의 불편함을 해소하였다. 은행이나 카드사 방문 없이 앱 설치만으로 전자 직불결제를 사용할 수 있다.

둘째, 누구나 이용 가능한 결제 수단으로 소득공제율 혜택을 받을 수 있으며, 신용카드(15%) 대비 높은 소득공제율(30%)이 적용된다. 신용카드의 경우 신용도 및 만 19세 이상만 발급하여 이용할 수 있다.

셋째, 계좌에 보유한 잔고 내에서의 합리적 계획 소비가 가능하다. 연동된 계좌 잔고 내에서의 계획적인 지출로 합리적 소비활동을 할 수 있으며 자동 신고 방식으로 별도의 현금영수증 발행을 자동 지원한다.

3 선불전자지급수단 개념과 특징

3.1 선불전자지급수단 개념

전자금융 거래법 제2조 제14호에서는 '선불전자지급수단'을 다음과 같이 정의하고 있다. 2조(정의) 이 법에서 사용하는 용어의 정의는 다음과 같다. "선불전자지급수단"이라 함은 전자화폐를 제외한 이전 가능한 금전적 가치가 전자적 방법으로 저장되어 발행된 증표 또는 그 증표에 관한 정보로서 다음 각 항목의 요건을 모두 갖춘 것을 말한다.

(1) 발행인(대통령령이 정하는 특수 관계인을 포함한다) 외의 제3자로부터 재화 또는 용역을 구입하고 그 대가를 지급하는데 사용될 것이며,

(2) 구입할 수 있는 재화 또는 용역의 범위가 2개 업종(「통계법」 제22조 제1항의 규정에 따라 통계청장이 고시하는 한국표준산업분류의 중분류상의 업종을 말한다. 이하 2조와 같다)이상일 것이다.

상기 정의에 따르면 '이전 가능한 금전적 가치가 전자적 방법으로 저장되어 발행된 증표 또는 그 증표에 관한 정보'이면서 상기 (1)과 (2)'의 요건을 충족하는 것이 전자금융 거래법상 선불전자지급수단이다. 통계법 제22조 제1항의 규정에 따라 고시하는 한국표준산업분류의 중분류상의 업종은 법에 따른 유권해석 권한을 가진 통계청에서 확인할 필요가 있다. 따라서 시중에는 모바일상품권, 쿠폰, 티머니 교통카드 등 다양한 선불 성격의 전자지급수단이 있으나 모두가 전자금융 거래법상 선불전자지급수단인 것은 아니며 위 규정에서 정한 요건을 충족하는 것만 동법에 따른 선불전자지급수단이며, 이러한 선불전자지급수단을 발행하고자 하는 경우 동법 제28조에 따라 등록해야 사용할 수 있다.

3.2 선불전자지급수단의 특징

선불전자지급수단은 다음과 같은 특징을 가진다.

첫째, 이전 가능한 화폐적 가치가 있어야 한다. 선불전자지급수단은 사용이 용이하고 손쉽게 옮길 수 있는 저장형태가 이루어져야 한다.

두 번째, 전자적 방법으로 저장되어야 한다. 발행된 증표(정보)로서 M/S카드, IC카드, 컴퓨터 등 전자적인 장치에 저장하여 상품 및 서비스 구매 시 사용하는 지급수단으로 이용되기 때문이다.

마지막으로 일정수준 이상의 범용성을 갖추어야 된다. 종이나 카드, 네트워크 등 화폐적인 가치가 있어야 하고 정보의 저장형태에 관계없이 이루어져야 한다.

선불전자지급수단은 업무를 수행하기 위해서는 금융위원회 등록신청을 해야 하며 자본금 20억 원 이상으로 금융정보를 관리할 수 있는 인적, 물적 자원을 규정에 맞게 확보해야 한다. 발행 한도는 개인당 50만원이며 일정비율이상 사용 시 잔액으로 환불이 가능하고 충전은 현금·예금·신용카드·마일리지·전화 결제 등으로 할 수 있다.

<표 2-16> 전자화폐와 선불전자지급수단 비교

구 분	전자화폐	선불전자지급수단
법적요건	금융위원회 허가	금융위원회 등록
자본금 요건	• 자본금 50억 원 이상	• 자본금 20억 원 이상
겸업제한	• 전자금융 거래법 상에 명시된 전자금융업무 이외에는 제한	• 제한 없음
발행한도	• 200만원(단, 실명확인이 안된 경우 5만원)	• 50만원(단, 실지명의로 발행 시 200만원)
충전수단	• 현금·예금	• 현금·예금·신용카드·마일리지·전화 결제 등

<표 2-16> 전자화폐와 선불전자지급수단 비교 (계속)

구 분	전자화폐	선불전자지급수단
범용성	• 지역·영업장 기준 - 2개 이상의 광역자치단체 및 500개 이상의 가맹점 • 재화·용역 기준 - 한국표준산업분류표상 중분류 5개 업종 이상	• 재화·용역 기준 - 한국표준산업분류표상 중분류 2개 업종 이상
환금성(현금 유사성)	• 현금·예금과 등가(等價) 교환되며 환급 요청 시 전액 환급	• 권면액의 일정비율 이상 사용 시 잔액 환급
대표적 예	• K-CASH, MYbi, Visacash	• T머니, 대경교통카드, 이비카드 등

제4절 결제대금예치

① 결제대금예치제도 개념

결재 대금예치제도란 전자상거래의 선 지급 관행, 비대면성, 시장진입과 퇴출의 신속성 등의 특수성으로 인한 거래의 불안정성을 해소하고 온라인 거래의 안전성을 보증할 수 있는 구매안전서비스 중의 하나이다.

법적인 측면에서 보면 결제대금예치란 공신력 있는 제3자가 구매자의 결제대금을 예치 받고 구매자에게 물품이 전달되었는지를 확인한 후 대금을 가맹점에 지급하는 서비스이다. 선불방식 거래에 있어서 사업자와 소비자가 재화 등에 관한 계약을 체결한 후 소비자에게 지정된 결제대금예치사업자에게 대금을 지급하고 사업자로부터 공급을 받은 후에 결제대금예치사업자가 일정한 수수료를 제외한 금액을 사업자에게 지급하지만, 재화 등의 미인도가 발생할 시에는 소비자에게 대금을 환급하는 것으로 사용되는 제도이다(고형석 2007). 2003년 3월 소비자원이 주최한 '인터넷 쇼핑몰 거래안전 확보 방안 공청회'에서 사전적 결제대금예치(에스크로) 서비스의 필요성이 제기되었다. 각계의 의견 수렴을 통해 2005년 "전자상거래등에서의 소비자보호에 관한 법률"의 개정을 도입하고 2006년 4월 1일부터 본격적으로 시행하였다.

소비자가 구매의 안전을 위하여 원하는 경우에는 재화 등을 공급받을 때까지 대통령령으로 정하는 제3자에게 그 재화 등의 결제대금을 예치사항(이하 "결제대금예치"라 한다) 또는 통신판매업자의 제24조 제1항에 따른 소비자 피해보상 보험계약 등의 체결 사항을 선택할 수 있다(제15조 제1항에 따른 선지급식 통신판매의 경우에만 해당하며, 제24조 제3항에 각 호의 어느 하나에 해당하는 거래를 하는 경우는 제외한다) (전자상거래법 제13조 2항 10호 근거).

2 결제대금예치업의 특징

결제대금예치 제도의 특징은 다음과 같다. 첫째, 소비자뿐만 아니라 판매자를 보호하는 제도이다. 둘째, 결제대금예치업의 경우 결제대금예치 서비스 대상거래의 제약, 낮은 수수료 체계를 가지고 있다. 결제대금예치 대상거래는 10만 원 이상 현금결제거래로 한정되어 있다. 결제대금예치업은 이용이 의무사항이 아니라 일부거래서비스의 경우 구매자 자신이 비용을 부담하는 조건으로 선택한 경우에만 이용하는 제도로서 비용에 민감한 구매자는 동 서비스를 이용하지 않는 경향이 있다.

<표 2-17> 결제대금예치업의 특징

구 분	내 용
정보의 디지털화 및 적시성	표시 및 광고 내용의 착오에 따른 청약철회, 소비자의 약관내용 미숙지로 인한 피해, 부정확 혹은 불충분한 정보에 따른 소비자 불만과 피해
비대면적 거래	사기 혹은 기만적 거래, 광고 및 표시 문제, 불법적 상행위에 따른 소비자 문제, 취약소비자 문제(미성년자, 노년층 등), 부당 개인정보의 수집 및 유통, 거래상대방의 신용판단의 어려움
거래공간의 개방성 및 격지성	상품배송의 지연·미배송·오배송, 상품의 반품 및 환불의 어려움, 피해구제의 어려움
선 지급 관행	대금수납 후 물품배송불이행·잠적에 따른 피해, 타인 명의도용 등 각종 불법적 거래
분쟁의 복잡성	원인규명 및 책임귀속자 규명의 어려움, 다수의 관련자에 대한 책임분배의 복잡성, 불법 명의도용으로 인한 피해

③ 결제대금예치업 도입현황

결제대금예치업은 전자상거래 거래 시 주로 이용하는 것으로 전자상거래 기반의 지불업무를 대행해주는 기업이 도입하여 서비스를 제공하고 있다. 거의 비금융기관이 전체 시장을 점유하고 있으며, 일부 은행에서는 전자상거래 등과 같은 거래 업무를 수행 시 적용하여 진행한다. 예를 들어 타인과 귀중품을 직접 거래하는 경우 등에서 금융기관이 제공하는 결제대금예치업을 이용한다.

<표 2-18> 결제대금예치 서비스 이용현황

구 분	금융기관	비금융기관	합 계
건 수(백만 건) 비율(%)	0.2 <0.1>	309.3 <99.9>	309.5 <100.0>
금 액(십억 원) 비율((%)	181.4 <1.5>	11,993.0 <98.5>	12,174.4 <100.0>

출처: 한국은행, 2012년 기준

결제대금예치업체는 2010년 13개에서 2012년 기준 18개로 증가하였다. 주로 오픈 마켓 사업자들이 운영하고 있다. 이는 시장에서 안전한 거래를 원하고 있다는 것을 시사하고 있다. 이를 지원하기 위해 결제대금예치업 시장에 진입하는 기업이 증가할 것으로 전망한다.

<표 2-19> 비금융권 결제대금예치 서비스 제공자 현황 (2013년 3월 기준)

구 분	사업자	문의번호	정보 확인 사이트
PG	㈜한국사이버결제	1544-8660	http://www.kcp.co.kr
	㈜LG유플러스	1544-7772	http://ecredit.dacom.net/escrow
	㈜올앳	02)3783-9990	http://www.allatpay.com
	㈜KG이니시스	1588-4954	http://www.inicis.com
	㈜이지스엔터프라이즈	02)2082-7250	http://www.allthegate.com

<표 2-19> 비금융권 결제대금예치서비스 제공자 현황 (2013년 3월 기준) (계속)

구 분	사업자	문의번호	정보 확인 사이트
PG	㈜케이에스넷	02)3420-5905	http://pg.ksnet.co.kr
	㈜페이게이트	02)2140-2700	http://www.paygate.net
	인포뱅크㈜	031-628-1500	http://www.infobank.net
	한국정보통신㈜	1644-2004	http://www.kicc.co.kr
	나이스정보통신㈜	02-2187-2700	http://www.nicevan.co.kr
	㈜다우기술	070-8707-1000	http://www.daou.com
	㈜글로벌쉬핑마스터앤투앤	02-517-0775	http://www.gsmnton.com
	㈜KG모빌리언스	02)2108-2050	http://www.mobilians.co.kr
	뱅크웰㈜	02-1566-0430	www.bankwell.co.kr
오픈마켓	㈜이베이코리아	–	http://www.auction.co.kr http://www.gmarket.co.kr
	㈜인터파크아이엔티	–	http://www.interpark.com
	㈜SKP (11번가)	–	http://www.11st.co.kr
	NHN비즈니스플랫폼㈜	1566-3880	http://www.naver.com

<표 2-20> 금융권 결제대금예치서비스 제공자 현황

구 분	사업자	문의번호	정보 확인 사이트
보상보험	서울보증기금㈜	1544-0853	http://www.usafe.co.kr
은행	KB국민은행	1588-9999 1599-9999	http://okbfex.kbstar.com
	신한은행	02) 2175-1175	http://www.shbescrow.com
	우리은행	1599-5000 1588-5000	http://esc.wooribank.com
	IBK기업은행	1566-2566 1588-2588	http://mybank.ibk.co.kr
	NH농협	1588-2100 1544-2100	http://escrow.nonghyup.com
	우체국예금보험	1588-1900	http://www.epostbank.go.kr/

제5절 전자고지결제

1 전자고지결제 개념

전자고지결제(EBPP : Electronic Bill Presentment and Payment) 서비스는 전화료, 신용카드, 세금, 아파트 관리비, 보험료 등 각종 요금 청구서들을 해당 업체가 인터넷상으로 고객에게 직접 혹은 인터넷 고지서 발급 회사를 통해 고지하고, 고객은 발급된 청구서를 인터넷상에서 확인하여 결제하는 서비스이다. 청구인(기업)이 청구내역을 수록한 컴퓨터 파일을 인터넷 고지서 발급 회사 앞으로 송부하면, 고지서 발급 회사는 이를 고객이 거래하는 은행 앞으로 전달한다. 전달받은 은행은 거래 내역을 인터넷을 통해 고객에 고지하게 된다. 그러면 고객은 인터넷을 통해 청구금액 및 결제계좌 잔액을 확인하고 대금을 납부하면 결제내역은 전산처리되어 기업으로 자동 전달되며, 납부정보는 청구인에게 송부된다. 따라서 전자고지결제 서비스는 기존에 개별적으로 제공되던 전자고지(electronic presentation)와 전자결제(electronic payment)를 결합하여 인터넷상에서 서비스를 제공하는 것이다.

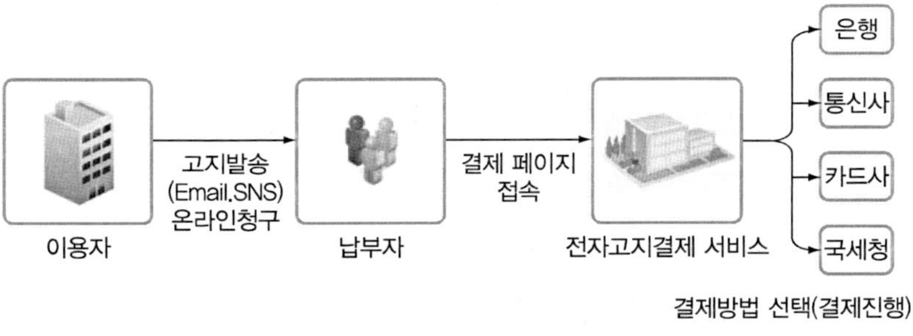

[그림 2-6] 전자고지결제 서비스 구성도

전자고지결제 서비스는 요금지불청구와 결제에 걸친 전 단계에서 종이를 제거하여 요금청구서의 인쇄, 통지 및 요금결제의 전 과정을 컴퓨터 네트워크 상에서 처리함으로써 높은 우편비용을 부담하고 있는 청구인(Biller)은 상당한 비용절감효과를 얻을 수 있으며, 고객도 은행에 가지 않고 집에서 대금결제를 완결할 수 있다는 측면에서 편리성이 증진되었다. 전자고지결제 시장의 성장요인은 다음과 같다. 첫째, 전자상거래의 활성화를 들 수 있다. 전자상거래는 인터넷상에서 상품과 서비스를 판매하고 그 대금을 결제하는 과정을 거치게 되는데, 이때 판매된 상품이나 서비스에 대한 결제가 전자적으로 이루어지지 않고 종이 서류에 의존하여 이루어지는 경우 원활한 전자상거래는 기대하기 어렵다. 전자고지결제 서비스가 이에 대한 적절한 대안으로 등장하면서 전자상거래의 급성장은 전자고지결제 서비스의 수요를 늘리는 효과를 가져왔다.

전자고지결제 성장의 둘째 요인으로는 정보통신 기술(IT) 발달을 들 수 있다. 소비자는 전자고지결제서비스를 이용하기 위한 기반인 PC와 인터넷 사용이 가능한 환경에 살고 있다.

2 전자고지결제 특징

전자고지결제는 다음과 같은 특징을 가진다. 첫째, 전자고지 결제를 통해 서비스 경로를 다양화할 수 있다. 많은 소비자들이 전자고지결제 서비스를 이용하고, 더 나아가 수익을 창출할 만한 임계규모(Critical mass)로 확대시키기 위해서는 무엇보다도 개별 소비자가 선호하는 방식이나 경로를 통하여 청구내역을 확인하고 대금을 결제할 수 있도록 편의를 제공하는 것이 중요하다. 서비스 제공자가 각 소비자의 청구서를 취합한 후, 소비자가 원하는 다양한 경로를 이용해 청구서를 고지하고 소비자는 자신에게 청구된 대금을 전자적으로 결제할 수 있다.

둘째, 기업은 전자고지결재를 전자상거래와 CRM 전략에 이용함으로써 고객에게 접근이 용이하며 고객의 신뢰를 확보할 수 있다. 전자고지

결제는 기업과 소비자 간 접촉기회가 많아지면서 유통관리, 일대일 마케팅, 고객관리의 수단으로 활용되며 이들 기능은 고객유치 및 확보에 중점을 둔 고객관리(Customer Relationship Management) 차원에서 지원된다.

제 3 장

전자화폐

제 1 절 전자화폐

제 2 절 가상화폐

E-BANKING &
PAYMENT

E-Banking & Payment

제1절 전자화폐

① 전자화폐 개념 및 특징

전자화폐란 범용성 선불카드로서 전자적인 매체(컴퓨터, IC카드, Network 등)에 화폐적 가치를 저장한 후 물품 및 서비스 구매 시 활용하는 결제 수단이다. 전자화폐는 컴퓨터 네트워크, 인터넷, 디지털 선불카드 시스템에서 통용되고 전자송금, 지로, 디지털 금 통화, 가상화폐는 전자화폐의 일종으로 볼 수 있다. 국내 전자화폐는 대부분 앞서 언급한 IC카드형·폐쇄형 전자화폐이다. 따라서 다수의 인터넷 업체가 네트워크형·폐쇄형 전자화폐로 인터넷상의 소액결제 수단을 제시하였다.

신용·직불카드와의 차이에 대해 살펴보면, 신용·직불카드는 은행의 결제계좌를 통한 자금이체 방식인 반면 전자화폐는 매체나 네트워크상에 저장된 가치로 결제하는 방식이다. 상품권과의 차이는 상품권은 대부분 가치 저장이 일회성이고 용도가 제한적인데 반해 전자화폐는 재충전이 가능하고 범용성을 가진다. 수표와 비교를 해 보면, 지급매체에 가치가 부여된다는 점에서 공통적이나 수표는 전자적 매체를 이용하지 않고 발행인이 지급인에게 지급을 위탁하는 후불식 결제 수단이다.

전자화폐의 장점은 다음과 같다. 네트워크를 이용한 지급결제로 시간적·공간적 제약을 해소할 수 있다. 또한 소액결제가 편리하여 현금(동전) 소지에 따른 불편을 해소할 수 있으며, 여타 결제 수단에 비해 보안성이 우수하고 가맹점 이용 수수료가 저렴하며, 인터넷 쇼핑 등 온라인 거래의 유용성이 크다. 전자화폐의 단점은 상대적으로 국제적 표준화가 미흡하여 보편성 확보가 어렵고, 가치의 내장 및 익명성 등으로 위변조 및 부정이용 방지를 위한 안전성 확보가 필요하다는 제약요인이 있다. 다음은 전자화폐와 유사결제 수단을 비교하여 정리하였다.

<표 3-1> 전자화폐와 유사결제 수단 비교

구 분	전자화폐	신용카드	직불카드	상품권	수 표
사용공간	온라인, 오프라인		오프라인		
가치 저장	가능	불가능	불가능	가능	불가능
가치부여	가능	불가능	불가능	가능	가능
가치이전	불가능	불가능	불가능	가능	가능
결제방법	선불	후불	직불	선불	후불
범용성	일부사용	가능	가능	불가능	가능
반복사용	가능	가능	가능	불가능	불가능

② 전자화폐의 유형

전자화폐는 화폐가치의 저장방식, 개인 간 자금 이전성과 거래의 익명성 여부에 따라 구분된다. 화폐가치의 저장방식에 따라 IC카드형과 네트워크형으로 구분된다. IC카드형은 기존의 플라스틱 카드에 집적회로(IC)를 내장하여 화폐적 가치를 저장하고 전자화폐 이용자는 IC카드형 전자화폐를 오프라인 가맹점과 온라인 가맹점 모두 이용할 수 있다. IC카드형 전자화폐는 2000년 6월 K-CASH와 Mondex Cash가 시범서비스를 시작하면서 국내에 도입되었다. IC카드형 전자화폐가 오프라인 특성이 강한 반면에 네트워크형 전자화폐는 온라인에 기반을 두고 있다. IC카드형 전자화폐는 기존의 신용카드, 직불 카드의 기능에 신분증으로도 사용이 가능하지만 네트워크형 전자화폐는 실물이 없어 인터넷상의 전자상거래에서만 사용이 가능하다.

Network형은 정보통신망과 연결된 컴퓨터 등을 이용하여 디지털 신호로 화폐가치를 저장한 후 인터넷 등 네트워크를 통하여 화폐가치와 관련된 정보를 주고받아 결제가 이루어진다. 네트워크형 전자화폐는 IC카드와 같은 물리적인 매체가 없기 때문에 온라인 가맹점에서 주로 이용된다. 네트워크형 전자화폐는 1999년 1월 I-cash가 서비스를 시작하면서 국내에 도입되었다.

<표 3-2> 저장매체 방식에 따른 전자화폐의 분류

구 분	내 용
IC카드형	화폐가치를 IC가 내장된 카드에 저장하여 이용
네트워크형	화폐가치를 네트워크 내부의 서버에 저장하여 이용

출처: 황선철(2008)

전자화폐는 개인 간 자금 이전성을 기준으로 폐쇄형(Closed Loop)과 개방형(Open Loop)으로 구분한다. 폐쇄형은 일반적으로 유통되는 신용카드와 같이 '발행자→소지자→가맹점'의 형태로 화폐가치가 이전되는 방식으로 사례는 K-CASH 등이 있다. 개방형 방식은 전자화폐 소지자 간 금융 거래(화폐가치의 이전)가 가능할 수 있도록 가치 이전이 쌍방향성을 가지는 방식이며 대표적인 사례가 영국의 Mondex 카드 등이 있다.

거래의 익명성 여부에 따라 계좌방식과 비계좌방식으로 구분하는데, 계좌방식은 은행 컴퓨터에 거래상대방과 거래내역 등이 유지·관리되어 기록추적이 가능한 방식으로 대표적인 사례가 K-CASH이다. 그에 반해 비계좌방식은 은행 컴퓨터에 거래금액만 전송되어 익명성이 보장되는 방식으로 Mondex 카드 등이 있다.

<표 3-3> 국내 도입 전자화폐의 유형별 비교

비 고	화폐가치 저장방식		개인 간 가치이전		거래의 익명성	
	IC카드형	Network형	개방형	폐쇄형	계좌형	비계좌형
K-CASH	○	×	×	○	○	×
Mondex-card	○	×	×	○	×	○
Visacash	○	×	×	○	○	×
Cyberpass	×	○	×	○	×	○
E-coin	×	○	×	○	×	○
Inicard	×	○	×	○	×	○

출처: 금융감독원(2001)

2.1 IC카드형 : K-CASH

케이캐쉬(K-CASH)는 금융결제원과 대한민국의 은행 및 신용카드사가 참여하여 개발한 국내 전자화폐이다. 전자화폐가 1999년 한국은행 금융정보화추진 은행소위원회에서 소액결제 이용편의를 위해 은행과 공동으로 전자화폐를 도입하기로 결정한 후, 사업의 운영을 금융결제원에 위탁하여 추진하였다. 금융결제원은 기존의 CD 공동망과 ARS 공동망을 활용하여 전자화폐 공동망 시스템을 구축하였고, 2000년 3월에 서비스를 개시한 케이캐쉬는 IC(Integrated Circuit) 카드의 일종으로 은행 공동으로 만든 표준인 금융 IC카드 표준을 따르고 있다. 따라서 발급은행은 다양하지만 전자화폐 서비스는 공동으로 사용할 수 있다.

현재 전자금융 거래법상 국내에서 유일한 전자화폐 지위를 갖고 있는 케이캐쉬는 은행권에서 개발하여 운영하는 전자화폐이므로 은행의 인프라를 이용하여 충전, 환불, 조회가 가능하다. 충전, 환불 (가치 저장/가치 환불)은 전국의 은행 CD/ATM 및 창구, 케이캐쉬 가맹점의 결제단말기, K-CASH 공식 홈페이지에서 충전 및 환불이 가능하며, 실시간으로 개인의 은행계좌와 연동하여 사용한다. 즉, 충전 및 환불이 실시간 이루어진다.

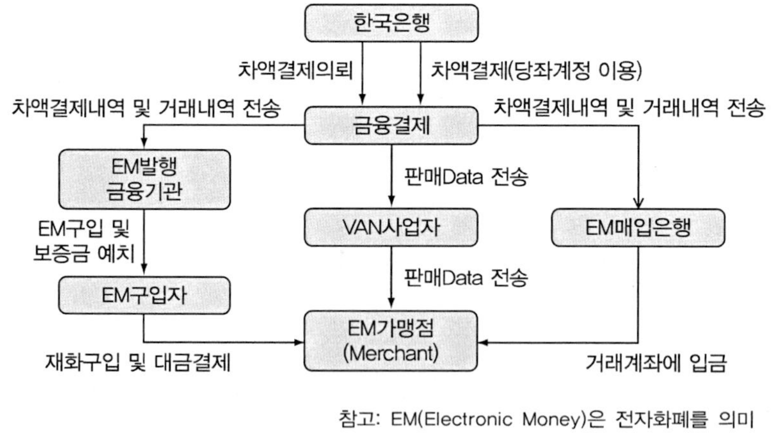

[그림 3-1] K-CASH 발행·결제 흐름도

<표 3-4> K-CASH 사용처 현황

구분	내용
교통카드 사용지역	춘천시, 원주시, 횡성군, 인천국제공항철도에서 교통카드로 사용할 수 있음
대학교	이화여자대학교, 포항공과대학교, 연세대학교, 한국외국어대학교, 숙명여자대학교, 서울대학교 등 20여개 대학의 학생증에 케이캐쉬가 기본 탑재되어 있고, 교내 식당, 매점, 자동판매기 등에서 사용 가능
군부대	전국의 군부대 PX에 케이캐쉬가 사용가능한 단말기가 설치되어 있으며, 입영 대상자들에게 신체 검사시 신한은행-신한카드에서 발급하는 나라사랑카드에 케이캐쉬가 탑재되어 있으므로 별도의 발급절차 없이 사용할 수 있음
현금인출기	국민은행과 스탠다드차타드 은행에서 취급

2.2 IC카드형 : Mondex 카드

Mondex는 원래 영국에서 내셔널 웨스트민스터 은행(National Westminster Bank)에 의해 개발된 이후 마스터 카드 인터내셔널에 판매된 스마트 카드 전자화폐 시스템이다. 영국에서 시험 후 1990년대 시장에 진입했으며 그 이후 MONDEX 홍콩, 구 엘프, 뉴욕에 스위덴으로 확대하였다. 또한 에딘버러의 대학(1997년과 2001년 사이) 엑서터대학, 뉴욕대학, 노팅엄 대학, 아스톤 대학과 셰필드 할람 대학을 포함하여, 1990년대 후반에서 여러 영국대학 캠퍼스에서 시험 운영하였다.

국내는 몬덱스코리아[3]와 국민은행 등이 제휴하여 추진한 전자화폐로 국민은행에서 판매 중이며 2000년 5월부터 COEX 및 제주도 전역에서 상용화하였다. K-CASH와 마찬가지로 은행계좌와 연계되어 실명으로 발행되고 있으며 장당 가치 저장 한도는 20만원이다. 발행 및 결제 방식

* * * *

3) Master 카드계열의 전자화폐회사로서 국민·신한((구)조흥)은행과 10개 기업이 출자

별도의 VAN[4] 사업자 없이 카드판매 은행에서 현금정산 기능을 수행한다. 전자화폐 정산 요구 시 발행·정산기관(Originator)의 예치금으로 즉시 정산되므로 별도의 은행 간 차액 결제 시스템이 필요없다. 판매은행 컴퓨터에 거래내역을 전송하지 않으므로 결제 수단의 익명성이 K-CASH에 비해 상대적으로 높다. 그러나 자금세탁 방지 등을 위해 소지자간 가치이전 기능을 배제하여 국내에 성공적으로 정착하지 못했다.

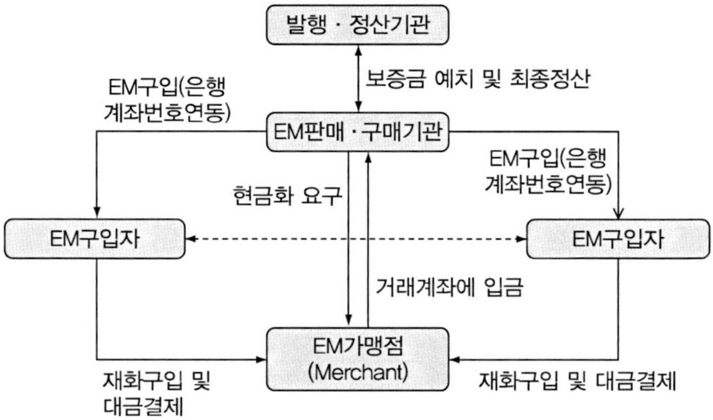

[그림 3-2] Mondex 카드 발행·결제 흐름도

다음 표는 Mondex 카드와 K-CASH를 비교하였다.

<표 3-5> K-CASH와 Mondex 카드 비교

구 분	K-CASH	Mondex Card
추진기관	한국은행(금융결제원)	몬덱스코리아
참여업체	은행(18), 카드사(7), VAN사업자 등	국민은행, COEX, 한양대 등
발행 및 정산	회원사 발행 및 회원사간 정산	별도의 발행·정산기관 (국민은행)

* * * *

4) VAN은 Value Added Network 약자로 결제를 지원하는 시스템.

구 분	K-CASH	Mondex Card
특징	개인 간 가치이전 불가 (폐쇄형) 복수통화 사용 곤란	개인 간 가치이전 불가 (폐쇄형) 복수통화 사용 곤란
기능	선불기능, 신용·직불기능 추가 가능	선불기능, 신용·직불기능 추가 가능
로열티	없음	있음
서비스 현황	2000.7. 강남구에서 사업 개시	2000.6. COEX 및 제주도에서 사업개시

2.3 Network형

국내 영업 중인 Network형 전자화폐는 대부분 비 금융기관이 발행하는 것으로 폐쇄형·비계좌형 전자화폐로 온라인상에서만 이용되는 소액결제 시스템이다. 발행방식은 전자계좌번호가 있는 전자화폐를 현금으로 직접 구입하는 방식과 전자지갑 소프트웨어를 다운로드 받아 설치한 후 은행과 온라인으로 연결해 계좌이체를 통해 적립하는 방식이 있다. 주로 소비자가 직접 구입하는 것보다는 회원가입 시 경품으로 제공되거나 광고 시청 시 대가 등으로 제공되고 있다.

IC카드형 전자화폐의 특징은 인터넷쇼핑 등 온라인 거래에 이용할 수 없는 반면 네트워크형의 경우 인터넷 쇼핑에 유용하게 이용할 수 있다는 것이다. 익명성이 보장되어 신용카드 이용에 따른 정보유출이나 해킹 우려를 방지할 수 있다. 은행공동망을 사용하여 충전이나 환전의 편의성을 도모할 수 있다. 대부분 특정 인터넷 쇼핑몰에서만 이용 가능하기 때문에 여러 업체를 이용하기 위해서는 기업별로 발행한 Network형 전자화폐를 보유해야 한다.

<표 3-6> 국내 네트워크형 전자화폐

<table>
<tr><th colspan="2">분 류</th><th>사업영역</th><th>특 징</th><th>모기업</th></tr>
<tr><td rowspan="5">선불
카드형</td><td>사이버
패스</td><td>충전식
멀티기능
선불카드</td><td>• 국제전화선불카드의 온라인 전자화폐로 확장
• B2B용 구매카드 및 주류카드 사업추진</td><td>LG</td></tr>
<tr><td>이코인</td><td>충전식
선불카드</td><td>• 사용 편리성 및 익명성 보장
• 코스닥 등록 및 바이오 등 신규 사업추진</td><td>없음</td></tr>
<tr><td>이니시스</td><td>충전식
선불카드</td><td>• ID/PW로 결제하는 GID(Glbal ID)체계 추진</td><td>이니시스</td></tr>
<tr><td>올앳</td><td>충전식
선불카드</td><td>• 온, 오프라인 동시 사용</td><td>삼성카드</td></tr>
<tr><td>월드패스</td><td>다목적
선불카드</td><td>• 온, 오프라인 동시 사용</td><td>한국통신</td></tr>
<tr><td>전자
지갑형</td><td>아이캐시</td><td>전자지갑/
상품권</td><td>• 다양한 방식 지원(선불카드/전자지갑/상품권)</td><td>동성/
조선무역</td></tr>
</table>

다음은 전자화폐의 현황에 대하여 살펴보고자 한다.

3 국내 전자화폐 현황

전자화폐가 2000년에 처음 도입되었을 때에는 법정화폐를 대체할 것이라는 전망이 지배적이었으나 기대와 달리 전자화폐는 다른 지급수단과 차별화된 서비스를 제공하지 못하여 서비스 활성화에 실패하였다.

2012년 전자화폐 이용건수는 2,502만 건으로 신용카드(75억 건)의 0.3%, 직불형 카드(25억 건)의 1.0% 수준이며, 이용금액은 302억 원으로 신용카드(562조 원)의 0.005%, 직불형 카드(83조 원)의 0.036%에 불과한 상황이다. 신용카드와 직불형 카드는 전자화폐와 많은 측면에서 비슷하지만 상대적으로 규제가 적은 선불카드가 있었고 2000년대 정부가 추진한 신용카드 활성화 정책의 영향으로 신용카드시장이 성장하여 전자화폐시장의 규모가 상대적으로 작아졌다.

국내 전자화폐 이용건수와 이용금액을 살펴보면 2004년 1억 5,800만 건에 1,250억 원, 2012년 2,500만 건에 300억 원, 2013년도에는 1,420만 건에 190억 원으로 2012년 대비 전년보다 각각 43%와 37% 감소하였다. 첨단 결제 수단으로 주목받았으나 전자화폐가 티머니와 앱 카드 등에 밀려 이용실적이 9년 사이 10분의 1 수준으로 급락하였다. 이용건수와 이용금액은 연간 통계가 집계되기 시작한 2004년에 비해 각각 91%와 85% 급감한 수준이다. 전자화폐는 교통카드가 탑재된 신용카드와 선불 교통카드에 밀려 2003년을 정점으로 이용이 줄기 시작해 2014년에는 K-CASH와 마이비만이 유지되고 있다.

<표 3-7> 지급수단별 이용현황

(단위: 백만건, 십 억원,%)

구 분		2009	2010	2011	2012	2013
신용카드	건수	4,880	5,815	6,593	7,480	–
	금액	466,358	493,736	540,858	561,858	–
직불형카드	건수	1,050	1,418	1,899	2,492	–
	금액	36,507	51,820	69,492	83,134	–
전자화폐	건수	105	94	59	25	14
	금액	91	88	61	30	19

출처: 한국은행(2013)

해외 전자화폐 사용현황을 살펴보면, 성공사례로 홍콩의 옥토퍼스 카드시스템이 있다. 옥토퍼스는 교통 지불시스템으로 시작하여 현재는 널리 사용되는 전자화폐가 되었다. 싱가포르도 공공교통 체계에 펠리카(FeliCa)와 같은 시스템 기반의 전자화폐를 사용한다. 런던 트랜스포트의 오이스터 카드시스템은 비접촉 선불 여행카드로 남아있다. 네덜란드는 국가 차원의 범용적 목적의 칩크닙(Chipknip), 오베칩카르트(OV-Chipkaart)라는 운송 요금 징수 목적의 전자화폐를 사용한다. 벨기에에서는 1995년에 개발된 것으로 60개 벨기에 은행이 소유한 프로톤이라는 회사에서 발행하는 선불카드가 있다.

4 전자화폐 법률 현황

전자화폐의 법적근거를 살펴보면, 전자금융 거래법 제2조 제15호에서는 전자화폐를 이전 가능한 금전적 가치가 전자적 방법으로 저장되어 발행된 증표 또는 그 증표에 관한 정보로서 아래와 같은 5가지 요건을 갖추어야 한다고 제시하고 있다.

(1) 대통령령이 정하는 기준 이상의 지역과 가맹점에서 이용할 수 있어야 한다.
(2) 발행인(대통령령이 정하는 특수 관계인[5])을 포함) 외의 제3자로부터 물품과 서비스를 구매하고 그 대가를 지급하는데 이용되어야 한다.
(3) 구매할 수 있는 물품과 서비스의 범위가 5개 이상으로 대통령령이 정하는 업종[6]) 수도 5개 이상이어야 한다.
(4) 현금 또는 예금과 동일한 가치로 교환되어 발행되어야 한다. 마지막으로 발행자에 의하여 현금 또는 예금으로 교환이 보장되어야 한다.

국내에서 전자화폐와 선불카드(Prepaid Card)의 공통점은 이전 가능한 금전적 가치를 저장하고 발행인 외의 제3자로부터 물품과 서비스를

5) 상법 제342조의 2에 따른 모회사 또는 자회사, 독점규제 및 공정거래에 관한 법률 제2조 제1호의 2 또는 제1호의 3에 따른 지주회사 또는 자회사, 금융지주회사법 제2조 제1항 제1호에 따른 금융지주회사 또는 동항 제2호에 따른 자회사를 지칭한다.
6) 통계법 제22조 제1항의 규정에 따라 통계청장이 고시하는 한국표준산업분류의 중분류상의 업종을 말한다.

구매하기 위한 지급수단으로 이용된다는 것이다. 그러나 전자화폐는 2개 이상의 광역자치단체 및 500개 이상 가맹점에서 이용할 수 있어야 하며, 5개 이상 업종의 물품과 서비스 구매에 이용될 수 있어야 한다는 점에서 선불카드보다 더 높은 범용성을 가지고 있다. 또한 전자화폐는 현금 또는 예금과 등가로 교환되어야 하며 잔액에 대하여 100% 환급을 보장한다. 국내는 전자화폐와 선불카드를 구분하고 있으며, 전자화폐에 대하여 법정화폐와 동일하게 취급하고 있다.

<표 3-8> 국내 전자화폐와 선불카드의 비교

구 분	전자화폐	선불카드
법적요건	금융위원회 허가	금융위원회 등록
자본금	자본금 50억 원 이상의 주식회사	자본금·출자총액이 20억 원 이상의 합명회사, 합자회사, 유한회사, 주식회사
발행한도	200만원(단, 실지명의 또는 예금계좌를 연결하여 관리하지 않을 경우 5만원)	50마원(단, 실지명의로 발행한 경우 200만원)
범용성	2개 이상의 광역자치단체 및 500개 이상의 가맹점	-
	한국표준산업분류표상 중분류 5개 이상업종	한국표준산업분류표상 중분류 2개 이상 업종
환급성	현금 또는 예금과 동일한 가치로 교환되며, 현금 또는 예금으로 교환이 보장	선불카드에 기록된 잔액이 일정비율(20/100)이하인 경우, 잔액의 전부를 지급

다음은 실물형태 민간화폐의 일종인 상품권과 같은 모델로서 디지털 방식으로 온라인 기반의 민간화폐로 제공되는 가상화폐에 대하여 논의하고자 한다.

제2절 가상화폐

① 가상화폐의 개념

기술 발달로 인해 지속적으로 전자화폐와 다른 디지털 방식의 화폐의 시도가 있었지만 2000년대 중반까지 시장에 두각을 나타내지 못하고 대부분이 시장진입에 성공하지 못하였다. 그러나 2000년 후반에 일부 디지털 화폐들이 시장진입에 성공하면서 가상화폐로서 관심을 이끌고 있다.

가상화폐의 개념에 대해 살펴보면, 유럽중앙은행(ECB : European Central Bank)에 따르면 가상화폐는 온라인 커뮤니티와 같은 가상세계에서 이용되고 가상화폐 발행기관이 관리하는 디지털화폐의 한 유형으로 법적규제가 거의 없는 화폐이다. 따라서 가상화폐는 강제적 통용성이 없다는 점에서 민간화폐로 인식되고 실물이 존재하지 않는다는 측면에서 디지털화폐로 취급되고 있다. 민간화폐는 공식적인 화폐로 인정되지는 않지만 현실 세계에서 유통 및 지불 수단으로서 기능한다는 점에서 넓은 의미로서 화폐에 포함될 수 있다.

〈표 3-9〉 물리적 형태와 법적지위에 따른 화폐의 분류

구 분		물리적 형태	
		실 물	디지털
법적 지위	법화(法貨)	은행권, 주화	전자화폐(K-CASH*)
	예금 화폐	수표, 어음	전자수표, 전자어음
	민간 화폐	상품권, 지역화폐	가상화폐

출처: 국내 가상화폐의 유형별 현황 및 향후 전망, 현대경제연구원, 2014

가상화폐를 물리적 형태로 논의하면 실물과 디지털로 분류할 수 있다. 실물은 화폐를 실제로 보유하고 물리적으로 가지고 다니면서 사용할 수 있는 것으로 일반통화가 이에 해당한다. 디지털 형태는 전자적으로 화폐를 보유할 수 있는 것으로 전자화폐, 전자수표 및 가상 화폐 등이 있다.

법적지위 측면으로 보면, 예금화폐, 민간화폐등으로 분류되어 전자화폐는 법적재화, 가상화폐는 민간화폐의 개념을 보유하고 있다.

2 가상화폐의 특징

가상화폐의 특징을 전자화폐와 비교를 통하여 설명하고자 한다. 전자화폐와 가상화폐의 공통점은 첫째, 온라인을 통해 사용할 수 있고 둘째, 온라인 거래를 이용함에 따라 사이버 범죄에 취약하고 셋째, 시장 수요에 따라 존폐가 결정된다.

가상화폐는 전자화폐와 다음과 같은 차이가 있다. 첫째, 가상화폐는 발행, 유통, 가치보장 등에 관한 법적 기반이 충분히 갖추어져 있지 않는 반면 전자화폐는 관련 법규에 따라 정부의 엄격한 감시와 감독을 받는다. 가상화폐는 사전 허가 없이 단지 등록만으로 발행할 수 있지만 전자화폐는 법에서 정한 기준을 충족하고 정부의 허가를 받아야 발행할 수 있다. 전자화폐는 가맹점수, 자본규모 등 엄격한 기준을 충족시켜야 하므로, 전자화폐는 가치가 안정되고, 발행 기관에 대한 신뢰가 상당히 높지만 가상화폐는 그렇지 못하다.

둘째, 가상화폐는 화폐가치를 법정화폐가 아닌 가상화폐의 단위로 표시하는 반면 전자화폐는 화폐가치를 법정화폐로 표시한다. 예를 들어 가상화폐인 Bitcoin과 Linden Dollar(이하 'L$')는 화폐가치를 BTC와 L$로 표시하지만 전자화폐는 화폐가치를 이용하는 국가의 법정통화로 표시한다. 예를 들어 우리나라의 전자화폐인 K-CASH는 법정통화인 원화를 이용하여 화폐가치를 나타낸다. 따라서 전자화폐의 가치는 쉽게 파악할 수 있지만 가상화폐의 가치는 가상화폐와 법정화폐간 환율로 환산하여야 알 수 있다.

셋째, 가상화폐는 법률·신용·운영 등과 관련된 다양한 리스크에 직면하지만 전자화폐는 주로 운영리스크에 국한되어 노출되어 있다. 가상화폐는 법적 기반이 갖추어지지 않아 법률 리스크가 상당히 크다. 일반적으로 이용자는 가상화폐 발행기관의 낮은 신뢰도로 인한 신용 리스크와 시스템 장애 등으로 서비스가 중단될 수 있는 운영 위험에 직면하고 있다. 이에 반해 전자화폐는 공고한 법적 기반을 갖추고 있고 발행기관의 신뢰도가 높아 법률 및 신용 리스크가 상당히 낮다. 그러나 사이버 테러나 시스템 장애 등으로 인하여 서비스가 중단 또는 지연되는 운영 위험에 직면할 수 있다.

<표 3-10> 전자화폐와 가상화폐의 차이점

구 분	전자화폐	가상화폐
적용법규	발생과 이용에 법적 규제 필요	아무런 규제 없음
감시·감독	존재함	없음
발행허가	필요	불필요
화폐가치	법정화폐에 연동된 환율 구조	수요와 공급에 의해 결정
화폐공급	안정적	불안정적
사용부문	특정 부분에서 사용 가능	일반적인 화폐처럼 사용
자금보호	법적근거에 의해 보호	규정이 없어 보호 안됨
화폐공급	안정적인 공급 가능	불안정한 공급
계산단위	법정화폐	가상화폐
리스크	운영리스크 존재	법률 신용 운영리스크 등이 존재함

출처: ECB(2012),

③ 가상화폐 유형

법정화폐와 가상화폐간의 환율(Exchange Rate)에 따라 법정화폐를 가상화폐로 환전할 수 있다. 또한 가상화폐 발행기관이 요청하는 활동을 수행하고 가상화폐를 얻을 수 있다.

가상화폐는 법정화폐와 가상화폐간의 환전가능 여부에 따라 폐쇄형 가상화폐, 단방향 가상화폐, 양방향 가상화폐로 분류할 수 있다.

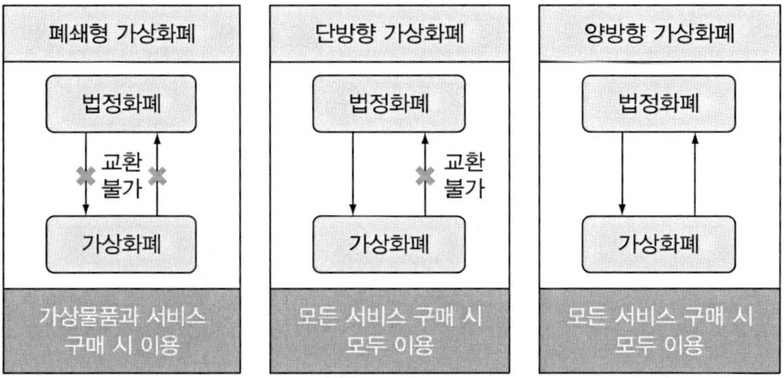

출처: 유럽중앙은행(ECB : European Central Bank, 2012)

[그림 3-3] 가상화폐의 유형

첫째, 폐쇄형 가상화폐는 법정화폐와 가상화폐 간의 환전을 할 수 없는 화폐이다. 폐쇄형 가상화폐는 가상물품과 서비스를 구매할 때 이용되며 실제 물품과 서비스를 구매하는데 이용되지는 않는다. 폐쇄형 가상화폐 이용자는 정액 요금제에 가입하거나 가상화폐 발행기관이 요청하는 활동을 수행하고 그에 대한 보상으로 가상화폐를 받는다. 가상화폐를 법정화폐로 환전할 수 없기 때문에 가상화폐와 법정화폐 사이에 환율은 존재하지 않는다.

폐쇄형 가상화폐의 대표적인 예로 각종 온라인 게임머니가 있다. 예를 들어 World of Warcraft(이하 'WoW')[7] Gold는 게임에 필요한 무기와 같은 아이템을 구매하기 위해 필요한 가상화폐이다. 게임 이용자는 정액요금제를 선택하여 결제하거나 특정한 활동을 수행하고 WoW Gold를 받는다. 게임 개발사인 블리자드 엔터테인먼트는 WoW Gold를 법정화폐로 환전하는 것을 엄격하게 금지하고 있어 가상화폐를 법정화폐로 환전할 수 없다.

둘째, 단방향 가상화폐는 법정화폐를 가상화폐로 환전할 수는 있지만 가상화폐를 법정화폐로 환전할 수 없는 화폐이다. 가상화폐 발행기관은 환율을 정하고 이용자는 그에 따라 가상화폐를 법정화폐로 환전할 수 있다. 단방향 가상화폐는 가상물품이나 서비스뿐만 아니라 실제 물품과 서비스를 구매할 때도 이용할 수 있다. 단방향 가상화폐의 예로 Amazon Coins(이하 'Coins')가 있다. 2013년 5월 서비스를 시작한 Coins는 Amazon 앱스토어나 웹사이트에서 앱, 게임 등 각종 디지털 콘텐츠를 구매할 때 이용된다. Amazon 이용자는 법정화폐나 신용카드를 이용하여 Coins로 환전할 수 있으나 Coins를 법정화폐로 환전할 수는 없다. 현재 Coin당 1Cent의 가치를 가지며 이용자는 500 Coins 단위로 환전하여야 한다. Amazon은 고정환율에 의하여 법정화폐로 Coins를 환전하도록 하고 있다. 이용자는 환전하는 Coins가 많을수록 더 높은 할인율을 적용받기 때문에 한 번에 많은 Coins를 환전하는 것이 유리하다.

<표 3-11> Coins 환전액 별 할인율

환전액	500	1,000	2,500	5,000	10,000
할인율	4	5	8	10	10

출처: Amazon

7) 미국에 본사를 둔 블리자드 엔터테인먼트에서 2004년 개발한 멀티플레이어 온라인 롤플레잉게임으로 수천 명이 동시에 게임을 할 수 있는 기능을 제공한다.

셋째, 양방향 가상화폐는 가상화폐와 법정화폐간에 자유로운 환전이 가능한 화폐이다. 양방향 가상화폐는 가상 물품과 서비스뿐만 아니라 실제 물품과 서비스를 구매할 때도 이용된다. 발행기관은 가상화폐와 법정화폐 사이의 환율을 고정시킬 수도 있고 수요와 공급에 따라 변동시킬 수도 있는데 대부분의 양방향 가상화폐는 변동환율을 이용하여 거래되고 있다. 즉, 가상화폐에 대한 수요가 많아지면 가상화폐의 가치가 높아져 일정한 법정화폐로 환전할 수 있는 가상화폐의 수는 줄어들고 가상화폐의 공급이 많아지면 환전할 수 있는 가상화폐의 수는 많아지게 된다. 양방향 가상화폐의 예로 리버티 리저브(Liberty Reserve, 이하 'LR')를 들 수 있다. LR은 2002년 코스타리카에서 아서 부도프스키(Arthur Budovsky)가 설립한 법인이다. 이용자는 LR 계좌를 개설하고 법정화폐를 송금한 후 가상화폐인 LR 달러나 LR 유로로 환전할 수 있고 LR 계좌에 있는 LR 달러는 달러나 금으로, LR 유로는 유로나 금으로 환전할 수 있다.

가상화폐는 실제 화폐와의 교환성에 따라 현대 경제연구원은 국내에 유통 중인 가상화폐를 포인트형, 사이버 머니형, 대안 화폐형으로 분류하였다.

<표 3-12> 가상화폐 유형

구 분	내 용
포인트형 (폐쇄형)	• 실제 화폐와 교환되지 않으며 정해진 곳에서 재화와 서비스를 구매하는 데 사용 • 신용카드 포인트, 주유소 마일리지, 항공사 마일리지 등 고객에게 매출에 따른 보상 점수를 제공하고 고객은 정해진 곳에서 현금처럼 구매에 사용
사이버 머니형 (단방향)	• 실제 화폐로 가상화폐를 구입할 수 있으나 가상화폐를 실제 화폐로 바꿀 수는 없음 • 게임이나 온라인 커뮤니티에서 사용되는 사이버머니는 현금을 이용하여 구입(충전)한 후 해당 게임 및 커뮤니티에서 가상의 서비스 구매에 사용됨

<표 3-12> 가상화폐 유형 (계속)

구 분	내 용
대안화폐형 (양방향)	• 실제 화폐와 자유로운 교환이 가능한 유형으로 비교적 최근에 등장 최근 이슈가 되었던 '비트코인'이 대표적으로 온·오프라인 공간에서 실제 화폐처럼 이용 가능

출처: 국내 가상화폐의 유형별 현황 및 향후 전망, 현대경제연구원, 2014

#	Name	Market Cap	Price	Available Supply	Volume (24h)	% Change (24h)
1	Bitcoin	$ 5,278,075,936	$ 394.31	13,385,600 BTC	$ 31,621,500	-2.13 %
2	Ripple	$ 139,924,453	$ 0.004827	28,989,252,282 XRP *	$ 235,057	-0.52 %
3	Litecoin	$ 133,590,298	$ 4.06	32,919,501 LTC	$ 6,587,900	-2.34 %
4	BitSharesX	$ 52,116,564	$ 0.026060	1,999,883,512 BTSX *	$ 219,585	-6.45 %
5	Nxt	$ 25,552,826	$ 0.025553	999,997,096 NXT *	$ 84,891	5.80 %
6	Dogecoin	$ 24,932,894	$ 0.000265	94,226,132,527 DOGE	$ 805,397	-8.20 %
7	Peercoin	$ 23,130,330	$ 1.06	21,811,601 PPC	$ 152,337	-4.37 %
8	Namecoin	$ 10,801,338	$ 1.07	10,052,900 NMC	$ 95,935	-3.90 %

출처: https://forum.ripplekorea.net/xe/index.php?mid=main_news&order_type=desc&document_srl=1369

[그림 3-4] 2014년 10월 기준 가상화폐 거래 순위

다음은 시장에 도입되어 이용되고 있는 대표적인 가상화폐인 비트코인, Lindon Dollar의 기술적, 경제적 특징에 대해 살펴보고 가상 통화의 미래 및 통화 정책의 영향에 대해 논의하고자 한다.

4 가상화폐 도입현황

4.1 Bitcoin

4.1.1 개념 및 특징

Bitcoin은 현재 가장 주목받고 있는 양방향 가상화폐로서 2009년 도입되어 빠르게 시장에서 주목을 받고 있는 디지털 통화이다. Bitcoin은 2009년 일본의 소프트웨어 엔지니어이자 수학자인 나카모토 사토시(Nakamoto Satoshi)가 개발한 것으로 알려져 있다.[8] 2009년에 'Bitcoin: A peer-to-peer electronic cash system'이라는 보고서를 통하여 금융기관 개입 없이 개인 간에 직접 자금을 주고받을 수 있는 가상화폐 개념을 제시하였으며 암호 통화(Cryptocurrency)인 b-money[9]의 개념에 기반하고 있다. 따라서 비트코인 시스템은 기본적으로 특정 서버 혹은 네트워크에 의존하지 않는 P2P(Point-to-point) 네트워크에서 분산 데이터베이스 구조로 이루어져 있다. 일반통화는 각국의 중앙은행에서 발행하는 형태로 진행되고 있으나 비트코인의 통화생성원리와 발행 방법은 시스템에 의해 이루어지고 있다. 비트코인 시스템을 구성하고 있는 컴퓨터는 해시(hash)라 불리는 특정한 조건을 만족시키는 패턴을 찾아내기 위해 경쟁하며 이를 가장 먼저 찾아낸 컴퓨터(노드)에게 비트코인이 생성된다. 새롭게 생성된 비트코인은 다른 노드의 인증과정을 거치면 이용이 가능하게 되고, 이 패턴을 찾아낼 수 있는 가능성은 컴퓨터의 연산능력에 비례하며, 비트코인을 획득한 컴퓨터는 그 대가로 생성한 비트코인에 대한 모든 거래기록을 관리하고 있다. 따라서 Bitcoin은 발행기관이 없으며 중앙통제 관리 형태가 아닌 암호시스템을 통하여 화폐를 발행하며, 네트워크를 통하여 개인 간(Peer-to-Peer, 이하 'P2P')에 화폐를 환전할 수 있어 금융기관과 같은 중계기관이 없다.

* * * *

8) 나카모토 사토시는 실명이 아닌 가명으로 정확한 개발자는 알려져 있지 않다.
9) 1998년 암호학자인 웨이다이(Weidai)가 구상한 원리이다.

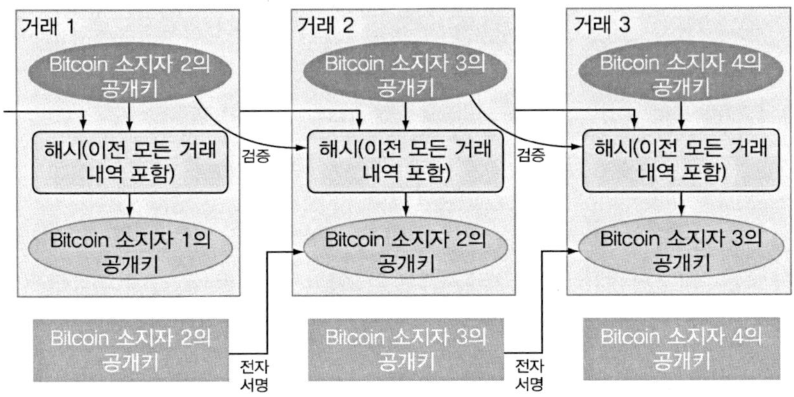

자료 : Nakamoto Satosh(2009) 수정

[그림 3-5] Bitcoin 거래 절차

Bitcoin은 디지털 비트로 되어 있기 때문에 복사나 위·변조되어 이중 이용(Double spending)될 수 있는 리스크가 존재한다. Bitcoin은 이중 이용에 대응하기 위하여 타임스탬프(Timestamp)방식을 이용하고 있다. 타임스탬프(Timestamp)방식은 거래시점에 Bitcoin이 존재하고 있으며, 마지막 거래 이후에 Bitcoin의 거래정보를 저장한 블록체인이 변경되지 않았다는 것을 확인해 주는 원리로 작동된다. 따라서 타임스탬프를 이용하여 블록체인의 Bitcoin과 관련된 모든 거래 이력을 확인하고 문제가 없는 경우에만 Bitcoin거래를 승인한다. 그리고 거래가 승인되면 해시는 거래정보가 담긴 블록체인과 타임스탬프의 확인 내역을 저장하여 거래를 승인한다.

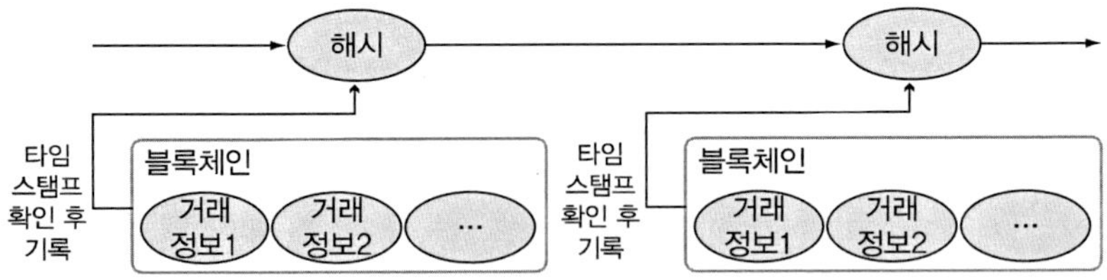

출처: Nakamoto Satosh(2009)

[그림 3-6] Bitcoin 타임스탬프

비트코인은 4년마다 새로운 통화 공급량이 줄어들어 궁극적으로는 통화량 증가가 중지되도록 설계되어 있으며 다음과 같은 특징을 가진다.

첫째, 2009년 도입 초기에는 10분당 50개, 2013년도는 10분당 25개의 속도로 비트코인이 생성되고 있으며 2140년에 총 2,100만개의 비트코인만이 유통되는 시점에서 통화량이 증가하여 중지하는 것으로 되어 있다. 따라서 비트코인과 관련된 경제 규모가 커짐에 따라 통화가치가 상승하게 되는 디플레이션이 발생하는 구조를 보유하고 있다. 그리고 사용자가 많아질수록 통화량 제한으로 유동성이 커지므로 초기에 생성한 비트코인을 8분의 1로 분할하여 사용할 수 있도록 설계되어, 이를 보유한 이는 사용자 확대를 통해 가치증가 수익을 얻을 수 있어 시장보급을 위한 촉진제 역할을 수행할 동기를 제공하고 있다.

둘째, 비트코인은 일반 통화처럼 거래소 개념에 기반으로 거래를 위해 인터넷 거래상에서 구매와 판매가 이루어지고 있다. 비트코인을 이용하는 이용자는 비트코인 주소라고 불리는 공개키를 획득한다. 획득된 비트코인 주소는 '지갑'이라 불리는 프로그램 혹은 비트코인 이용 서비스 제공 사이트에 저장되며, 이용자는 '지갑'에 접근하기 위해서 추가적인 인증과정을 수행해야 한다.

셋째, 인터넷을 통해 거래되는 가상화폐로서 익명성이 보장되고 있다. 따라서 부정적인 측면으로 금지된 약물 등 블랙머니 거래에 이용되는 부정적인 영향을 주었다.

넷째, 가장 중요한 점은 비트코인이 비정부 기관은 물론 단일 운영 주체에 의존하지 않으므로 특정 국가와 무관한 통화 시스템의 가능성을 제시한 것이다. 따라서 통화 정책 및 운용상에서의 국가의 신용을 대신할만한 신용도가 존재하며 이를 기반으로 명목화폐가 등장할 경우 얼마든지 시장에서 통용될 가능성을 제시하고 있는 것이다.

4.1.2 시장 도입현황

구글의 Bitcoin 지역별 검색 트렌드에 따르면 Bitcoin은 2013년 6월에 북미와 유럽 지역에서 다른 지역보다 높은 검색수준을 제공하고 있다. 일부 연구학자들은 이 원인을 미국 서브 프라임 사태와 유럽 재정위기 등으로 북미와 유럽의 법정화폐에 대한 신뢰가 약해지자 Bitcoin의 활용가치 가능성에 대한 관심이 증가하는 것에서 기인한다고 주장하였다.

Bitcoin은 다양한 온라인 사이트에서 지급수단으로 이용되고 있으며, 일부 오프라인 상점에서는 실제 물품이나 서비스를 구매할 수 있는 환경이 조성되고 있다. 2010년도에 본격적으로 알려진 비트코인의 가치는 14센트 정도(미국 1달러 기준)이었으나 2011년 초반에는 1달러, 2011년 중반에는 27달러, 2013년 초반에는 100달러로 증가하면서 전체시장이 10억불로 지속적으로 성장하고 있다.

<표 3-13> 비트코인의 가치 증가 현황

구분	2009	2010	2011	2012	2013
미국 1달러 기준	14 센트	50센트	27 USD	50 USD	100 USD

※ 비트코인 가격은 지속적으로 변화하고 있어 해당년도 초반에 등장한 예상 평균치를 적용함

Bitcoin은 2013년에 발행 가격이 56배로 최대 1,000달러에 도달하였다. 그 이후에 실크로드[10]라는 부정적인 거래에 사용되는 것으로 확인되어 일부 사용이 줄어들었다.

* * * *

10) 실크로드는 비트코인을 쓰는 온라인 암시장을 일컫는 말이다.

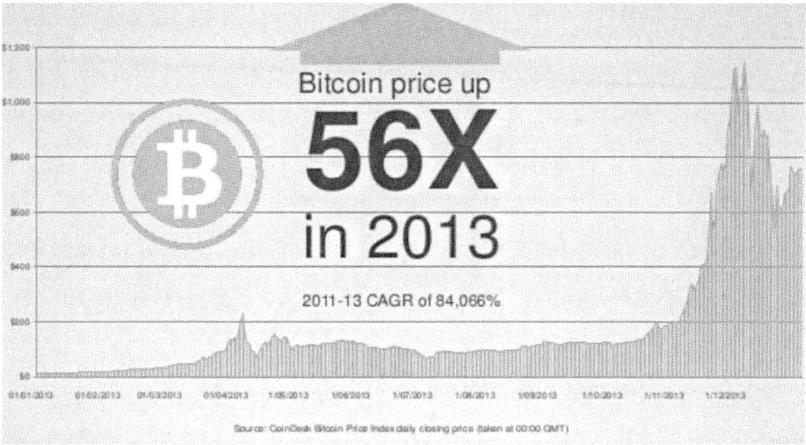

출처: CoinCheck Bitcoin price index daily closing pattern

[그림 3-7] 비트코인 가격 변동 현황(2013년 기준)

4.2 리플(Ripple)코인

4.2.1 개념 및 특징

리플코인이란 비트코인의 단점을 보완한 암호화 가상화폐이다. 기존의 비트코인이 개인 간 서비스를 이용한 단순 암호화 통화방식으로 운영되었으나 리플코인은 상호 간의 송금 서비스가 가능한 방식으로 이용된다.

리플코인은 가상 화폐로서 1,000억 개의 통화는 발행이 끝난 상태이며, 1,000억 개를 발행한 것 중에 절반 정도는 시장에 제공되고, 나머지 절반 중 200억 개는 리플이 소유하고, 300억 개는 Gateway에게 준 것으로 알려지고 있다. 리플코인의 한정된 발행량이 유통되고 있으며 거래시마다 감소되지 않으므로 신규 발행을 하지 않는다. 리플이란 회사에서 관리하고 있으며 통화단위는 XRP이고, 1XRP가 초기에는 1,000분의 1 cent(USD)였으나 2014년 평균 가치는 0.027 USD이며 주식처럼 가치가 변동되는 구조이다.

비트코인과의 차이점은 획득하는 개념이 아니라 PC의 자원을 기부하는 형태로 제공하고 그 대가를 받는 방법과 거래소를 통해 구입하는 2가지 방법을 통해 소유가 가능하다는 점이다. 비트코인은 BTC와 같이 하나의 가상 화폐단위에서 한정하고 있으나 리플코인은 세계 각국의 자신이 원하는 통화를 선택해 지불할 수 있다. 예를 들어 리플코인을 지불하면 달러, 유로, 엔 또는 비트코인으로까지 다양하게 결제가 가능하다. 세계 각국의 통화를 수수료 없이 송금할 수 있다는 점 역시 리플코인의 장점이다.

리플코인은 화폐를 지향하기보다는 ripple wallet 소지자끼리는 USD, Euro, 엔화와 같은 실물 화폐와 BTC, LTC와 같은 전자화폐의 빠른 전송을 보장하고, 중개거래소(Gateway)라 부르는 업자(대표적으로 Bitstamp)를 통해 전달되면서 수수료 형태로 영구히 소모되는 형태이다.

4.2.2 시장도입 현황

통화 자체를 중앙집중식으로 통제하여 일반인들의 진입장벽이 지나치게 높으며 타 통화와 마찬가지로 수단으로써 사용하기보다 거래 용도로만 사용하고 있다.

국내는 2014년 11월에 리플코인의 국내 첫 거래소 '리플마켓코리아㈜'가 설립되었으며 리플코인은 구글 벤쳐스의 출자확정과 미국, 독일 등 세계 각지의 은행에서 리플 결제 시스템을 도입하고 있다.

사용 방법은 매우 간단하며 Block-chain처럼 중앙에서 관리하는 방식으로 효율적인 시스템을 가지고 있다.

리플코인은 단순히 가상화폐나 자원에 그치지 않고 실제 각 국가의 화폐로 교환이 가능하기 때문에 앞으로 화폐의 가치와 인기가 증가할 것으로 기대한다. 쉽게 투자를 결정하지 않는 구글벤처스에서 리플코인에 투자를 결정한 것도 이러한 장래성을 주목한 결과라 할 수 있다.

4.3 Litecoin (LTC)

4.3.1 개념 및 특징

비트코인 시세가 상승하면서 그와 유사한 제2의 암호 통화가 주목받기 시작하였다. 그 대표적인 사례인 라이트코인은 개인 간 거래에 사용되는 암호화된 가상화폐이다. 비트코인과 거의 기술적으로 유사하며 코인 생성 및 전송은 오픈소스 프로토콜에 기반하고 중앙기관에 의해 관리되지 않는 방식이다. 라이트 코인 네트워크는 8400만 litecoin을 생산할 예정이다.

GitHub 기반의 오픈소스로 제작되었으며 구글의 직원이었던 Charles Lee에 의해 2011.7월에 소개 되었다. 라이트 코인의 목적 중 하나는 bitcoin에 사용되는 동일한 하드웨어를 통해 동시에 실행할 수 있는 마이닝 알고리즘을 제공하는 것이었다.

동전의 생성시간을 감소시키고 동전수를 최대화하기 위해 해시 알고리즘과 GUI를 수정하였다. 2013년 11월 한 달 동안, 라이트 코인의 총액은 24시간 이내에 100%에 도달하며 관심을 끌기 시작하였다.

[그림 3-8] 라이트코인 로고

라이트코인은 비트코인의 단점을 극복하기 위해 제안된 것으로 다음 3가지 차이점을 제공하고 있다

첫째, 라이트 코인은 비트코인 프로토콜 기반으로 생성되며 거래승인을 위해 필요한 네트워크에서 한 개의 블록을 생성 처리하는데 비트코인에서는 10분 소요되는 것을 라이트코인은 2.5분에 처리할 수 있도록 하였다.

둘째, 라이트코인은 알고리즘보다 점진적으로 더 많은 메모리를 필요

로 하는 순차 메모리 - 하드 기능의 알고리즘을 사용한다.

셋째, 라이트 코인 네트워크는 8,400만 litecoins을 생산하거나 또는 비트코인에서 생성되는 화폐보다 약 4배 이상 생산할 수 있다. 원래 목적은 사용자가 비트코인과 라이트코인을 동시에 채굴하도록 지원하였다.

라이트코인은 scrypt 알고리즘을 사용하기 때문에 FPGA[11] 및 라이트코인 채굴을 위해 만든 ASIC 디바이스의 라이트 코인의 사용에 그들이 SHA-256를 사용하여 비트 코인을 생산하는 것이 더 복잡하고 비싸다. 2014년 1월에 안드로이드 라이트코인 지갑이 배포되었다. 이를 기점으로 라이트 코인을 다루는 많은 교류가 있었다. 대부분 litecoin과 bitcoin 사이에서 교환이 발생했지만, litecoins과 미국 달러도 교환할 수 있다. 라이트코인은 알트코인으로 불리우며 채굴방식에서 비트코인과 아주 유사하다. 따라서 비트코인을 금으로 라이트코인은 은에 비유하여 설명하였다. 비트코인과 라이트코인의 동일한 특징은 두 화폐의 경우 발행 통화량이 정해져 있다는 것이다. 따라서 채굴수단이 필요하고 ASIC (Application-Specific Integrated Circuits : 주문형 반도체 채굴기)와 고성능 그래픽 처리 장치(GPU)를 이용해 채굴이 가능하며 공개시장에서 수익을 올리기 위한 투자수단 및 결제 수단으로 거래된다.

4.4.2 시장 도입 현황

디지털 통화 거래이기 때문에 디지털 통화의 가격은 시장상황에 따라 변동이 발생하므로 Harborly 등 거래기관에서는 환불, 취소 또는 반환을 제공하지 않는다. 또한 전 세계적으로 여러 나라들이 자국 화폐로 교환할 수 있는 거래소를 운영하고 있다. 국내의 경우 라이트숍(https://liteshop.co.kr/) 등에서 구매 거래를 지원하고 있다. 라이트코인 소개 사이트는 https://litecoin.org/이다. BTC-E(https://btc-e.com/)는 라이트코인을 비트코인으로 바꿔주는 최대 환전소로서 LTC/USD, LTC/BTC, LTC/

11) FPGA(field programmable gate array, 현장 프로그래머블 게이트 어레이)

EUR, and LTC/RUR로 거래가 가능하다 . 그 외 라이트코인의 주요 거래 환전소는 Harborly, Vircurex, LiteTree, Kraken, Bitfinex 등이 있다.

암호화폐 세계의 2인자인 라이트 코인은 14년 3월 기준으로 약 15~16$ 거래중이며, 비트코인 거래소에서 비트코인과 교환할 경우 약 라이트코인 40개당 비트코인 1개로 바꿔준다.

4.4 Linden Dollar

4.4.1 개념 및 특징

Linden Dollars (L$)는 가상의 세컨드 라이프(The virtual world Second Life)[12)]에서 이용되는 가상화폐이다. Linden Dollars의 사용자(Linden Lab에 가입하거나 이를 이용 하는 자)는 가상세계에서 가상 상품 및 서비스를 구매, 판매할 수 있다. 세컨드 라이프는 사이버펑크의 대표작인 Neal Stephenson의 Snow Crash에 나오는 메타버스(metaverse)[13)]에 기초하여 생성되었다.

L$는 세컨드 라이프에서 이러한 활동들이 원활하게 이루어지도록 하는 거래수단으로 이용되고 있다. 인터넷 이용자가 세컨드 라이프와 L$를 이용하려면 계정을 만들고 접속 소프트웨어인 세컨드 라이프 뷰어를 다운받아야 한다. 세컨드 라이프에서 아바타를 멋지게 꾸미거나 가상의 주택이나 토지 등을 구매하려면 L$가 필요하다. 이용자는 세 가지 프리미엄 멤버십 서비스(1개월 9.95달러, 3개월 22.50달러, 12개월 72.00달러) 가운데 하나에 가입하면 매주 L$300이 이용자의 계정으로 입금된다. 이용자는 이를 이용하여 다양한 활동을 수행할 수 있다.

L$가 이용되는 세컨드 라이프의 경제는 세 가지 측면에서 실물경제와 다르다. 첫째, 세컨드 라이프는 자급자족 경제이다. 세컨드 라이프 이

* * * *

12) 세컨드 라이프는 미국 샌프란시스코에서 Philip Rosedale이 1999년 설립한 린든 랩(Linden Lab)에서 2003년 6월 출시한 온라인 롤 플레잉 게임(online role-playing game)이다.

13) 메타버스는 모든 사람이 아바타(avatar)22)를 이용하여 가상세계에서 사회, 경제, 문화적 활동을 하는 것을 의미한다.

외에 다른 가상세계와는 무역을 하지 않으며 세컨드 라이프 내부에서 만들어진 가상 물품과 서비스만 거래된다. 둘째, L$로 가상 물품과 서비스만 구매할 수 있다. 앞에서 살펴본 Bitcoin은 실제 물품과 서비스 구매에 이용할 수 있었지만 L$는 그렇지 않다. 셋째, 세컨드 라이프에서의 모든 거래는 린든 랩이 만들어 놓은 가상플랫폼에서만 이루어진다.

세컨드 라이프가 큰 성공을 거두고 L$가 많은 주목을 받은 이유는 세컨드 라이프 이용자가 현실세계에서 만족하지 못하는 것들을 가상세계인 세컨드 라이프에서 바꿀 수 있기 때문이다. 예를 들어 키가 작은 사람은 키가 큰 아바타로 가상세계에서 자신의 모습을 바꿀 수 있고 파티를 열거나 친구를 사귈 수도 있으며 집이나 멋진 스포츠카를 구매하는 등 다양한 활동을 할 수 있다. 일반 세계에서 하는 일들을 가상 세계에서 할 수 있으며 캠핑, 상점에서 작업, 사용자 정의 콘텐츠 제작, 및 기타 개인 서비스가 포함되고 있다. 세컨드 라이프에서 돈을 벌기 위한 한 가지는 바로 실제 생활처럼 공급할 수 있는 제품이나 서비스에 대해 지불하고자 하는 고객을 찾아야 한다는 것이다. 따라서 사용자들은 직접 클라이언트를 통해 L$을 구입하거나 린든랩(Linden lab)의 통화 중개, LindeX 환전, 또는 제3자와의 통화 교류를 통해 린든 통화를 미국 통화로 전환할 수 있다. 사용자가 구매를 설정하고 교환소에서 제공하는 L $의 가격과 이를 판매할 때의 L$와 USD의 비율은 거의 변동이 없다. 2008년 2월 2011년 2월 사이에 요금은 1$당 270L$에서 240L$로 안정적인 범위를 유지하고 있다.

4.4.2 시장 도입 현황

GDP에 따르면, 린든 랩은 세컨드 라이프 경제가 2005년 9월 한 달 동안 미국 경제 활동 3백 59만 6천 6백 74달러가 생성되었고 2006년 9월 세컨드 라이프는 6,400만 달러가 활용된 것으로 나타났다. 2009년 세컨드 라이프 경제의 전체 크기는 미국 5억 6천 7백만 달러로 전체 미국 가상 상품시장의 약 25%를 차지하였다. 2013년 6월 20일 서비스 개시

10주년을 맞이한 세컨드 라이프의 전체 이용자는 3,600만 명에 달한다. 전 세계에서 매달 100만 명 이상의 이용자가 세컨드 라이프에 로그인하여 서비스를 이용하고 있으며 지난 10년간 매달 평균 40만 명이 신규 회원으로 가입하였다. 이처럼 많은 사람들이 L$를 이용하여 2013년 6월 20일까지 거래된 L$는 32억 달러로 추정되고 있다. 그러나 우리나라에서는 세컨드 라이프가 2007년 10월부터 서비스를 시작하였지만 시장 활성화에 실패하여 2009년 11월에 서비스를 중단하고 철수하였다. 미국과 영국의 일부 교육기관들은 L$를 지급하여 세컨드 라이프를 교육의 목적으로도 활용하고 있다.

상기에서 제시한 것 이외에도 다양한 가상화폐가 존재하고 있으며 향후 정보기술의 발전에 따라 독특한 특성을 가진 신규 가상화폐가 지속적으로 등장할 것으로 보인다.

제 4 장

전자지급결제대행 서비스

제 1 절 전자지급결제대행 서비스

제 2 절 전자지급결제대행 서비스 유형과 수익구조

제 3 절 전자지급결제 주요기업 분석

제 4 절 전자지급결제 서비스 연동

E-BANKING &
PAYMENT

E-Banking & Payment

제1절 전자지급결제대행 서비스

① 지급결제 서비스 개요

빠르게 성장하는 모바일 결제 시장을 두고 다양한 기업들이 진입하여 경쟁하고 있다. PC나 모바일 기기에서 결제를 하려면 카드번호, 비밀번호 등을 일일이 입력해야 했지만, 현재는 다양한 간편결제 서비스가 등장하여 간단한 아이디와 비밀번호만 입력하면 결제가 이루어진다. NFC 기술을 이용하여 신용카드를 스마트폰에 저장하는 것도 가능해서 더 이상 여러 장의 카드를 지갑에 넣고 다닐 필요가 없게 되었다.

<표 4-1> 결제 서비스의 유형

<table>
<tr><th>기반</th><th>결제 수단</th><th>결제 방식</th><th>비교</th></tr>
<tr><td rowspan="3">오프라인 결제
(오프라인 매장에서 모바일 기기를 이용하여 결제)</td><td colspan="3">플라스틱 카드</td></tr>
<tr><td>모바일 카드
(카드 정보를 모바일 기기 또는 연계된 클라우드에 보관)</td><td>바코드 또는
QR코드 방식</td><td>모바일 결제 영역
(스마트폰 등 모바일 기기를
통해 이루어지는
다양한 결제
방식을 통칭)</td></tr>
<tr><td>블루투스 비콘</td><td>NFC방식</td><td></td></tr>
<tr><td rowspan="4">온라인 결제
(온라인 쇼핑몰 등에서 모바일 기기를 이용
하여 결제)</td><td rowspan="4">PC 상에서
결제</td><td>카드 정보 입력 방식</td><td rowspan="4">모바일 결제
영역</td></tr>
<tr><td>웹 간편결제 (아이디,
비밀번호 입력)</td></tr>
<tr><td>모바일 간편결제 (SMS 인증 또는 QR코드, 비밀번호 입력 등)</td></tr>
<tr><td>SMS 소액결제
(통신비에 합산 청구)</td></tr>
</table>

<표 4-1> 결제 서비스의 유형 (계속)

기반	결제 수단	결제 방식	비교
	모바일 기기 상에서 결제	카드 정보 입력 방식	
		웹 간편 결제	
		모바일 간편 결제	
		SMS 소액 결제	

출처: LG 비즈니스 인사이트, 김종대, 정재훈(2014)

다음은 오프라인 결제서비스를 지원하는 VAN 서비스에 대하여 논의하고자 한다.

2 오프라인 지급결제대행 서비스 : VAN 서비스

1990년대 후반에 등장한 전자상거래 서비스로 인하여 지급결제 서비스에 많은 변화를 일으켰다. 오프라인 매장에서 결제를 지원하는 VAN (Value Added Network, 부가가치 통신망) 시스템과 전자결제를 지원하는 온라인 전자결제 서비스를 연동하여 시장에 제공하였다.

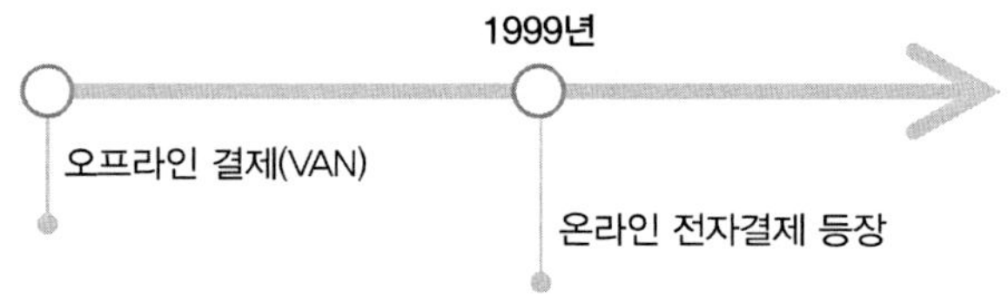

[그림 4-1] 결제의 발전과정

오프라인 지급결제대행 서비스인 VAN 서비스의 역할은 신용카드, 직불카드 및 포인트 카드를 포함한 다수의 카드로 고객이 가맹점에서 결재 시에 그 고객의 카드승인 거래를 중계 처리함과 동시에 부가적으로 거래내역 전송, 판매대금 자동이체 등을 제공하는 것이다. VAN 기업은 서비스 제공에 따른 수수료를 수익으로 확보하고 있으며 오프라인 결제의 통신망 등 기본 인프라를 제공한다. 판매점(가맹점)의 경우 모든 카드사에 계약하여 처리하기 어려우므로 VAN 기업이 각 카드사 시스템에 연결하고 카드를 사용하기 위한 인프라를 가맹점에 직접 설치 관리하고 카드사를 대신하여 판매 기업을 관리하는 업무를 수행한다.

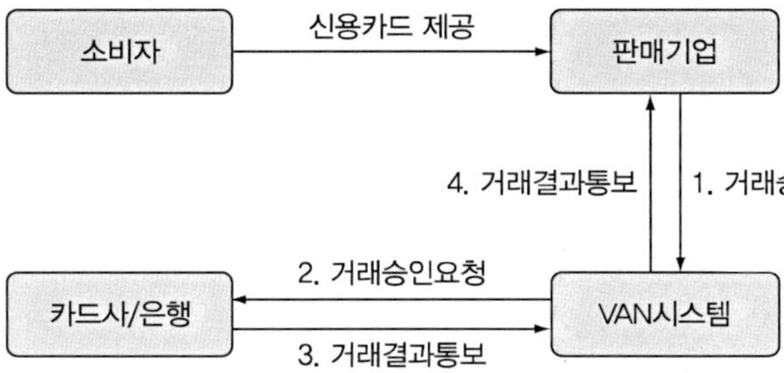

[그림 4-2] VAN 업무 프로세스

오프라인 결제 업무 절차는 소비자가 신용카드를 사용하여 상품 또는 서비스를 수령 후 판매 기업(가맹점)에서 결제를 하면 카드정보를 VAN 기업의 네트워크를 통하여 신용카드사에 제공된다. 카드사에 전달된 정보를 기반으로 카드사는 소비자에게 해당비용을 청구하고 판매 기업에게 판매대금을 입금한다. 판매 기업은 매출전표를 카드사에게 제공하고 카드사는 판매대금을 판매 기업에 입금한다.

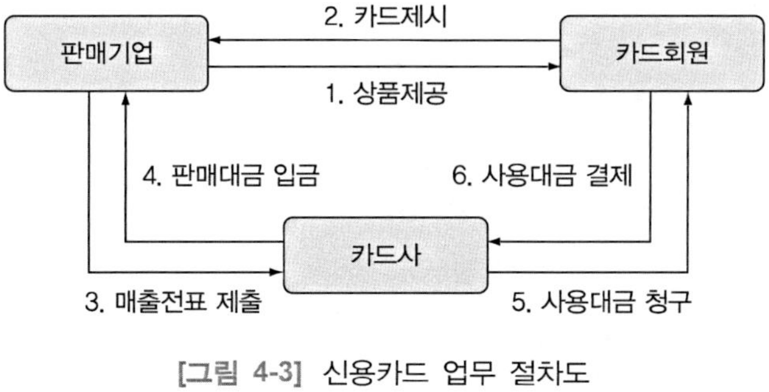

[그림 4-3] 신용카드 업무 절차도

VAN 기업은 가맹점에게 신용카드 결제 환경구축, 현금 영수증 처리, 정산 서비스 및 관련 부가서비스를 제공한다. 대표적인 부가서비스는 금융단말기 및 포인트 제공 등이 있다.

<표 4-2> VAN 기업 제공 서비스

구 분	내 용
신용카드 VAN	대형, 일반가맹점, 관공서 등 신용카드 거래 가맹점의 신용결제 서비스 구현
현금영수증	가맹점에서 발생한 현금 영수증 거래를 국세청으로 안전하게 전송 처리하는 서비스지원
정산서비스	가맹점의 거래내역, 매입 반송 관리를 위한 정산서비스로 가맹점의 신용거래에 대한 입금 관리를 위한 서비스
부가서비스	금융단말기 및 포인트, 로열티 서비스 등 부가적인 서비스

③ 전자지급결제대행 서비스 등장 배경

전자상거래의 발달은 인터넷 혁명에 기인하고 있지만 궁극적으로는 온라인 결제 기술의 발달에 기인하고 있다. 전자상거래에 대한 안전성, 편리성이 두각되면서 전자상거래 시장이 본격적으로 성장하고 이를 지원하는 전자지급결제 업무규모가 커지기 시작하였다. 전자상거래는 온라인 기반 비대면 거래 형태로 진행되므로 전자지급결제가 매우 중요한 역할을 한다.

국내의 경우는 전자지급결제 시스템이 1999년도에 처음으로 등장했으며 2000년 초반에 인터넷 발달로 인해 다양한 쇼핑몰 업체가 등장하면서 전자지급결제 서비스의 활성화를 이루었다. 초기에는 거래를 처리하고 연결해 주는 단순한 결제 업무만 부담하고 거래처에 정산, 인증 등 관련 업무는 지급기관인 신용카드 기업들이 운영하여 관리하였다. 2003년대 국내 벤처신화가 무너지면서 수많은 쇼핑몰들이 도산하였다. 이에 지불을 수행하는 신용카드사는 많은 위험요소를 인지하게 되어 신용카드 기업은 거래 인증, 가맹점 영업 및 관리, 정산을 대행해 줄 수 있는 기관을 금융위원회로부터 승인받을 수 있도록 법제정을 통해 전자결제대행(Payment Gateway, 이하 PG)기업을 등장 시켰다. 오프라인 가맹점의 경우 VAN 기업이 신용카드사를 연결하고 카드 가맹점관리를 하고 있다.

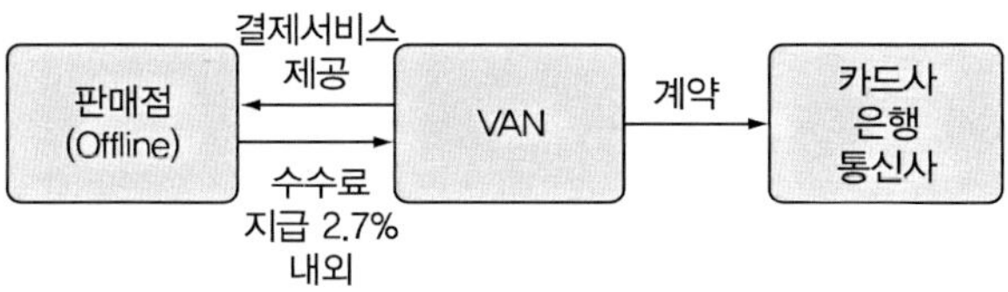

[그림 4-4] 오프라인 기반의 결제 프로세스

온라인 기업은 전자상거래 업무를 처리하기 위해 VAN 기업의 인프라를 연결한 전자지불결제 기업이 필요하였다. 주요 업무는 온라인 서비스를 제공하는 가맹점을 관리하고 가맹점이 필요로 하는 정산, 매입, 승인 등의 업무를 처리해주는 것이다. 전자상거래에서 VAN 기업의 역할은 PG 기업을 카드사의 연결해주는 네트워크만을 제공하는 것이다.

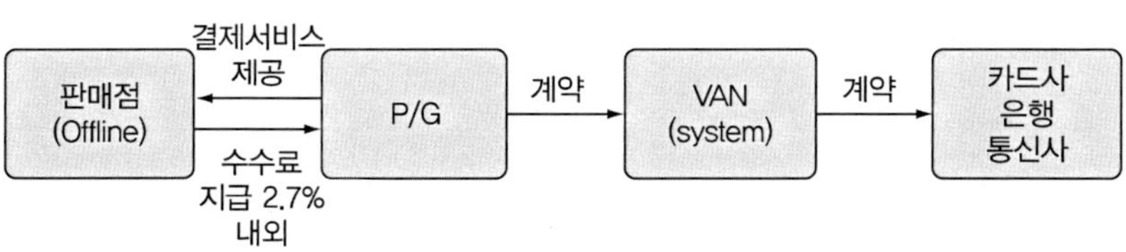

[그림 4-5] 온라인 기반의 전자결제 프로세스

PG 기업은 온라인 지불결제와 관련하여 은행, 카드사 등의 금융기관, 온라인 사업자 그리고 소비자 간 원활한 금융 거래를 위해 시스템을 구축, 지불승인, 매입, 정산 등의 서비스를 제공하고 있으며 결제 금액의 일부분을 수수료로 책정하여 매출을 올리고 있다. 신용카드사와 별도의 특약을 통해 전자지불대행업을 수행하는 기업들은 가맹점인 쇼핑몰 관리를 통해 신용카드사의 해지 리스크를 감소시켰을 뿐만 아니라 신용카드사의 가맹점 관리에 대한 부담을 완화시켰다.

4 전자지급결제대행 서비스

전자상거래 업무는 쇼핑몰을 이용하는 소비자, 상품 및 서비스를 제공하는 쇼핑몰, 결제인프라를 제공하는 전자지불결제 서비스와 제공된 서비스 및 상품을 배송하는 물류 업무로 나누어진다. 전자지불결제 서비스는 고객이 서비스 결제에 대한 비용을 관리하는 승인, 매입, 정산 업무를 수행한다.

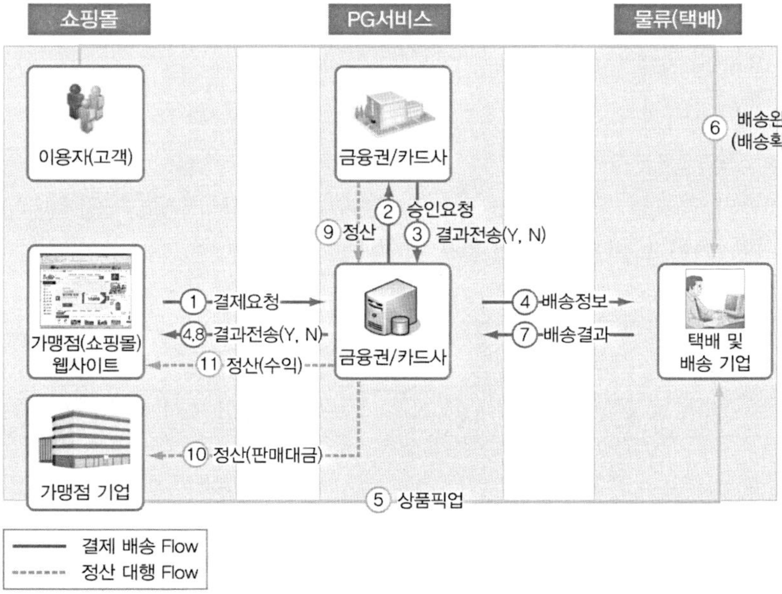

[그림 4-6] 온라인 전자상거래 지급결제 프로세스

PG(Payment Gateway)는 전자지급결제대행 업무로서 전자상거래 공급업체 (PG) (온라인 쇼핑몰 등)를 대표하면서 수요자와 공급자간의 전자지불(온라인 신용카드결제, 계좌이체 등)을 중계하고 정산하는 서비스이다. 즉, 전자상거래에서 인터넷 쇼핑몰(온라인가맹점)이 전자지불결제를 위해서 전자지불결제사와 결제대행계약을 맺고 고객이 선택한 신용카드사, 은행, 통신사업자 등으로부터 결제 승인과 결제대금정산을 대행하는 서비스이다.

인터넷에서 진행되는 B2C(Business to Customer) 신용카드 전자결제 순서를 살펴보면, 1) 사용자가 쇼핑몰에서 쇼핑을 하고, 2) 카드결제를 선택하면, 3) PG 시스템에 연동이 되어서 신용카드번호, 주민번호, 비밀번호 등을 입력하고, 4) 전자결제대행(PG)기업 시스템은 VAN을 타고 카드사 시스템에 접속하여 결제가 이루어진다. 이와 같이 전자결제를 진행하기 위해서 각 쇼핑몰은 국내 PG사와 계약을 맺고 시스템을 연동해야 한다. 시스템을 연동하는 방법은 각 PG사마다 차이가 있으며 크게 ActiveX를 embedded하거나, POST방식으로 연동하는 방법으로 나누어지며 일반적으로 2~3일 안에 연동 및 테스트까지 완료할 수 있도록 지원하고 있다.

전자상거래 쇼핑몰을 구축 후 PG시스템을 연동하여 결제를 수행하려면 다음과 같은 절차를 진행하여야 한다. 1) 쇼핑몰 운영자는 PG System운영자와 계약을 위해 결제에 이용하는 결제 수단을 선택 후 해당 수수료와 정산일자를 명시한 계약서를 작성한다. 2) PG System에 전자상거래 쇼핑몰을 연동시키기 위해 PG System이 제공하는 연동규격인 MPI(Merchant Plug In)를 전자상거래 쇼핑몰 사이트에 연결한다. 3) PG 서비스 제공업체가 인터넷 기반으로 상점 관리 프로그램(Merchant management program)을 제공하여 실시간으로 고객의 거래내역을 확인할 수 있을 뿐만 아니라 향후에 정산관련 정보를 공유할 수 있도록 지원한다. 4) PG서비스 업체는 계약 후 전자상거래 사이트 주소를 카드사 등에 제공하고 쇼핑몰 심사를 진행하여 사용 허가를 수령한다. 즉, 전자상거래 법인 통신 판매업으로 분류된 상품을 거래하는지 확인하는 절차이다. 예를 들어 통신 판매업으로 허가 되지 않은 의약품이나 담배, 또는 거래가 안 되는 마약 등 불법 상품을 판매하는 경우는 사용을 할 수 없도록 제한한다. 상기의 단계를 진행하면 전자상거래 사이트는 고객을 통해 상품을 판매할 준비를 한다.

PG(Payment Gateway)는 전자지불대행업으로 불리며 전자상거래에서 인터넷 쇼핑몰(온라인가맹점)이 전자지불결제를 위해서 PG사와 결제대행 계약을 맺고 고객이 선택한 신용카드사, 은행, 통신사업자 등으로부터 결제 승인과 결제대금정산을 대행하는 서비스이다. PG사는 신용카드결제, 휴대폰 결제, 계좌이체 결제, 상품권결제 등 다양한 수단을 통해 결제를 대행하고 있다.

PG 서비스의 주요기능은 다음과 같다.

1. 승인 (온라인상 결제 페이지에서 제공)
2. 매입처리 (결제승인 Data 카드사별 전송, 입금요청)
3. 정산 가맹점 입금서비스, 조회서비스(확인), 대사 및 취소

[그림 4-7] PG 서비스의 주요기능

신용 승인 서비스는 가맹점의 신용카드 및 단말기를 이용하여 신용, 직불 및 기타 거래에 대해 365일 24거래에 대해 승인하는 것이다.

[그림 4-8] 전자거래 승인 서비스

매입 서비스는 가맹점의 승인실적을 카드사로 매입 데이터를 전송하여 가맹점의 결재계좌로 입금하는 서비스(DDC, DESC, EDI)이다.

[그림 4-9] 전자거래 매입서비스

현금 영수증 서비스란 가맹점 신용카드 단말기를 이용, 신용, 직불 기타 거래에 대해 승인하는 서비스이다.

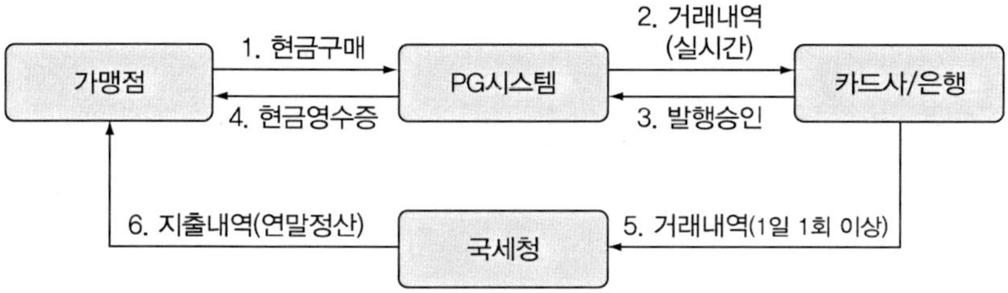

[그림 4-10] 현금영수증 처리 서비스

전자지불결제서비스 제공의 주요 역할 중의 하나가 전자상거래 쇼핑몰의 채권관리 업무이다. PG 서비스업이 등장하기 전에는 쇼핑몰과 직접 연동한 카드사 및 결제사와 연동한 다른 기관들이 관리했으나 관리 부담 증가 등 다양한 문제점이 도출되어 전자지불결제 서비스업이 등장하게 되었다. 따라서 전자지불결제 서비스 업체는 전자상거래 쇼핑몰에게 물적 담보를 수령하거나, 월간 또는 연간 거래 금액에 대해 상한가를 지정하거나 혹은 정산 시 일부 비용을 담보금액으로 책정하여 지급을 보류하는 등 다양한 안전장치를 마련하고 있다. 이런 안전장치는 전자상거래 쇼핑몰이 사업을 중단하는 경우에 소비자와 전자지불결제 서비스 업체를 보호하기 위함이다. 또 전자지불결제 서비스 업체는 전자상거래 쇼핑몰이 시장에 신뢰를 구축하고 많은 거래를 생성할 경우 낮은 결제 수수료를 책정하고 있으며 거래하는 전자상거래 쇼핑몰의 부당거래에 대한 감시 및 거래쇼핑몰 운영 기업의 신용도와 재무 현황을 주기적으로 확인한다. 이는 전자지불결제사가 전자상거래 쇼핑몰의 문제 발생 시 1차적인 책임을 수행하는 기관이기 때문이다. 전자지불결제서비스 업체는 소액의 전자결제 수수료를 통해 수익이 발생하는 구조이므로 전자상거래 쇼핑몰이 파산하거나 문제가 발생하면 많은 손실을 입는 구조로 되어 있다. 그러므로 전자지불결제서비스 업체의 전자상거래 쇼핑몰에 대한 채무관리는 합리적으로 운용되어야 한다.

1999년부터 국내 서비스를 시작한 전자지불결제 서비스는 2006년부터 전자지급결제사업이 금융감독원의 등록 허가제로 변경되었으나 전자지불결제 시스템 구축에 높은 수준의 기술이 필요하지 않고, 서비스의 차별화 요소가 적기 때문에 자격 요건은 최소 자본금 10억 원 이상, 부채비율 200% 이하 등의 조건만 충족시키면 전자지급결제사업을 운영할 수 있다. 그러나 전자지불결제 운영기업의 거래액 규모가 커질수록 신용카드 지급수수료의 협상력이 높아지기 때문에 전자지불결제 서비스 운영에 따른 가격 경쟁력이 생긴다. 따라서 가맹점이 없는 신생기업은 전자지불결제 시스템으로는 현재시장에 진입이 어렵다. 신용카드 전자지불결제 업무의 경우 온라인 쇼핑몰에서 자체적으로 전자지불결제를 설립하여 처리하는 경우도 있다. 그러나 이 경우 전자지불결제 시스템 개발 및 관리 비용이 들고, 국내 20여 개에 달하는 신용카드 업체와 각각 계약을 맺고 보증금을 예치해야 하기 때문에 일정 규모 이상의 거래량이 발생하지 않으면 비경제적이다. 따라서 국내 10여 개 대형 온라인 쇼핑몰 및 오픈마켓 업체를 제외한 대부분의 쇼핑몰이 시중 전자지불결제기업을 이용하여 결제업무를 처리하고 있다.

휴대폰 결제 서비스도 다날이나 KG모빌리언스 상품의 재판매를 통해 제공하고 있으며, 휴대폰 결제 전자지불결제기업의 경우는 신용카드, 상품권등 기타 결제 수단을 제공하고 있지만, 휴대폰 결제가 해당기업의 전체 거래액의 80% 이상을 차지한다. 영업 방식은 직접 업체 방문을 통한 영업도 진행하지만 주로 협력업체를 통한 공동 영업 방식을 채택하고 있다.

[그림 4-11] 전자지급결제대행 서비스 영업방법

5 전자지급결제대행 시스템

전자거래에서 전자지불결제사는 전자지급결제대행 기업이고 VAN (Value Added Network)사는 온라인 신용카드 조회 업무를 제공하는 기관이다. 신용카드 결제 시 전자지불결제 시스템은 VAN을 통해 신용카드회사 시스템에 접속하여 결제가 이루어진다. 전자지급결제 시스템은 인터넷에서 물품구입 시 사용되는 시스템으로 VAN을 통하여 신용카드 회사 시스템에 연결되어 있다. 전자지급결제 시스템이 제공하는 서비스는 인증 및 승인, 매입, 정산 등 3가지 절차로 구성되어 있다.

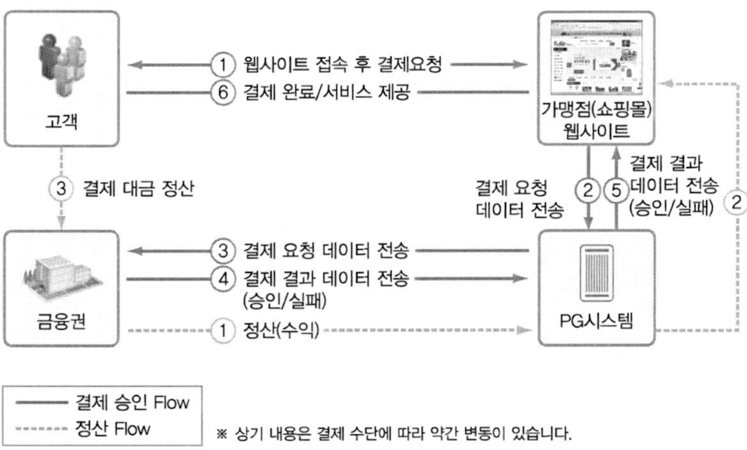

[그림 4-12] 전자결제 서비스 구성도

인증 및 승인은 상품을 구매하는 고객이 정당한 고객인지 확인하는 절차이며 거래허가(승인)를 제공하는 단계로서 카드사 등 단체가 제공하는 인증시스템을 적용하고 있다. 예를 들면 신용카드의 경우, ISP, SSL 인증 방식 등이다.

매입은 정상적인 거래에 의해 발생한 건에 대해 각 기관에서 거래대금을 수금한 후 전자지불결제사에게 제공하면 전자지급결제 기업이 보유한 거래 내역과 정리 비교하여 거래내역과 입금 내역을 관리한다.

정산 절차는 거래하는 전자상거래 쇼핑몰에게 각종 수수료와 약정된 담보 금액 등 각종 비용을 정산한 후 관련 비용을 주기적으로 입금 및 확인하는 단계이다. 전자지급결제 기업의 정산 주기는 카드사에서 매입 완료된 금액을 3일 후(영업일 기준)에 전자지급결제 기업에 입금해 주기 때문에 승인날짜를 기준으로 한다면 대략 10일 전후가 소요된다. 선 결제는 전자지급결제기업이 쇼핑몰의 매출 채권을 담보로 하여 자금을 빌려 선 정산해주는 서비스이다. 자금 차입으로 인한 금융수수료가 추가되어 공식수수료에 0.3~0.5% 정도의 수수료를 추가로 받는다. 전자지급결제 시스템은 전체 전자상거래몰 고객을 관리하기 위한 운영관리 시스템과 각 전자상거래 쇼핑몰이 전자지급결제 시스템을 통해 거래 된 내역 및 정산을 직접 확인할 수 있는 가맹점을 위한 전용몰 시스템을 제공하고 있다. 본 전자상거래 상점몰(Merchant management mall)은 거래내역, 정산 내역, 거래 취소 및 환불 내역 등 각종 정보를 전자지급결제 시스템에 실시간으로 제공해 주고 있다.

전자상거래 쇼핑몰과 연동하는 전자지급결제 모듈은 쇼핑몰에서 요청하는 카드승인을 가능하게 하는 소프트웨어로서 쇼핑몰 - 전자지불결제 기업 - 카드사의 네트워크를 통해 카드승인/취소 등을 할 수 있는 프로그램이다. 전자지급결제 모듈은 크게 소켓통신 방식과 링크방식으로 나뉜다. 소켓통신 방식은 모듈자체의 안정성이 높고 결제하는 페이지의 디자인 변경이 쉽다는 장점이 있다. 이 경우는 결제 페이지의 디자인을 쇼핑몰의 서버에 설치하기 때문이다. 링크방식은 전자지급결제 모듈 세

팅이 쉽다는 점과 링크를 걸어 결제 페이지를 요청하는 방식으로 쇼핑몰 보안측면에서 상대적으로 안전하다는 장점이 있다.

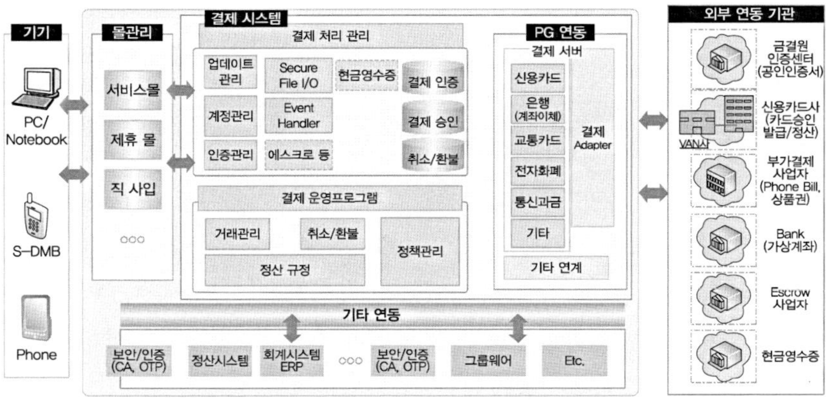

[그림 4-13] 전자지급결제 시스템 구성도

제2절 전자지급결제대행 서비스 유형과 수익구조

① 전자지급결제 서비스 범위

온라인 거래는 오프라인과 다른 결제방법을 이용하고 있으며, 전자지급결제대행(전자지불결제 : Payment Gateway)업체는 온라인상에서 신용카드, 계좌이체 등을 사용할 수 있도록 지원하는 회사이다. 사이버 쇼핑몰 거래나 온라인상의 디지털콘텐츠 이용 등은 대면거래가 아니기 때문에 전자지급결제대행(전자지불결제) 기업은 온라인상의 전자거래(결제)를 대행하는데, 결제 수단에 따라 신용카드 PG, 계좌이체 PG, 통신과금 PG, 기타(상품권 PG 등) 등으로 구분하고 있다.

전자지급결제대행 기업은 가맹점(온라인 쇼핑몰 등)으로부터 등록비, 연간회원 수수료 및 건당 수수료를 통한 수익을 창출한다. 등록비는 계약비용, 관련 시스템 설치 및 테스트 비용 등의 명목으로 최초 계약 시 1회만 지급(약 10~30만원 내외)하고 연간회원 수수료(즉, 가맹점 수수료)는 이용 건수와 상관없이 연 10~40만 원 내외이며 건당 수수료는 신용카드의 경우 2.7% 내외. 계좌이체는 1.8~2.5%, 유·무선전화 결제(통신과금)는 5~13%, 상품권은 10~18% 수준(카드사, 은행, 통신사 수수료 등 포함)이다. 다음은 각 결제 수단별 수수료 현황 및 자금정산 방안에 대해 논의하고자 한다.

구분	결제방법	내 용	수수료	정산주기	비고
고액결제	신용카드	•국내 모든 카드사 결제 서비스 대행 •연중 무이자 할부 이벤트 제공 시용카드 승인건에 대해 익일 일괄 적으로 매입 요청 •취소 요청 시 실시간으로 처리	2.7%	주정산 D+7	
	계좌이체	•국내 18개 은행 계좌이체 서비스 제공 •현금영수증 발급 서비스 및 취소 기능 제공 •실시간 결제 결과 확인 및 정산 관리	2.0%	주1회	수요일
	가상계좌	•국내 8개 은행의 가상 계좌이체 서비스 제공 •발급된 가상계좌번호를 고객 휴대 전화로 SMS 발송 •무통장 입금에 대한 편리한 수납 관리 기능	300 원/건	주1회	수요일
소액결제	ARS 결제	KT 유선전화를 이용한 결제 서비스 전화요금에 합산하여 고객에게 청구	8.0%	MM+ 15일	M: 월
	휴대폰 결제	•휴대전화를 이용한 소액결제서비스 (SKT, KTF, LGT) •1,000원 미만의 소액결제가 가능 •이동통신사 별로 한도 차등 적용 (6~15만원)	6% (실물) 7.5% (컨텐츠)	MM+ 2일	M: 월
	상품권	도서상품권/해피머니 문화상품권 결제 서비스	10%	익월25일	

출처: KG이니시스(2012)

[그림 4-14] 전자결제서비스 종류

② 전자지급결제 유형별 자금정산14)

2.1 신용카드 PG

신용카드 PG 기업은 온라인 쇼핑몰의 대표 가맹점으로서 지급결제정보의 송수신 및 결제대행 서비스를 동시에 제공하며 자금정산 주기는 통상 D+2~6일이다. 신용카드 PG 기업은 신용카드사의 대표 가맹점이 되어 하위 가맹점을 모집하고, 인터넷 쇼핑몰 등의 하위 가맹점을 대신하여 신용카드사에 거래내역 및 승인정보 등 지급결제정보를 제공한 뒤

14) 전자지급 시장분석 및 대응방안, 2012에서 제시한 내용을 2014년 기준으로 변경함

카드사로부터 대금을 지급받아 일정수수료 공제 후 가맹점에 지급하고 있다. PG 기업은 카드사에 대한 승인요청(ISP/안심클릭 패스워드인증 및 공인인증서 확인) 및 결제대금 지급 요청 시 카드와 연동된 VAN사를 이용한다. 고객의 카드결제일(D) 이후 카드사가 PG 기업에게 대금을 지급하는 시기는 일반적으로 D+2~6일이며, 가맹점 앞 지급 시기는 D+3~10일이다. 신용카드 업무에 대한 전자지급결제 수수료는 통상 2.7%이하 인데, 카드사 수수료를 공제하면 0.1~1.0% 수준이고 정산 대행 서비스를 제외(자체 가맹점의 경우)하면 0.3~0.5% 수준이다. 신용카드 전자지급결제 업무는 대표 가맹점 서비스와 자체 가맹점 서비스로 구분하고 있으며, 대표 가맹점 서비스는 전자지급결제 기업은 중소형 쇼핑몰을 대신하여 은행이나 신용카드사와 대표 가맹점 계약을 체결하고 거래승인, 매입 및 정산 등을 대행하는 서비스를 의미한다.

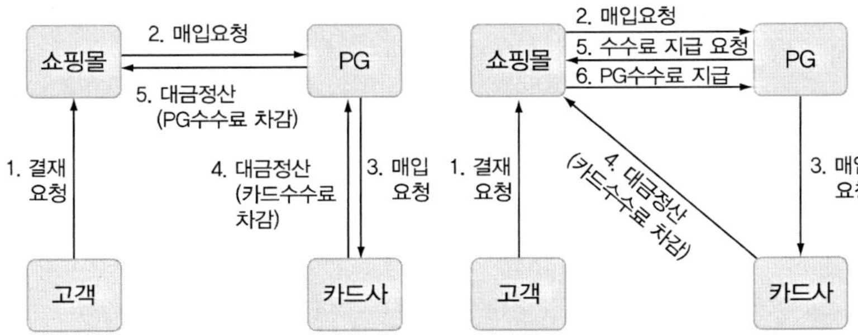

[그림 4-15] 대표 가맹점(왼쪽)과 자체 가맹점(오른쪽) 신용카드 거래 절차 및 구조

2.2 계좌이체 PG

계좌이체 PG 기업은 은행과의 직, 간접적인 연계를 통해 고객의 은행계좌 관련 비밀정보를 중계하면서 고객과 쇼핑몰 간의 자금거래를 지원하는데 자금정산 주기는 대략 D+1~8일이다. 계좌이체 PG 기업은 은행 전용선을 이용하여 상품 구매자가 자신의 은행계좌 자금을 쇼핑몰 업체에 이체하도록 지원한다. 즉, 구매자는 자신의 계좌번호, 비밀번호, 주민

등록번호 등을 입력하고 공인인증서를 사용하는 것이 의무화되어 있으며, 은행별로 이체가능 시간대 및 1일 결제한도에 따라 이루어진다. 은행과 직접 연계하여 계좌이체 PG를 수행하는 업체는 금융결제원, LG유플러스, 이니시스 등이 있는데, 이들을 제외한 기타 PG 업체는 이들 업체를 통해 간접적으로 은행 전용선을 이용하거나 일부 은행에 대해서만 계좌이체 PG 서비스를 제공한다. 한편, 금융결제원은 모든 은행과 직접 연결되어 있는 망으로 거래할 수 있는 반면, LG유플러스와 이니시스 등은 은행에 개설되어 있는 자신의 계좌를 통해 업무를 수행한다. 이로 인해 금융결제원과 연계한 PG사업자는 은행으로부터 직접 대금을 수취하지만, LG유플러스 및 이니시스와 연계한 PG업체는 LG유플러스 등으로부터 간접적으로 대금을 수취한다. 대금 입금시기는 거래일 D+1~8일인데, 간접 연결 고리가 길수록 입금시기가 지연된다. 가맹점 입장에서의 계좌이체 PG 수수료는 통상 1.8~2.5%인데, PG사는 계좌이체 시 발생하는 은행 수수료 등을 은행 및 PG사(LG유플러스 및 이니시스는 제외)에 제공하여야 한다. 계좌이체 PG 수수료는 1.8%~2.5%이며 계좌이체 시 발생하는 은행 수수료는 전자지급결제 기업이 부담한다.

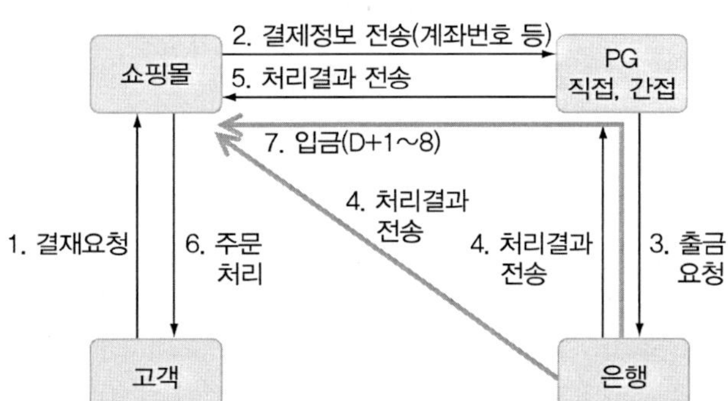

[그림 4-16] 계좌이체 PG 서비스의 거래절차 및 구조

2.3 가상계좌 PG

가상계좌 PG 서비스는 계좌이체 방식의 일종으로서 대금 입금시기도 계좌이체 PG와 유사하고, 물품 구매 시 구매자가 물품 구매를 결정한 후 결제를 위한 지급수단으로 '무통장 입금' 방식을 선택하면 통보되는 가상계좌번호로 송금하는 방식이다. 가상계좌 PG 기업은 인터넷 쇼핑몰 등의 이용자가 구매대금을 가상계좌에 입금하는 경우 이에 필요한 가상계좌번호의 통보, 대금 수취 등의 정산을 대행하며, 대금 입금 시기는 계좌이체 PG와 유사한 거래일(D)+1~8일 내외이다. 가상계좌는 은행의 대표계좌(母계좌)에 딸린 가상의 子계좌로서 구매자가 가상계좌로 입금하면 즉시 대표계좌로 집계되면서 가상계좌의 잔액이 소멸된다. 가맹점(쇼핑몰)의 입장에서 볼 때 가상계좌 PG는 기존의 일반 계좌이체 PG와 유사하나 구매자별 입금여부 확인이 빠르다는 점과 금액오류 입금 방지 기능 등으로 인해 정산업무가 효율적으로 이루어질 수 있다는 장점이 있다. 일반 계좌이체의 경우 송금 시 이름을 정확히 표시하지 않은 경우 누가 송금하였는지 실시간으로 확인이 불가능하나 가상계좌는 계좌번호만으로 구매자 확인이 가능하고 금액 오류 입금방지 기능을 보유하고 있다. 계좌별로 입금액 정보를 담고 있는 경우 보내려는 금액이 해당정보와 일치하지 않으면 송금 실행이 되지 않으므로 금액 오류를 사전에 차단하는 가능이 있다. 가상계좌 PG 수수료는 대부분 건당 300~500원 수준(가상계좌 사용 수수료는 PG사 부담)한다. 즉, 가상계좌 PG의 수수료는 결제금액과 상관없이 결제 건당으로 부과되는 고정수수료 체계로서 대부분 건당 300~500원 수준(가상계좌 사용 등 은행 수수료는 PG 업체가 부담)이다.

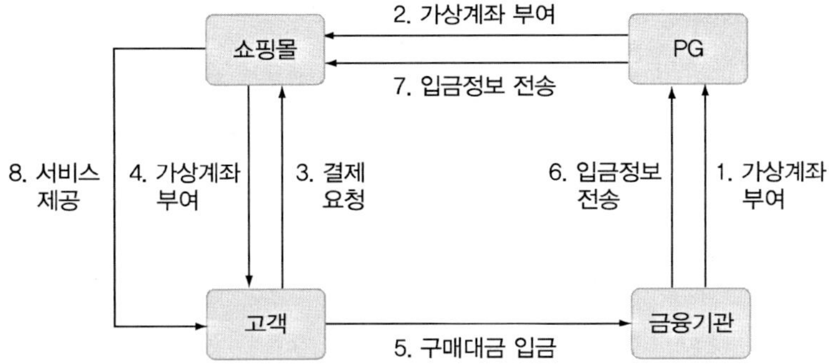

[그림 4-17] 가상계좌 PG서비스의 거래절차 및 구조

2.4 통신과금서비스 PG

2.4.1 통신과금서비스 개념

통신과금서비스는 타인이 판매 제공하는 재화 또는 용역의 대가를 전기통신역무의 요금과 함께 청구 징수하는 업무에 관한 서비스를 의미한다. 자신의 전기통신역무의 요금과 함께 재화 등의 대가를 청구 징수하는 전기통신사업자의 서비스(이하 "가목"의 서비스로 칭함)와 이 서비스가 이루어지도록 하는 거래정보를 전자적으로 송수신하는 것 또는 그 대가의 정산을 대행하거나 매개하는 서비스(이하 '나목'의 서비스로 칭함)를 의미한다. 일반적으로 통신과금서비스는 소비자들이 온라인에서 제공되는 각종 제품이나 서비스를 구매하고 그 대금을 통신요금과 함께 납입하는 것으로서 이용자가 상품구입 후 결제 대행사를 통한 거래 발생, 이동 통신사는 이용자에게 청구를 수행한다. 이 때 가목의 서비스 제공자는 이동통신사 3사, 나목의 서비스 제공자는 주요 통신과금서비스를 수행하는 업체에 해당된다.

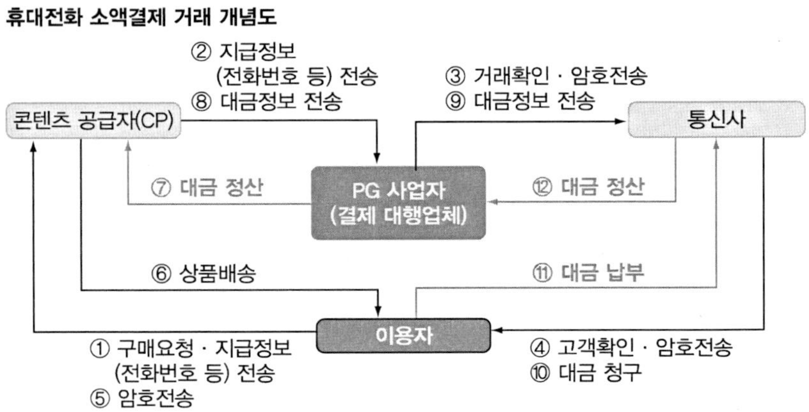

[그림 4-18] 통신과금서비스 거래 절차 및 구조

통신과금서비스 제공자 등록 현황을 보면 총 31개 업체가 등록되어 있으며 이동 통신사 3사(KT, SKT, LG U+) 와 주요 통신과금서비스 업체인 주요 4사(KG모빌리언스, 다날, 갤럭시아컴즈, 인포허브, 구글Payment Korea 등)가 전체 시장 점유율의 약 98%를 차지한다.

2.4.2 통신과금서비스 종류

통신과금서비스의 종류는 소액결제와 정보이용료로 구분된다. 소액결제란 게임, 콘텐츠 등과 같이 비교적 소액인 상품 구매대금을 유무선 통신(휴대폰, 일반 전화 등) 이용요금과 연계하여 결제대행하는 서비스를 의미하고 휴대전화 소액결제 또는 폰빌이라고 한다. 정보이용료란 T-Store 및 구글 플레이(App. 마켓), Melon, Hoppin, Wap네이트(중단예정) 등의 이용대금을 의미하는 것으로 통신과금서비스에 해당하나 별도로 운용한다. SKT의 경우 소액결제와 정보이용료 서비스관리 부서가 통합되어 통신과금이 소액결제와 정보이용료 전체를 의미하는 것이다. LG U+와 KT의 경우는 소액결제 관리 부서와 정보이용료 관리 부서가 별도로 되어 있어 소액결제만을 통신과금서비스로 인정하는 분위기이다. 소액결제 금액의 한도는 통신 3사 모두 30만 원으로 책정되어 있으나 정보이용료의 경우는 각 사의 한도금액이 다르다.

<표 4-3> 이동통신 3사의 결제한도 금액

구 분		KT	LG U+	SKT
소액결제	한도	30만원	30만원	30만원
	3개월 미만 가입자	12만원으로 제한	60일을 기준으로 미만일 경우 최대 5만원	3~6만원까지
	3개월 이상 가입자	2/4/8/12/18/30 만원까지 6단계로 금액을 조정	60일 이상의 경우 30만원 내에서 자유롭게 금액을 조율	3/6/12/20/30만원 5단계 중 설정이 가능
	청소년	없음	–	없음
정보 이용료		한도 50만원	한도 50만원	한도 50만원
인-앱결제		한도 50만원	한도 50만원	한도 50만원
청소년 요금제 이용시 정보이용료		정보이용료가 발생하지 않도록 데이터서비스 접속이 중단	2008년 이후부터 청소년요금제에 가입하면 의무적으로 정보이용료 한도를 3000원, 1만원, 2만원, 3만원 중에 선택	2012년 8월에서야 정보이용료 한도를 3000원, 1만원, 2만원, 3만원 중 선택
구글 플레이 결제시		–	10만원	20만원
개인당 최대 이용 회선수		3회선	3회선	5회선
1인 사용 가능 최대 한도 금액		240만원	240만원	400만원

소액결제 대행업은 휴대전화를 이용하는 방식과 일반 전화를 이용하는 방식으로 구분하는데, 휴대폰 및 전화 이용요금에 합산되어 결제하는 방식이다. 휴대전화를 이용하는 방식은 휴대폰번호 및 주민등록번호를 입력한 후 해당 휴대폰으로 전송된 인증번호를 입력하는 SMS 방식과 전자지급결제 기업이 지정하는 ARS 번호로 전화를 걸어 안내에 따라 번호를 입력하는 ARS 방식으로 구분된다. 일반 전화를 이용하는 방식도 전자지급결제 기업이 지정하는 ARS 번호로 전화를 걸어 결제하는 방식

과 전자지급결제 기업이 제공하는 ARS로부터 걸려오는 전화를 이용하여 결제하는 방식으로 구분된다.

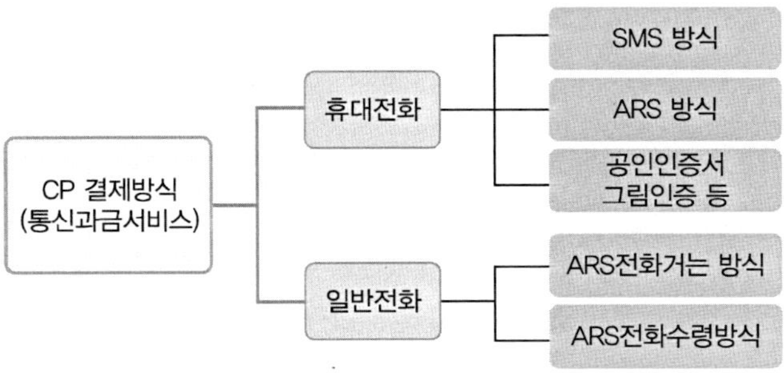

[그림 4-19] 통신과금서비스의 인증형태 분류

<표 4-4> 휴대전화를 이용한 결제 방식 비교

구 분	휴대전화 번호이용	일반 전화번호이용	
		ARS번호 이용	일반 전화번호 이용
구매자 입력정보	휴대폰번호, 주민등록번호	일반 전화번호	일반 전화번호
인증방식	SMS 방식, ARS방식	ARS로 전화 발신 방식	걸려온 전화를 수신 방식
이용전화	휴대폰	일반 전화 및 휴대전화	KT 전화
월 이용 한도	SKT 3~8만원 KTF 6만원 LG U+ 6만원	10만원	10만원

2.4.3 통신과금서비스 수수료 현황

소액결제 PG 수수료율은 다른 지급수단에 비해 높은 5~13% 수준인데, 이 중 통신회사 몫 5~7% 내외를 제외한 나머지 수수료를 PG업자에게 배분한다. 대금 지급 시기는 2~3개월 내외이다. 휴대폰 및 일반 전화 결제 PG 업무 관련 수수료는 5~13% 수준으로 여타 지급수단에 비해 수수료율이 높고 결제일까지 상당한 시일(2~3개월)이 걸리므로 대부분의 온라인 가맹점에서는 적극적인 사용을 회피하는 경향이 있다. 단, 통신요금으로 합산되어 통신사가 연체관리 등을 담당하므로 결제불이행 리스크는 낮다. 수수료 배분은 거래금액, 품목 등에 따라 매우 세분화되어 있으나 대체로 통신회사 몫이 5~7% 수준이며, 나머지를 전자결제대행기업에게 배분한다. 유무선 전화 결제 수수료 현황을 보면 다음과 같다.

<표 4-5> 휴대폰을 이용한 전자지급결제 수수료 비교

<table>
<tr><th rowspan="2">구 분</th><th rowspan="2">유선전화</th><th colspan="2">무선전화</th></tr>
<tr><th>일반물품</th><th>디지털 컨텐츠</th></tr>
<tr><td>이지스효성</td><td>10%</td><td colspan="2">9%</td></tr>
<tr><td>LG U+</td><td></td><td>6.5%</td><td>8%</td></tr>
<tr><td>뱅크웰</td><td>9.5%</td><td>5.5%</td><td>8%</td></tr>
<tr><td>올앳</td><td></td><td>6.5%</td><td>9%</td></tr>
<tr><td>사이버패스</td><td>8.5%</td><td colspan="2">8%</td></tr>
<tr><td>다날</td><td>8%</td><td>5%</td><td>온라인 8%, 무선 10%</td></tr>
<tr><td>이니시스</td><td>11%</td><td>7%</td><td>10%</td></tr>
<tr><td>KCC</td><td>10%</td><td colspan="2">9%</td></tr>
<tr><td>KG모빌리언스</td><td>8.5%~13%</td><td colspan="2">7.5% ~ 12%</td></tr>
<tr><td>KCP</td><td>9%</td><td>6.5%</td><td>10%</td></tr>
</table>

<표 4-6> 신용카드 결제와 휴대폰 결제 서비스 비교

구 분	신용카드	휴대폰 결제
거래액 대비 수취 수수료율	2.7% 이내	디지털 컨텐츠 7~8%, 실물 약 3%
거래액 대비 지급 수수료율	약 2.5%	디지털 컨텐츠 5%, 실물 1%초반
마진	약 0.5%	2~3%
대금 지급 기간	결제일 + 7	결제일 + 익주, 익월초, 익익월말
주요 고객	쇼핑몰	온라인 게임사, 쇼핑몰
인증 방법	신용카드 번호, 유효기간, 비밀번호 입력	휴대폰번호, 주민등록번호, 이름 입력 후 문자 또는 ARS로 전송되는 인증번호 입력
장점	신용카드 포인트 적립, 할인, 소득공제 혜택	결제의 편의성
비고	30만원 이상 결제시 공인인증서 필요	월간 30만원 한도

출처: 삼성증권

2.5 상품권 PG

구매자와 가맹점 사이에 상품권을 통한 거래가 이루어질 경우 이를 중계하는 결제대행 서비스로서 구매자가 온라인상에서 물품을 구입한다. 대금 결제를 위해 상품권을 이용하는 경우 전자지급결제 기업이 상품권 발행업체와 가맹점 사이에서 이를 중계하고 정산을 대행한다. 단, 전자지급결제 기업과 상품권 발행업체 간 이용 계약이 맺어진 상품권만 사용이 가능하다. 예컨대, 사이버패스 기업을 통해 전자지급결제 계약을 맺을 경우 도서생활권과 문화상품권, 게임문화상품권 모두 결제가 가능하나 다날과 전자지급결제 계약을 맺을 경우 도서생활권은 결제가 불가능하다. 상품권 PG 가맹업체는 상품판매 업체보다는 온라인 디지털 콘텐츠 판매업체들이 대부분이며 결제 절차에 개인정보가 사용되지 않는 등 매우 간편하기 때문에 온라인 게임을 즐기는 10대 청소년들이 주된 구매자이다. 대금 지급에 걸리는 시간이 1개월 정도로 길고 수수료도 10~18% 수준으로 매우 높은 편이다. 정산에 걸리는 기간은 대개 1개월 정도로 유무선 전화 결제를 제외하고는 가장 길다. 건별로 정산하는 것이 아니라 일정 기간 중 사용액을 집계하여 특정 시점에 일괄 정산하며 상품권 PG 수수료율에는 상품권 발행업체의 수수료가 포함되어 있어 유무선 전화 결제 PG의 수수료율보다 높은 10~18%에서 수수료율이 형성되어 있다. 상품권 발행업체는 상품권 판매점 관리, 상품권 발행 및 대금 지급 업무수행 등에 대한 대가로 총 수수료의 상당 부문을 수수료로 수취한다. 일반적인 도서문화 상품권의 수수료율은 10~12%인데, 게임 상품권의 경우에는 판매에서 인터넷 구매까지 소요되는 시간이 짧아 발행업자의 자금 부담이 크다. 또한 마케팅 소요 비용도 다른 종류의 상품권에 비해 많기 때문에 16~18%의 수수료를 가지고 있다.

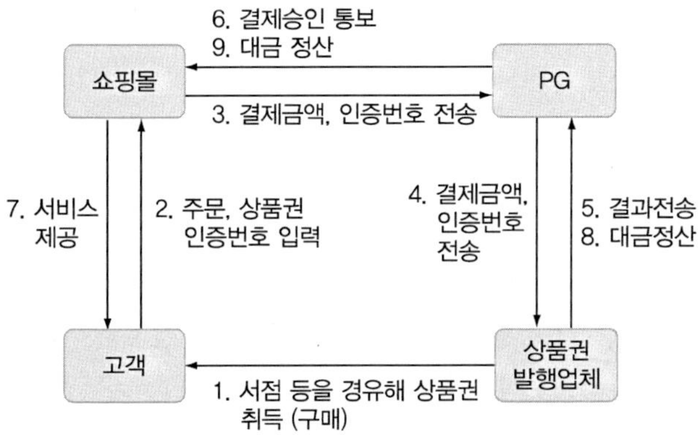

[그림 4-20] 상품권 전자지급결제 거래절차 및 구조

E-Banking & Payment

제3절 전자지급결제 주요기업 분석

1 비즈니스 모델로서 전자지급결제 서비스

전자지급결제 서비스가 등장한 배경은 2000년대 초반에 기존의 결제 서비스가 온라인시장에 진입하면서 인터넷 쇼핑몰의 고객이 급증하고 이에 따라 가맹점인 쇼핑몰의 관리 및 정산의 허술한 관리로 사기거래 등으로 인한 사고가 많이 발생하였다. 초기에는 가맹점, VAN, 지급 거래기관인 신용카드사가 연동되어 온라인 결제를 지원하기 시작하였다. 지급기관인 신용카드사의 역할은 가맹점의 영업 및 관리와 지급정산을 직접 제공하고 있었다. 이에 따라 지급관리기관이 별도로 전자지급결제 기업을 도입하여 가맹점의 영업 및 관리와 직접 이용자인증, 가맹점에 지급정산을 하고 신용카드사는 자체 처리 정산 부분만 진행할 수 있도록 금융위원회와 협의하여 전자지급결제 기업 승인을 진행하였다. 초기에는 신용카드사의 업무를 대행해주는 역할로서 전자지급결제 기업이 탄생하게 된 것이다. 초기에는 VAN 업무를 보조하는 위치로서 등장하였다. 그러나 현재는 전자지급결제 서비스 기업이 신용카드 외에 다양한 지급수단을 연동하면서 신용카드는 그 중 하나의 지급 수단으로 처리되고 있다. 또한 VAN이 기업에 영향력을 미치는 위치에 도달하였다. 최근에는 기술의 발달로 모바일이 전자지급결제 수단으로 각광받으며 시장은 전자지급결제 기업에게 유리한 환경을 제공하고 있다.

② LG U+

1989년도에 설립된 LG U+는 1996.07.11에 (주)LG텔레콤으로 변경하고 2010.06.29에 (주)LG유플러스로 변경하였다. 2010년 1월 1일 (주)LG데이콤 및 (주)LG파워콤과의 합병으로 인하여 기존 양사가 영위하던 한국표준산업분류 소분류 기준 전기통신업에 속해 있는 유선통신업과 기타 전기통신업 등을 사업 분야에 추가했다. 추가된 세부 사업 영역은 전화사업, 인터넷 및 부가통신사업, 광통신망 임대사업, IP망 임대사업, HFC망 임대 사업 등이다.

1992년부터 VAN 서비스 운영을 통해 결제서비스에 진입하였으며 전자지급결제 및 VAN 등을 운영하는 기업이다. LG U+의 BS 부문에서 전자결제서비스를 관리하고 있으며 '페이나우 플러스'라는 간편결제 서비스를 2014년도에 출시했다.

③ KG이니시스

KG이니시스는 전자지급결제 서비스 기업으로서 KG 그룹에 속해 있으며 자회사로 모빌리언스, 이데일리 등을 소유하고 있다.

정식 명칭은 주식회사 케이지이니시스라고 표기하며 전자지급결제대행업 등을 영위할 목적으로 1998년 11월 3일에 설립된 국내 최대 전자결제업체로 2002년 11월 22일자로 코스닥시장에 상장되었다. 자체 개발한 지불서비스 브랜드인 '이니페이(INIpay)'는 국내 신용카드 PG시장에서 시장점유율 1위를 차지하고 있으며 경쟁사는 LG유플러스, 한국사이버결제, 삼성올앳 등이 있다. KG 그룹의 계열사로써 최대주주인 KG케미칼(주)이 지분의 32%, 특수 관계인 (주)케이지가 지분의 11%를 보유하고 있다. 자회사인 휴대폰 지불서비스 1위 기업인 KG모빌리언스와 함께 2012년 1월 지분 인수한 KG이니시스는 이데일리 지분 33%를 인수하였다. 이를 통해 가맹점의 마케팅 지원 니즈를 해소하는 것에 활용할 수 있을 것으로 전망하며 이데일리와의 시너지효과를 기대하고 있다.

KG이니시스는 PG 서비스에서 발생하는 수수료 매출이 당사 매출의 대부분을 차지하고 있다. 2012년 1분기 기준으로 PG 서비스인 수수료 매출이 당사 매출의 95%를 차지하였으며, 용역 매출은 5%에 불과해 수수료 편중이 높음을 알 수 있다. 수수료 매출이란 가맹점인 온라인 쇼핑몰에 결제 시스템을 구축해 주고 대금청구와 정산서비스를 제공하고 받는 PG 수수료를 의미한다. 용역 매출은 당사의 가맹점의 입점/유지와 관련하여 발생하는 초기등록비/연관리비 회선유지와 관련하여 발생하는 회선매출, 그 외 PG서비스를 제외한 부가서비스 등의 기타용역으로 구성되어 있다.

④ 한국사이버결제

한국사이버결제는 1994년 설립되어 전자지급결제 및 VAN 등을 운영하는 기업이다. 명칭은 주식회사 한국사이버결제로 표기한다. 1994년 12월 28일 설립되어, 2006년 1월 27일 한국사이버페이먼트(주)를 흡수 합병하였으며, 2006년 7월 31일 POS사업부문의 물적 분할과 함께 법인명을 '(주)한국사이버결제'로 변경하였다.

온라인 전자결제대행(PG)사업과 온/오프라인 부가통신망(VAN) 사업, 휴대폰 결제사업 및 스마트폰 결제 사업 등을 운영하고 있으며 다양한 사업 포트폴리오를 보유하고 있다. 카드 VAN(Value Added Network) 서비스는 오프라인에서 가맹점과 신용카드사 간의 거래를 촉진하고 온라인상에서는 전자지급결제 기업과 카드사를 연결하는 역할을 담당하고 있다. 대표이사인 송윤호가 6.98%의 지분을 보유하여 최대주주이며, 그 외에 5% 이상의 지분 보유자는 특수 관계인인 강영순이 5.28%, 우리사주조합이 12.26%를 보유하고 있다.

전문 전자지급결제 기업 중 사업 다각화가 되어 있어 시장변화에 유연하게 대처할 수 있다는 강점을 보유하고 있다. 전자지급결제 기업과 비슷하게 전자지급결제 서비스에 매출비중이 높은 편이지만, 전자지급결제 서비스 외에 VAN과 상품매출도 일정 부분을 차지하여 사업 다각화를 하고 있다.

VAN 사업의 경우 온오프를 겸하고 있으며, 전자지급결제와 온오프 VAN 등 통합적인 결제 시스템을 제공한다. 결제 시스템과 관련한 다양한 분야에서의 노하우는 NFC 및 전자지갑 등 다양한 비즈니스 모델이 출시되는 현재의 변화 속에서 전략적 유동성을 보유할 수 있다는 강점이 있다.

5 KG 모빌리언스

KG모빌리언스는 전자지급결제 서비스 1위 업체인 KG이니시스가 모회사로, 둘 모두 KG그룹에 소속되어 있으며 핸드폰 결제 시장 주요 업체이다. 2000년 3월 17일에 설립되었으며, 2004년 12월에 회사의 주식을 코스닥 증권시장에 상장하였다. 온라인상에서 콘텐츠를 구매하는 결제 수단의 한 형태인 유무선 전화 결제 서비스를 주요 사업으로 영위하고 있으며, 통신과금서비스 결제 시장의 주요 기업이다. 가맹점과의 지속적인 관계 유지와 안정적인 결제 시스템 운영으로 휴대폰 결제 시장에서 50%에 가까운 시장점유율을 유지하고 있다. 결제 사업부분의 매출 비중이 90% 이상으로 이 부문의 편중 정도가 높으며, 기타 사업부문의 매출은 미미한 편이다.

다양한 모바일 결제 수단이 출시되고 있는 트랜드에 대응하고 통신과금서비스 결제 편중을 탈피하기 위해 바코드 결제 시스템인 엠틱 서비스를 제공하고 있다. 사용자의 휴대폰에 M-Tic Application(or VM)을 다운로드받아 설치하면 최초 1회 가입인증 후에 편의점, 극장(레스토랑, 커피전문점 등)과 같은 오프라인 매장에서 물품구입 시 간편하게 휴대폰결제를 할 수 있다. 매출액은 2011년 824억 원으로 대략 10%의 양호한 성장을 유지하고 있으나 점차 성장률이 둔화되고 있다.

6 다날

다날은 소프트웨어 개발, 수출 및 판매 등을 영위할 목적으로 1997년 7월 4일에 설립되었다. 2004년 7월 21일에 코스닥시장 상장을 승인받아 2004년 7월 23일자로 상장되었다. 온라인상에서 콘텐츠를 구매하는 결제 수단의 한 형태인 국내외 유무선전화 결제서비스를 주요사업으로 영위하고 있으며, 휴대폰 통신과금 결제 시장의 주요기업이다.

커머스 다날은 유무선 결제서비스와 관련된 커머스 사업부문이 매출의 100%를 차지하고 있으며, 다날페이, 빌투모바일 등의 상표를 운영하고 있다. 휴대폰 결제 시장 외에도 컨텐츠 사업부문도 영위하고 있었으나 2011년에 자회사로 분사하였다. 해외(미국, 유럽 등) 진출과 오프라인 결제모델(상품명 '바통')을 시도하여 다각화하려고 노력중이며, 특히 해외에서의 경험이 풍부하다. 바통은 모빌리언스의 엠틱과 유사한 사업으로 오프라인 결제를 휴대폰 소액 결제로 진행하는 것이다.

7 갤럭시아컴즈

갤럭시아컴즈는 '갤럭시아커뮤니케이션즈 주식회사'라고 표기하며, 약명으로 표기할 경우에는 '갤럭시아컴즈'라 표기한다. 첨단 멀티미디어 코덱 및 응용 솔루션 개발사업 등을 영위할 목적으로 1994년 10월 5일에 설립되었으며, 또한 2007년 7월 18일에 코스닥 시장 상장을 승인받아 회사의 주식이 2007년 7월 20일자로 상장되었다. 2008년 10월 1일 독점규제 및 공정거래에 관한 법률 제2조에서 정하는 기업집단(효성그룹)의 계열사로 편입되어 대기업에 해당된다. 뉴미디어, 모바일 등 다양한 사업 포트폴리오를 가지고 있으며, 소셜커머스 등에도 진출하는 등 사업영역이 다양하게 분포되어 있다.

사업부문은 크게 뉴미디어 사업부문, 모바일 서비스 사업부문, 전화결제 사업부문, 마케팅 사업부문, 소셜커머스 사업부문으로 나눌 수 있다. 뉴미디어 사업부문에서는 멀티미디어 서비스 플랫폼 솔루션을 제공하며 H.264 High Profile Encorder, Galaxia Encoder HD, RES(Real-time Encoding Server/Motion Broadcaster)등을 운영하고 있다. 모바일 서비스 부문에서는 유무선 서비스 기획 및 운영을 제공하며, 구체적으로 SK텔레콤 뮤직제휴 정액제, 모바일영화 서비스(NATE/JUNE영화, SHOW/FIMM 영화), SK텔레콤 영상서비스 운영(ASP)등을 제공한다. 전자결제 사업부문은 휴대폰, 유선전화, 상품권, 신용카드, 계좌이체, 편의점캐시 등을 이용한 결제 서비스를 제공하고 있다. 마케팅사업부문에서는 모바일상품권, 모바일쿠폰, KIOSK, 제휴 정액제를 제공하고 있다.

E-Banking & Payment

제4절 전자지급결제 서비스 연동

1 전자지급결제 서비스 연동

온라인 기반 쇼핑몰 등을 운영하기 위해서는 전자지급결제 시스템의 연동은 필수적이다. 통합 전자지급결제 시스템은 운영자에게는 편리한 결제 인프라를, 쇼핑몰을 통해 상품 및 서비스를 구입하는 소비자에게는 안심하고 지불할 수 있는 전자결제 환경을 제공한다.

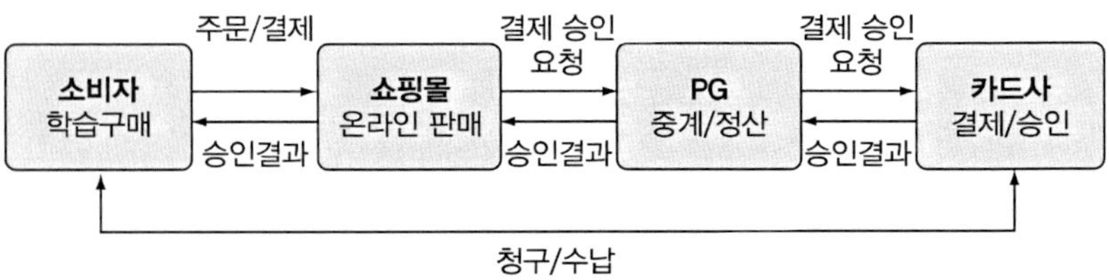

[그림 4-21] 전자지급결제 서비스 흐름도

전자지급결제 시스템 제공 기업은 쇼핑몰 기업의 담당자와 협의를 진행하고 시스템 및 쇼핑몰 환경에 적절한 결제 수단을 선정한다. 쇼핑몰 구축에 필요한 각종 자료를 검토하고 사용할 쇼핑몰 사이트에 대한 교육을 수행 후 판매하고자 하는 상품을 사이트에 등록한다. 다음으로는 이용할 전자지급결제대행 시스템을 선정하고 신청한다. 사이트에 등록된 상품을 소비자에게 알리기 위해 검색광고 등 마케팅 전략을 수립하고 쇼핑몰 사이트를 오픈하여 판매를 진행한다.

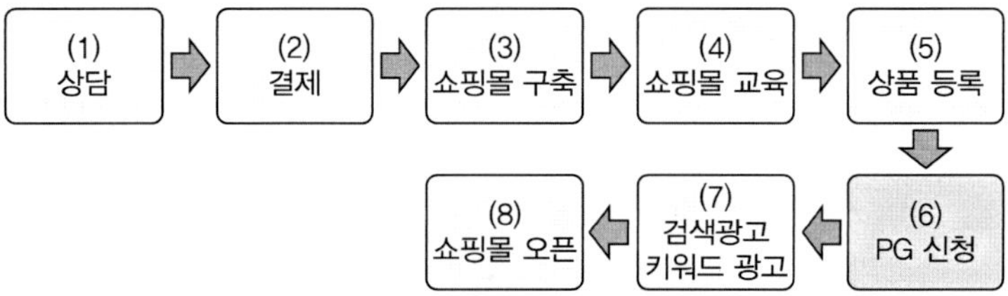

[그림 4-22] 쇼핑몰 운영에 따른 진행 절차도

전자지급결제기업의 전자결제 서비스 신청 절차는 다음과 같이 진행된다.

(1) 온라인 신청 초기 등록비를 납부하고 PG 기업에 따라 등록비에 차이가 있음
(2) 전자지급결제 서비스 신청 계약서를 작성
(3) 전자지급결제 기업에 계약서 발송
(4) 쇼핑몰 관리자를 위한 전자지급결제기업에서 ID 및 Key 값 입력을 진행
(5) 신청 완료 후 결제 테스트를 수행함
(6) 쇼핑몰 사이트 심사완료, 승인정보 메일 통보
(7) 카드사 승인심사는 경우에 따라 다르지만 일반적으로 2주 정도 소요됨

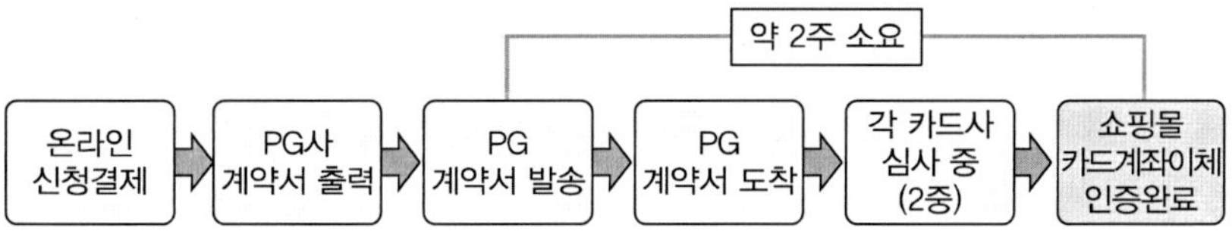

[그림 4-23] 전자지급결제 처리 신청 절차

온라인상에서 전자지급결제 서비스 계약서를 작성한 후 작성한 계약서 2부를 출력한다. 날인 후 2부의 계약서와 아래의 구비서류를 첨부하

여 전자지급결제 서비스 기업으로 발송한다. 구비서류는 다음 표에 제시하였다.

<표 4-7> PG 계약 신청 시 필요 서류

법 인	개 인
통합계약서 2부, 사업자등록증 2부 법인 인감증명서 1부, 법인등기부등본 1부, 결제계좌 1부, 사용인감계(사용 인감 사용 시 1부)	통합계약서 2부, 사업자등록증 2부 대표자 인감증명서 1부, 결제계좌 1부, 사용인감계(사용 인감 사용 시 1부)

통합 전자지급결제 계약 시에 점검사항은 다음과 같다. 첫째, 사업자등록 및 서류 준비 시에는 전자지급결제 신청 전, 쇼핑몰 운영자는 사업자등록을 해야 하며 사업자등록증, 대표자 인감증명 등의 서류를 준비해야 한다. 둘째, 쇼핑몰 하단 필수정보 등록할 때 쇼핑몰 관리자에 로그인하여 기본정보관리 메뉴에서 쇼핑몰 기본필수 정보와 입력 필수정보인 상호명, 사업자등록번호, 대표자명, 사업장주소, 전화번호, 개인정보 관리자, 이메일, 통신판매신고번호를 입력한다. 셋째, 판매상품 등록 시에는 판매할 상품 약 10개를 등록하고 관리자 로그인 후 상품관리 메뉴에서 등록 가능하다.

마지막으로 쇼핑몰 전자지급결제 서비스를 고를 때 낮은 수수료도 중요하지만 안전한 거래를 할 수 있는 업체를 선정하는 것이 제일 중요하다. 전자지급결제 기업의 경우 쇼핑몰 운영자들이 규모 및 안전성 등을 보고 신뢰할 만한 기업을 선정하는 것이 좋다.

제 5 장

국내외 전자지급결제 서비스

제 1 절 전자지급결제 서비스 환경

제 2 절 해외 전자지급결제 서비스 현황

제 3 절 국내 전자지급결제 서비스 현황

E-BANKING &
PAYMENT

제1절 전자지급결제 서비스 환경

E-Banking & Payment

① 전자지급결제대행 서비스 성장요인

전자금융기반 서비스 중에서 전자지급결제대행시장이 가장 큰 폭을 차지하고 있으며 전자지급결제 시장은 인터넷 기반 사업의 성장과 확대를 통해 지속적으로 증가하고 있다. 이에 따라 전자지급결제대행서비스 규모도 증가하고 있다. 오프라인 결제가 온라인 결제로 전환되고 있으며 모바일 기반 거래환경 도래하고 있다. 다음은 전자지급결제 시장의 성장 요인에 대하여 구체적으로 살펴보고자 한다.

1.1 오프라인 서비스의 온라인 결제화

오프라인 신용카드 결제 시장은 2013년 기준 약 700조원 이상으로, 온라인 신용카드 전자결제 서비스 시장의 20배에 달한다. 온라인 전자지급결제대행 시장이 기존 오프라인 결제 영역으로 확대되고 있어 전자지급결제대행 시장은 지금보다 더욱 빠르게 성장한 것이다. 대표적 사례인 소셜커머스 기업들은 오프라인 결제를 온라인으로 이동하고 있다. 2010년 국내에 처음 도입된 소셜커머스는 매일 선정된 상품들 중 일부를 50% 이상 높은 할인율을 적용하여 판매하는 방식으로 시장에 진입하여 가격에 매우 민감한 소비자까지도 확보하였다. 또한 유통 상품의 범위가 확대되어 오픈마켓에 이은 새로운 종합 유통채널로 부상하였다. 소셜커머스 기업들은 높은 가격 경쟁력과 큐레이션 방식의 상품소개, 모바일 사용 환경에 최적화된 사용자 인터페이스 제공으로 성장세를 유지하고 있다. 또한 소셜커머스 기업들은 결제를 외부 전자지급결제대행 기업에 의존하고 있기 때문에 소셜커머스 시장이 전자지급결제대행 시장성장에 기여하고 있다. 그리고 소셜 커머스 업체에서 취급하는 다양한 상품 중 상당수는 기존 오프라인 유통 채널을 통해 공급되던 상품들이다. 소셜쇼핑 업체에서 많이 거래되는 레스토랑의 외식 이용권이나 마사지 샵의 마사지 이용권, 호텔 숙박권 등 지역 상품들은 대부분 기존 오프라인에서 현금이나 신용카드로 결제되던 상품들이다. 이용자가 상품을 소셜커머스에서 구매하게 되면 전자지급결제와 모바일을 통해 결제하는 온라인 전자지급결제 거래를 사용하고 있다.

오프라인 상권을 대상으로 하는 신규 마케팅 플랫폼의 등장도 오프라인 결제의 온라인화의 예이다. 스마트폰 보급 이후 지역 상권과 소비자를 연결해주는 마케팅 플랫폼이 제공되고 있다. 대표적인 사례가 배달 외식 업체들을 소개해주는 '배달의 민족'과 '요기요', 당일 숙박이 가능한 모텔이나 호텔을 예약해주는 '체크인 나우' 같은 앱 서비스이다. 일반적으로 소비자가 현금이나 카드로 결제했을 금액이 어플리케이션을 통해 결제되어 전자지급결제 거래 비용으로 처리된다. 기존 오프라인 지역 상권을 대상으로 가능한 마케팅 플랫폼은 다양한 분야에서 지속적으로 출현할 것으로 예상되며, 이러한 변화는 오프라인 결제 시장의 온라인화를 더욱 가속화할 것이다.

외식 배달 전문 어플리케이션 / 호텔 예약 어플리케이션

자료: 배달의민족 / 자료: 인터파크

[그림 5-1] 오프라인 결제의 온라인 사례

스마트폰의 발달로 국내 온라인 전자지급결제 업체들은 소형 신용카드 리더기를 스마트폰에 부착하여 사용하는 방식의 결제 시스템을 제공하여 기존 무선 신용카드 결제 시장을 온라인 전자지급결제 시장으로 흡수하고 있다. 국내 시장규모는 크지 않으나, 전자지급결제 업체의 신용카드 리더기는 기존 무선 신용카드 단말기 대비 낮은 단말기 가격(신용카드 리더기 1~2만원, 기존 무선 단말기 10만 원 이상), 소액 통신비 발생, 작은 크기에 따른 높은 휴대성 등의 장점으로 대리 운전, 배달 서비스, 방문판매를 비롯하여 다양한 B2C 결제 시장에서도 사용되고 있다.

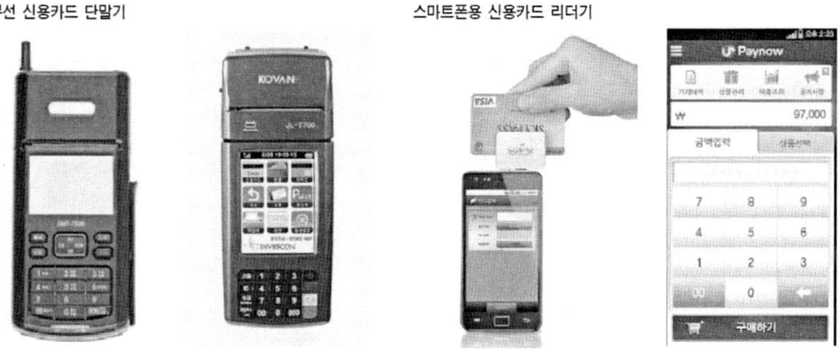

자료: 삼성증권　　자료: 삼성증권

[그림 5-2] 이동형 결제 단말기 사례

1.2 모바일 관련 기술 발달

스마트폰을 이용한 모바일 쇼핑은 이동하면서 편리하게 쇼핑이 가능한 특성 때문에 빠르게 성장하고 있다. 국내 시장의 경우 모바일쇼핑 시장의 잠재력을 확인한 대형 인터넷쇼핑 업체들 또한 2012년부터 본격적으로 모바일 전용 웹과 어플리케이션을 출시하며 시장 규모가 2011년 6,000억 원에서 2012년 1.7조 원으로 증가하였다.

모바일 쇼핑이 중소형 쇼핑몰로도 점차 확대되고 있어 모바일쇼핑 시장은 앞으로도 빠르게 성장할 것이며, 모바일쇼핑 시장 성장에 따라 이들 업체에게 결제 서비스를 제공하는 전자결제대행 기업의 모바일 거래량 또한 빠르게 증가할 것이라 전망된다. 이는 KG이니시스의 모바일 거래량이 2012년 1분기 230억 원에서 2013년 3분기 2,200억 원으로 10배 가까이 증가함과 동시에 모바일 거래량 비중 또한 같은 기간 1.2%에서 10.0%로 상승한 것에서 추측해 볼 수 있다.

기술 발달에 따라 모바일 기반으로 다양한 서비스를 지원하는 핀테크 서비스의 증가가 지속적인 전자상거래 시장의 확대를 가져오고 있다. 가트너는 2015년 10대 발전기술에서 "컴퓨팅 에브리웨어(Computing Everywhere)"의 개념을 제시했다. 따라서 다양한 맥락과 환경에서 모바일 이용자들을 지원하는 기술에 대한 수요가 더욱 많아질 것이다. 스마트폰과 웨어러블 기기가 직장과 개인 생활에서 확대된 컴퓨팅의 개념으로 인식이 바뀌고 있다. 또한 클라우드/클라이언트 컴퓨팅(Cloud/Client Architecture)환경이 모바일 기술 발달을 가속화하고 있다. 이 환경으로 모바일, 클라우드 컴퓨팅은 한 곳으로 수렴할 것이며, 기기를 막론하고 전송할 수 있는 공통 애플리케이션으로서 성장할 것이다. 클라우드 컴퓨팅은 응용프로그램들에 대해 탄력적으로 확대/축소할 수 있는 셀프서비스 컴퓨팅을 만들게 될 것이다. 클라이언트 기기에서의 정보와 스토리지를 사용하는 앱들은 대역폭 인하로 인해 이익을 얻게 되며, 클라우드를 기반으로 시스템을 조정, 관리하는 것이 가능하게 될 것이다.

2 전자지급결제 시장 전망

기존의 지급결제 시장의 주요 화두는 안전한 서비스, 편리한 서비스로서 강점을 제시하고 있었다. 그러나 기술이 발달함에 따라 안전함과 편리함보다 소비자에게 어떤 혜택을 제공해 줄 수 있느냐가 중요한 요소로 등장하였다.

수년간 결제서비스 시장은 수수료를 핵심 수익 모델로 하는 전문결제 서비스 기업이 중심으로 시장이 형성되어 왔다. 스마트폰의 확산과 함께 새롭게 등장하고 있는 모바일 결제 시장을 중심으로 애플, 구글, 아마존 등 글로벌 ICT 강자들이 진입하면서 새로운 경쟁구도를 제공하고 있다. 아직은 결제 시장 규모가 작음에도 불구하고 대기업들은 주력 사업의 경쟁력을 차별화하거나, 웨어러블 기기, O2O, 맞춤형 광고 등 주력 사업과 관련된 새로운 시장을 선점하려는 목적으로 결제 시장에 진입하고 있다. 이 시장에서 결제보다는 이와 관련된 부가가치 사업의 확대를 위한 생태계 조성에 더 많은 관심을 가지고 있는 것이다. 따라서 기존의 사업자와 대비하여 시장을 선점하려는 전략으로는 결제 수수료에 대한 저가 또는 무료 서비스를 통한 소비자 확보에 주력하고 있다. 애플과 같이 스마트 기기의 판매를 통해 부가가치를 창출하거나, 구글처럼 상거래에 광고를 제공함으로써 부가가치를 창출할 수도 있다. 또한 핀테크 기술을 통해 결제 서비스 가입자 기반과 현금의 흐름을 활용하여 예금, 대출, 투자, 가상화폐 등의 금융 사업에 진출할 수도 있을 것이다. 결제 서비스를 기반으로 하여 다양한 비즈니스 모델을 발굴함으로써 견고한 수익 기반을 갖추는 기업들만이 시장에서 생존이 가능할 것이다.

국내도 이런 시장의 흐름을 반영하여 점진적으로 관련 규제에 대해 완화와 기술이 발전할 수 있는 환경으로 유도하고 있다. 따라서 국내 결제서비스 기업들도 자국 내 기업뿐만 아니라 해외기업의 자국 시장 진입에 따른 경쟁에 대비해야 할 것이다.

제2절 해외 전자지급결제 서비스 현황

E-Banking & Payment

① 시장 현황

온라인 거래는 오프라인과 달리 비대면 거래로서 결제 시 온라인상에서 신용카드, 계좌이체(실시간 계좌이체 및 가상계좌 이체), 상품권 등을 사용할 수 있도록 지원하는 거래로서 전자지급결제대행(PG: Payment Gateway)[15]기업과 연동하여 상품대금 결제를 진행한다.

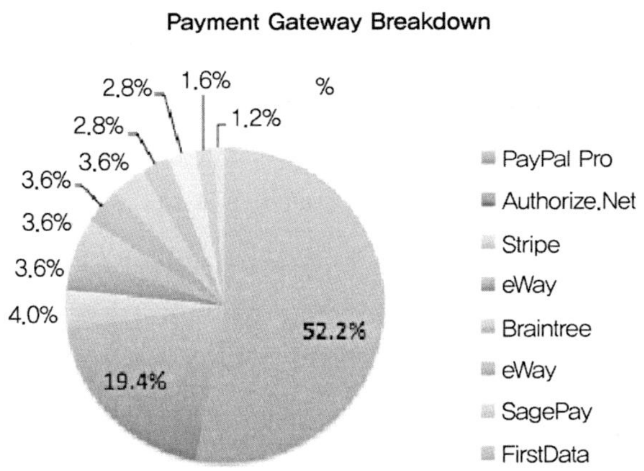

출처: Spreedly 전자결제 서비스이용 분석, Justin(2012)

[그림 5-3] PG 서비스별 시장 분류

* * * *

15) 전자지급결제(PG : Payment Gateway)란, 전자상거래 공급업체(온라인 쇼핑몰 가맹점 등)를 대표하면서 수요자와 공급자간의 온라인 대금결제를 중계하고 정산하는 서비스를 의미한다.

미국 전자지급결제 시장현황을 분석한 Justin(2012)에 따르면, Spreedly[16]를 이용한 전자결제 시에 페이팔(Paypal)의 Paypal pro가 전체시장의 52.2%를 차지하고 있다. 그리고 상위 주요 7개 전자지급결제대행 기업들이 전체시장의 90% 이상을 차지하고 있다.

페이팔 서비스는 미국 결제 시장의 50% 이상을 차지하고 있으며, 현재 이베이의 인수로 인해 시장규모가 확대되고 있다. 또한 이용자 보호 정책인 에스크로 서비스의 강화로 거래에 대한 신뢰성을 제공하고 있다.

구글 월렛과 페이팔 서비스는 초기부터 회원의 개인정보인 회원의 주소, 신용카드 등 정보 등을 전자지급결제대행 기업이 보관, 관리하여 회원이 결제 시 아이디와 비밀번호 방식으로 진행할 때 이용자 편리성을 제공하였다. 또한 미국 전자지급결제 서비스인 구글 월렛은 쇼핑몰과 연동하여 각 쇼핑몰마다 개인정보 입력이 필요하지 않게 했으며 구글 회원으로 로그인 시 별도의 인증절차 없이 결제할 수 있다.

전자상거래가 국경을 초월하여 미국시장뿐만 아니라 중국의 Alipay도 Cross-boder 정책을 통해 적극적으로 해외에 진출하고 있다.

2 핀테크 서비스 현황

핀테크(Fintech)는 금융(Financial)과 기술(Technique)의 합성어로 모바일 결제·송금·개인자산관리·크라우드 펀딩 등 금융서비스와 관련된 기술을 의미한다. 금융서비스와 관련한 소프트웨어를 새롭게 만들거나 운용성과를 향상시킬 수 있는 모든 기술적인 과정을 포함하는 것으로 의사결정, 위험관리, 포트폴리오 재구성, 준법관련 업무, 성과관리, 시스템 통합, 온라인 이체와 지불 등 금융기관 업무 전반에 영향을 주는 기술들을 총칭한다.

글로벌 컨설팅업체 액센추어에 따르면 2013년 영국의 핀테크 산업

* * * *

16) Spreedly 온라인상의 거래를 안전하게 저장하고 가능하기 위해 신용카드 데이터 토큰화를 지원하는 기업이다.

성장률은 전년 대비 600%에 달하며 미국 실리콘밸리의 핀테크 산업 성장률도 190% 수준으로 고속성장하고 있다. 특히 핀테크가 적용되는 대표적인 시장이 모바일 결제 시장으로서 관련시장이 확대될 가능성을 보고 은행, 신용카드사 등 전통적인 금융회사들이 모바일시장에 진출하고 있다. 미국의 JP모건과 뱅크오브아메리카, 웰스파고는 '클리어익스체인지(ClearXchange)'라는 모바일 결제 서비스를 시작하였다. 영국의 HSBC와 퍼스트 다이렉트(First Direct), 네이션와이드(Nationwide) 등의 은행들은 핀테크 기업인 잽(Zapp)과 제휴, 비밀번호 입력만으로 간편하게 모바일 결제가 가능한 서비스를 제공 중이다. 프랑스의 BNP파리바 은행은 지난해 '헬로뱅크'라는 모바일 전용 은행을 개설, 모든 서비스를 모바일 환경에서 제공해 젊은 고객들로부터 좋은 반응을 얻고 있다.

특히 핀테크는 모바일시장과 밀접한 관련을 가지고 있다. 시장조사기관인 가트너는 세계 모바일 결제 시장은 2014년 3530억 달러에서 2016년 6170억 달러로 성장할 것으로 예상하였다. 스타벅스의 미국 내 매출에서 모바일 앱 결제 비중은 14%이다. 구글의 경우 메일계정만 개설하면 가상결제 시스템인 '구글지갑'을 이용할 수 있으며 구글지갑은 이용자가 등록한 카드 또는 은행계좌와 연결되어 있어 이메일 주소만으로 송금하도록 했다. 구글은 사전에 입력한 신용카드와 멤버십카드 정보로 스마트폰에서 결제할 수 있는 '구글 월렛'과 이메일 송금 서비스를 하고 있다. 영국에서는 전자화폐 발행권한도 얻었다. 애플도 모바일결제 사업을 강화하려는 움직임으로 2014년 9월 '아이폰6'에 대금결제가 가능한 전자지갑(iWallet)을 도입하였다. 애플은 온·오프라인을 넘나드는 가상지갑 서비스를 준비하고 있다. 페이스북은 유럽에서 전자화폐 취급기관으로 등록돼 전자화폐를 발행해 모바일 결제 및 금융 서비스를 준비하고 있다. 페이스북은 '구매버튼'을 시험 중이며 이를 통해 페이스북 페이지에서 상품을 바로 구매할 수 있게 유도하고 있다.

전 세계 국가 중 핀테크에 가장 신속하게 적응하고 있는 국가는 중국이다. IT업계의 3대 황제로 불리는 알리바바, 텅쉰(텐센트), 바이두는 각

각 모바일 결제와 송금 서비스를 넘어 중국 정부로부터 정식으로 은행 허가를 받아 대출 및 투자 업무로 영역을 확대하는 중이다. 다음은 해외 핀테크 서비스 현황에 대하여 정리하였다.

<표 5-1> 해외 핀테크 서비스 현황

구 분	내 용
애플	• 전자지갑 '패스북' • 아이폰6을 통해 온오프라인을 아우르는 가상지갑 서비스 준비 중
구글	• 전자지갑 '구글 월렛' • 이메일 송금 서비스 • 영국서 전자화폐 발행허가
페이스북	• 아일랜드 내 전자화폐 발행 승인, 모바일 결제 서비스 추진 중
이베이	• 자체 온라인 결제서비스 '페이팔'
아마존	• 자체 온라인 결제서비스 시스템 '아마존 페이먼트'시작
알리바바	• 자체 온라인 결제서비스 '알리페이' • 머니마켓펀드(MMF) '위어바오'
텐센트	• 지급결제서비스 '텐페이' • 머니마켓(MMF) '리차이통'
기타	• 모바일 송금 '벤모(Venmo)', '스퀘어 캐시(Square Cash)' 등

다음은 미국의 대표적인 핀테크 서비스인 벤모에 대하여 고찰하고자 한다. 미국 내 모바일 결제는 PayPal, Square Cash, 벤모(Venmo) 그리고 구글 월렛(Google Wallet)을 주로 이용하고 있다. 그 중 2014년에는 벤모의 성장이 눈부시다. 벤모는 친구와 간편하게 돈을 주고 받을 수 있도록 만들어진 수많은 앱 중 하나지만 미국 젊은이들 사이에는 보통 명사로 활용되고 있다고 한다. 소셜 기능이 포함되고, 화면 UI가 페이스북과 가장 유사하여 거부감이 전혀 없다. 벤모 앱을 실행하면 페이스북처럼 친구들의 거래가 뉴스피드로 보이고, 내 친구들이 벤모로 돈을 내고 이용한 것 중에는 호텔, 인도음식, 택시 등에서 거래 내역을 볼 수 있다.

본인이 지불한 금액이 보이지 않기에 친구들 간 개인 사생활 침해에 대한 거부감보다 즐거움이 더 커서 많은 미국 젊은이들이 사용하고 있다.

벤모와 스타벅스의 모바일 거래비용을 살펴보면, 2012년도에 벤모의 거래비용이 59million 달러이고, 스타벅스는 2배 이상인 $128 million 이었으나 2014년 1분기에 벤모와 스타벅스의 모바일 거래 매출이 비슷한 수준인 $314million에 도달하였다. 이는 벤모의 빠른 성장을 보여 주고 있다.

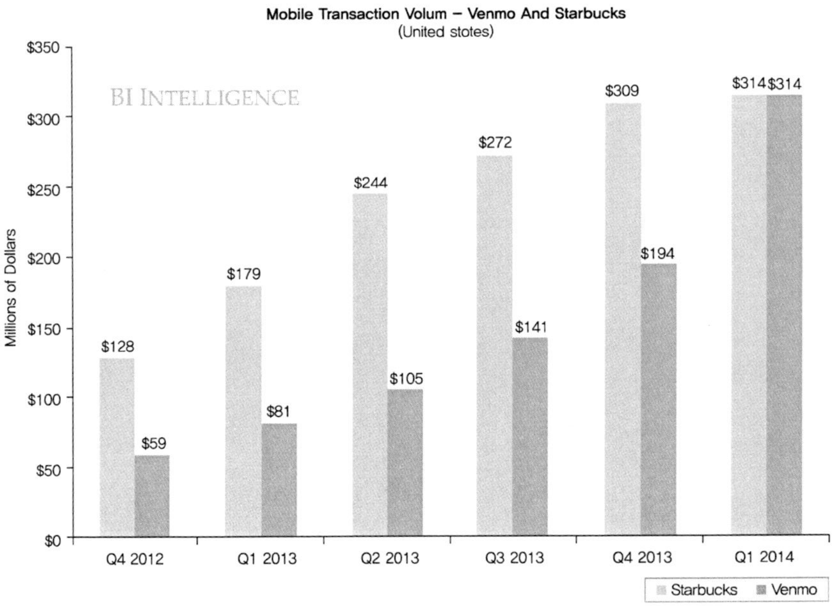

출처: Starbucks And Braintree Stotements, BI Intelligence Estimotes

[그림 5-4] 벤모와 스타벅스의 모바일 거래량 비교

다음은 대표적인 해외 Paypal, PG 구글 월렛, 애플페이와 알리페이에 대하여 구체적으로 살펴보고자 한다.

3 페이팔 서비스

3.1 페이팔 서비스 개요

미국의 온라인 유통의 대표적인 형태는 B2C의 아마존과 C2C의 이베이를 들 수 있다. 미국의 경우 과거에는 해외 인터넷 상점 물건을 구입하는 경우 3가지 결제 수단 중의 하나를 사용하였다. 첫째, 판매대금에 해당하는 금액의 수표를 발급해서 판매자에게 우편으로 전달하는 방식으로 우편물 분실, 도난 등의 위험요소가 있어서 국제 거래 시 거의 사용을 하지 않았다. 둘째, 판매자의 계좌로 판매대금을 송금하는 방식으로 해외 은행 송금절차가 복잡하고 높은 수수료가 발생하였다. 셋째, 인터넷상에서 신용카드로 판매대금을 결제하는 방식이다. 미국의 경우 넓은 국토로 인해 상대적으로 배송비가 많이 발생하고 있으며 구입 대금 결제방법이 국내와는 차이가 있다. 국내의 경우 신용카드와 계좌이체가 주를 이루고 있지만 미국의 경우 신용카드 이용률이 더 높고 은행계좌로 직접 송금하는 대신 개인수표를 많이 사용한다. 그러나 판매자 입장에서 개인수표 또는 우편환(1달)의 경우 정산시간이 많이 걸리는 문제가 발생하고, 구매자의 입장에서는 돈은 보내고 물건을 받지 못하는 위험이 존재했다. 페이팔은 이 문제를 해결하기 위해 Palo Alto에 의해 1988년 미국 California에 설립되어 www.paypal.com을 운영하고 있으며 2002년 eBay의 자회사로 1조 7천억 원에 인수되었다. 페이팔은 금융 거래 중계 서비스를 제공하고 거래에 따른 이용자 신뢰문제를 해결하고자 하는 목표로 진행되었다. 따라서 페이팔은 미국 내 뿐만 아니라 해외로부터 온라인 거래를 하고자 할 때 사용할 수 있도록 거래대금결제를 중계하여 지원하는 시스템으로 빠르게 성장해왔다.

<표 5-2> 페이팔 서비스 개요

구 분	내 용
서비스 개요	• 회원 가입을 통한 회원 정보 인증 방식(ID/PW)으로 빠르고 쉽게 전자상거래 결제를 지원하는 서비스로, 판매대금이 공신력 있는 제3자인 페이팔을 통해 관리되어 부정 거래 발생 시 통신판매사업자와 소비자의 중계를 통해 문제를 해결할 수 있도록 정의되어 있는 결제 서비스
제공 목적	• 오픈마켓인 eBay에서 비대면 기반의 전자상거래가 활성화되면서 부정 거래에 의한 피해가 늘어나자 이에 대한 대비책으로 통신판매중계업자가 전자상거래에 개입하여 부정 거래가 발생할 경우 인과여부를 판단하여 분쟁 요소를 줄이는 한편, 전자상거래 피드백 정보를 통해 거래 사전에 통신판매사업자와 소비자 모두 신뢰할 수 있는 거래가 이뤄질 수 있는 지표를 제공
특징	• B2C, B2B, C2C 모두 적용되는 서비스 • 수수료 기반으로 전자상거래 양 당사자 모두 페이팔 회원으로 가입되어 있을 경우에만 사용할 수 있는 구조 • 전 세계에서 통용되는 VISA / MASTER 카드 소지라면 사용 가능 • 회원 정보(ID/PW) 기반 서비스 • 전자상거래 신뢰성 측정을 위한 다양한 툴 제공
정산 주기	• 전자상거래 거래 완료 후 일정 기간 이후 자동 정산

3.2 페이팔 결제 방식

페이팔의 Standard Pro 방식을 이용하는 방법은 다음과 같다. 고객은 페이팔에 계정을 만든 후, 자신의 신용카드 정보를 페이팔에 등록한 후 판매자가 페이팔 가맹점이라면, 결제 수단을 '페이팔'로 선택한다. 국내에서 카드결제를 할 때 '안심클릭'이나 '안전결제' 팝업창이 뜨는 것과 비슷하게, 결제시점에서 판매자의 웹사이트는 자동으로 페이팔 웹사이트로 전환된다. 이용자는 자동으로 제공된 페이팔 웹사이트에 로그인한 후, 결제정보가 올바른지를 확인하고 "결제" 버튼을 클릭한다. 페이팔은 고객이 미리 등록해 놓은 신용카드정보를 이용해서 해당 카드사에 결제요청을 보낸 후, 정상적으로 결제가 완료되면 판매자에게 결제대금을 전달한다. 따라서 고객은 자신의 신용카드 정보를 판매자에게 노출시킬 필요 없이, 안전하고 간편하게 대금결제가 가능하다. 그리고 페이팔은 고객의 신용카드 정보를 안전하게 관리한다. 개인정보를 안전하게 보관 관리하는 것 때문에 페이팔이 초창기에는 많이 고전했었지만, 현재는 은행보다 신뢰도가 더 높은 결제 수단으로 성장하였다. eBay가 페이팔을 인수한 후, 페이팔 수수료가 eBay 수익의 큰 비중을 차지하였다. 전자상거래업체인 eBay(이베이)는 페이팔 서비스를 인수함에 따라 세계 1억 4,800만 명의 가입자와 세계 온라인 쇼핑 결제액의 18%를 차지하는 세계 최대 온라인 지급결제 서비스업체로 성장하였다. 아래 그림에서 보는 바와 같이 2014년 기준 페이팔이 eBay의 주요 수익원으로 등장하고 있다.

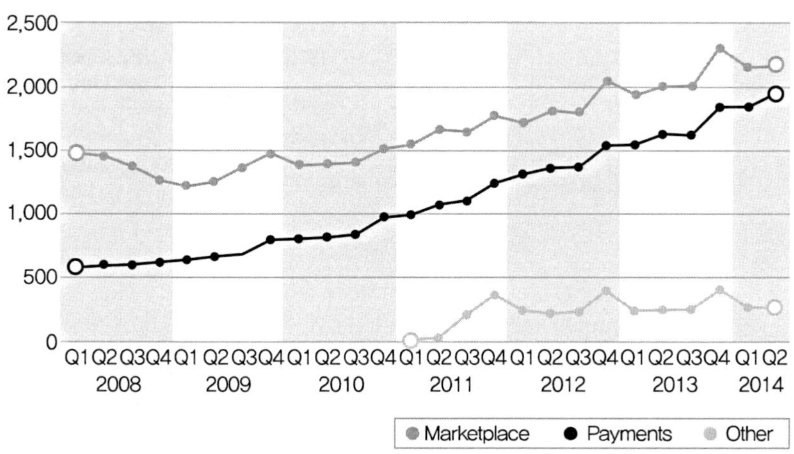

출처: eBay

[그림 5-5] eBay의 PG규모

페이팔은 미국에서 회원가입을 통한 아이디와 비밀번호 인증으로 전자결제대행 업무를 수행하고 에스크로 서비스를 제공하고 있다. 다음은 페이팔 서비스에 대한 내용을 제시하고 있다.

페이팔은 개인 간 거래와 상업용 거래에 따라 적용되는 수수료 요율이 다르다. 미국, 캐나다에서 발생하는 개인 간 송금 거래 서비스의 경우, 거래 수수료가 무료이고 기타 국가와 타국 간 거래가 발생 시 계좌이제는 건별 3.4%~4.9% + 고정비용(Fixed Fee)을 부담한다.

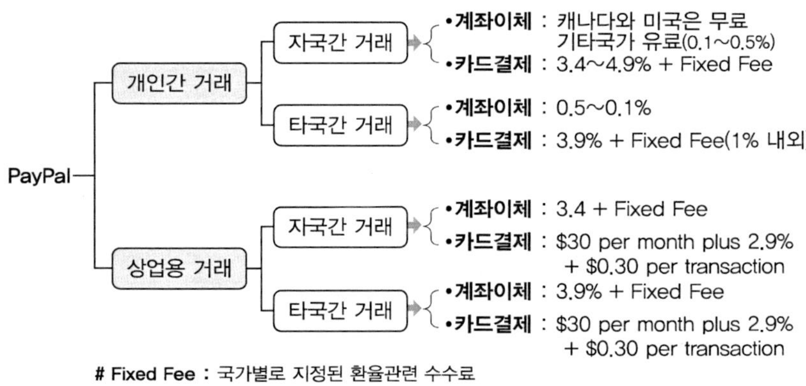

[그림 5-6] Paypal의 수수료 정책

페이팔에서는 구매자가 상품을 수령 후 최소 3~21일간 자금 지급을 보류할 수 있다. 첫째, 페이팔을 통해 판매자가 판매기간이 적은 경우, 둘째 판매자 등급 기준으로 표준 보다 낮은 등급을 가지고 있는 경우, 셋째, 판매자의 계정이 제한 또는 복귀되었을 경우이다. 신규 판매자이거나 판매자 등급 기준으로 표준보다 낮은 등급을 가지고 있는 경우에는 구매자가 페이팔을 통해 지불할 때 일정 기간 동안 페이팔 계정에 자금을 보류한다. 또한 eBay에서 이용하는 주요 배송 수단인 UPS, USPS, or FedEx를 통해서 물품 수령이 확인되면 3일 이후에 지급 가능하다. eBay와 연동이 되지 않은 배송 수단을 이용하는 경우 eBay에서 산정한 배송일자 이후 7일이 지난 시점에서 지급될 수 있다. eBay가 배송 기간을 계산할 수 없는 경우는(예를 들어 국제 배송이 이루어지는 경우) 구매자가 지급을 한 이후 21일이 경과한 후에 지급 가능하며, 기타 국제배송의 경우 구매자가 불만을 제기하는 경우에는 자금수령이 지연될 수 있다. 신규판매자가 일반 판매자로 지위를 변경하는 조건은 첫 거래일 이후에 90일이 지난 경우와 25개 이상의 미국 내 판매를 진행한 경우, 총 매출이 250달러 이상인 경우이다. 기타 사유로 자금 지불이 지연되는 경우는 다음과 같다. 신규 판매자도 아니고 일반 판매자로서 낮은 등급을 보유하지 않은 경우일지라도 eBay의 구매자 보호 정책, 구매자 요구사항, 분쟁이 발생하는 경우에 페이팔은 자금 지급을 보류할 수 있다. 분쟁이 발생한 경우 판매자가 해결하기까지 결제대금 지불이 안 되며, 판매자가 분쟁을 해결하지 않고 판매자의 책임이 발견되는 경우 페이팔은 판매금액을 구매자에게 전달한다. 만약에 판매자의 지급이 90일간 묶여 있다가 풀려도 21일이 지난 후에 인출할 수 있으며 판매대금이 다양한 이유로 지급이 안 될 수도 있다. 기타 사유로 자금을 지급하지 못하는 경우는 다음과 같다. 50달러 이하 배송 경우 eBay에서 이용하는 배송 수단(UPS, USPS, or FedEx) 이용 시 배송 비용으로 15달러는 바로 인출할 수 있으며 구매비용이 50달러를 넘는 경우 구매비용의 30%까지 배송비용으로 즉시 지급할 수 있다. UPS 배송을 이용하는 경우는 지급은 바로 진행이 되며 문제 시 보상은 24시간 이내에 페이팔 계좌에 다시 입금된다. 단, 구매자에게 UPS, 캐나다 우편을 활용하는 경우 사전에 이런 사항을 공지하지는 않는다(자료 출처: Ebay 사이트의 페이팔 지불 지연 정책).

다음은 해외시장에서 이용되고 있는 PG서비스인 Braintree, Stripe, Authorize.net, Intuit Merchant Services과 PayPal Pro 서비스를 비교하였다.

<표 5-3> PG 기업의 수수료 기준

전자지급 결제 서비스	사용기업	월회비	수수료
PayPal Pro	Ebay 외 기타 기업들	$30	설치비와 취소비용 없음, 거래수수료 : 2.9% + $0.30 (거래건당)
Braintree	Angry Birds, Living Social, Github, Fab, AirBnB 외 기타 기업들	0	거래수수료 2.9% + $0.30 (거래건 기준)
Stripe	다수기업 들	0	설치비 없음, 거래수수료 2.9% + $0.30(거래건 기준)
Authorize.net	300,000 상점들	$20	설치비 $99, 거래비 $0.10.
Intuit Merchant Services	다수기업 들	$12.95	수수료 : 1.95%, 키보관료 : 2.98%. 인증비 $0.30(거래건 기준)

4 구글 월렛

구글 월렛(Google Wallet)은 구글이 제공하는 온라인 결제서비스로서 기존의 구글 체크아웃(Google Checkout)을 2013년 11월 20일에 흡수하였다. 이 서비스는 상품 대금결제 시스템이 상대적으로 취약한 온라인 판매자가 자신의 쇼핑몰 사이트에 구글 체크아웃 서비스를 추가하면, 이용자들이 구글 체크아웃을 통해 쉽게 대금을 지급할 수 있다. 구글 체크아웃 사용자들은 서버에 사용자 이름, 주소와 같은 배송에 필요한 정보 및 신용카드 번호 등이 저장되며, 구매자들이 제품을 구입할 때마다 정보를 반복해서 입력해야 하는 불편함을 제거하였다. 구글 체크아웃이 출시 초기에는 페이팔 서비스를 앞지를 것으로 예상했으나 보안 이슈가 등장하여 시장에서 외면을 받았다. 그러나 2013년도에 구글 E-mail을 통하여 개인 간 서비스를 제공했으며 구글 월렛 서비스를 이용하여 구글

글래스를 통한 개인 간 송금서비스를 제공할 계획이다. 구글이 보유한 거대한 시장기반으로 구글 월렛은 시장에서 주요 전자지급결제 서비스로 성장하고 있다.

<표 5-4> 구글 월렛으로 디지털 컨텐츠 결제시 수수료

통 화	5% 거래 수수료 적용 주문 총액	1.9% 고정 수수료 적용 주문 총액	고정 수수료
오스트레일리아 달러(AUD)	9.49달러 이하	9.50달러 이상	0.30달러
캐나다 달러(CAD)	9.49달러 이하	9.50달러 이상	0.30달러
덴마크 크로네(DKK)	82.27크로네 이하	82.28크로네 이상	2.60크로네
유로(EUR)	11.07유로 이하	11.08유로 이상	0.35유로
일본 엔(JPY)	1,265엔 이하	1,266엔 이상	40.00엔
노르웨이 크로네(NOK)	88.60크로네 이하	88.61크로네 이상	2.80크로네
스웨덴 크로나(SEK)	102.84크로나 이하	102.85크로나 이상	3.25크로나
영국 파운드(GBP)	6.32파운드 이하	6.33파운드 이상	0.20파운드
미국 달러(USD)	9.49달러 이하	9.50달러 이상	0.30달러

다음은 구글의 경쟁기업인 애플이 제공한 전자결제서비스인 애플페이에 대하여 살펴보고자 한다.

5 애플페이

2014년 10월 시작한 애플페이(Apple Pay)는 시장을 빠르게 공략하고 있다. 이용자가 결제를 원하는 경우 아이폰의 홈 버튼에 미리 지문을 등록한 손가락을 올려놓고, 결제 단말기에 아이폰을 접촉하면 결제가 이루어진다. 신용카드 등록방법은 아이폰 카메라로 신용카드를 촬영 후 자동으로 등록되어 사용자 위주의 편리성을 제공하고 있다. 또한 사용금액 제한이 없다.

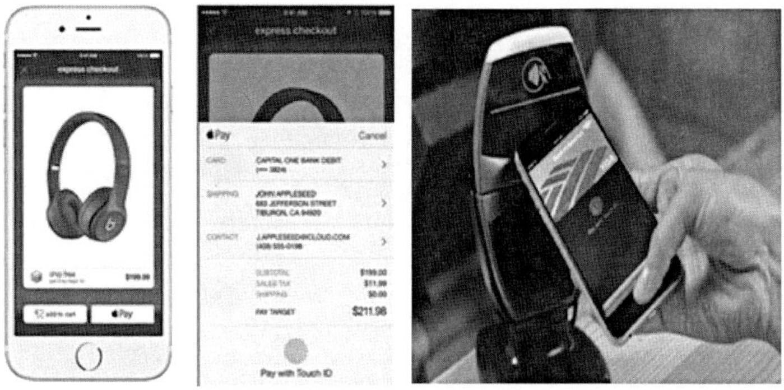

[그림 5-7] 오프라인 매장에서 애플페이 결제처리

카드사로는 비자와 마스터, 아멕스 카드가 있고, 은행으로는 뱅크 오브 아메리카, 체이스은행 등 미국 6대 은행이 포함돼 있다. 즉, 신용카드, 직불카드와 현금카드가 연결되고 은행계좌도 연동된다. 매장에서 카드 단말기를 이용할 때 실제 신용카드 번호가 노출될 수 있기 때문에 신용카드 정보는 클라우드 서버나 아이폰에 남기지 않고, 아이튠스의 토큰과 같은 가상 정보를 이용한다. 따라서 신용카드 정보와 개인 정보는 판매자에게 넘겨주지 않고, 토큰 정보를 사용하고 거래정보는 아이폰에 남기지 않아 아이폰을 분실해도 정보 분실 위험이 없다. 애플페이는 애플 페이가 근거리무선통신(NFC)을 사용하고 있기 때문에 각 매장에 NFC 단말기 보급을 가속화하고 있다. 애플은 애플페이 사용자나 가맹점, 혹은 응용 소프트웨어 개발자에게서 일체의 수수료를 받지 않고 카드사로부터 일부 수수료만 받는다.

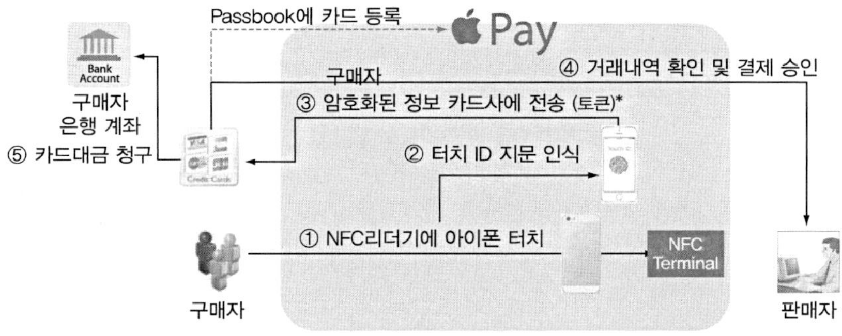

- *토큰 : 암호화된 카드정보로, 발급된 토큰은 SIM카드 보안영역에 저장됨
- 애플페이는 PG사와 달리 카드사와 판매자 간 거래를 매개하는 역할만 수행

출처: 산업 간 융합 관점에서 본 핀테크의 시사점(2014)

[그림 5-8] 애플페이 결제 처리 구성도

In-App Payment 분야에서는 애플의 앱 생태계 지배력에 더하여 Stripe, First Data등의 Payment Processing 회사와의 제휴를 통해 사용처 확보가 진행되고 있으며, 페이팔과 같은 경쟁사와 비교했을 때 별도의 앱 다운로드가 필요 없고 카드 등록이 불필요한 방식으로 매우 간편하다는 점이 큰 장점으로 작용하고 있다. 따라서 간편한 사용 방법과 애플의 브랜드 파워를 통한 신뢰도로 고객을 공략하고 있다. 또한 페이팔은 주로 온라인 거래에 사용되는 것과는 달리 애플페이는 오프라인 결제 시에 편리성을 제공하고 있다. 애플페이가 시장에서 성공적인 생태계를 구성하여 성장하게 되면 스퀘어, 구글 웰렛의 시장이 주요 경쟁서비스는 페이팔과 소상인 중심의 결제 시장을 주도하게 될 것이다.

<표 5-5> 애플페이 서비스

구 분	내 용
개요	신용/직불카드 정보를 패스북(passbook)에 등록하고 TouchID 인증 후 온라인 및 오프라인 결제에 사용
카드 지원	신용카드 및 직불카드 지원(은행계좌 이체는 미 지원)

<표 5-5> 애플페이 서비스 (계속)

<table>
<tr><th>구 분</th><th colspan="2">내 용</th></tr>
<tr><td>지원 장비</td><td colspan="2">아이폰 6/6plus, 애플워치, 이상 3종</td></tr>
<tr><td>사용자 인증</td><td colspan="2">• 아이폰 6와 6 플러스는 사용자 인증을 TouchID로 수행
• 애플워치는 착용시마다 PIN 입력을 통해 사용자 인증 수행</td></tr>
<tr><td>장점</td><td colspan="2">• 상점주에게 실 카드번호 및 사용자 이름이 전혀 노출되지 않으며, 휴대폰 분실 시 'Find My iPhone' 기능을 이용하면 카드 분실 신고를 할 필요도 없이 카드결제 정보를 안전하게 보호
• NFC tag reading 및 Peer-to-Peer 기능은 하드웨어적으로는 지원하나 소프트웨어적으로 활성화되어 있지 않음</td></tr>
<tr><td rowspan="5">제휴 파트너</td><td>신용카드</td><td>Visa, MasterCard, American Express</td></tr>
<tr><td>은행</td><td>American Express, Bank of America, CapitalOne, Chase, Citi, Wells Fargo 등</td></tr>
<tr><td>가맹점</td><td>Merchants: Disney, Macdonald, subway, Macys 등</td></tr>
<tr><td>플랫폼</td><td>Authorize.Net, Chase Paymentech, CyberSource, First Data, TSYS, Stripe</td></tr>
<tr><td>제휴앱</td><td>Groupon, OpenTable, Starbucks, Target, Uber 등</td></tr>
</table>

* 2014년 12월 기준 자료임

6 알리페이의 Cross-border 결제

2007년부터 알리페이(Alipay)는 Cross-border[17] 결제를 시작했으며 중국에서는 직구족을 의미하는 하이토우족이 해외에서 직접 구매 규모는 2007년부터 매년 100% 이상 증가하였다. 알리페이는 자국 내 전자결제 서비스뿐만 아니라 아닌 해외에서 구매하는 중국 직구족과 해외여행

17) Cross-border 결제란 자국 내 소비자를 대상으로 결제 서비스를 제공해 오던 로컬 결제 사업자들이 국경을 넘어 결제 서비스를 제공하는 것으로 직구 결제를 지원하는 개념이다. 예를 들면 알리페이 가입자들이 해외 온/오프라인 판매자의 물건을 구입하고 결제를 하는 경우와 해외 이용자가 중국 알리페이에 가입해 중국 판매자의 물건을 구입하고 결제하는 경우이다

을 하는 중국인을 대상으로 전자결제 서비스를 지원하고 있다. 미국지역을 중심으로 Cross-border 결제 제휴 사업자를 모집해 왔으며, 대만, 홍콩, 일본, 한국 등 아시아 지역으로 사업 영역을 확대하고 있다. 2014년 기준 34개국에 1,500개 판매 기관을 통해 알리페이 결제를 제공하고 있으며, 국내는 대한항공, 아시아나항공, 롯데면세점, 롯데닷컴, KG이니시스, KICC 등 400여개 업체에, 일본에서는 라쿠텐 등 온라인 사이트 100곳에 결제 서비스를 제휴하고 있다.

국내 기업들과 제휴를 통한 서비스는 중국 관광객이 한국의 온라인 또는 오프라인 판매자로부터 상품을 구입하고 알리페이로 결제할 수 있도록 하는 것과 중국 관광객이 면세점에서 물품을 구입하고 3개월 내에 출국하는 경우 그 물품에 부과된 내국세(부가가치세 및 개별 소비세)를 알리페이로 환급해주는 Tax Refunding 서비스가 있다. 알리페이를 통한 국내 거래의 경우 거래금액의 최대 5% 이내의 수수료를 받고 있으며 정산 주기는 약 2주로 되어 있다. 알리페이의 결제 프로세스는 중국 구매자가 한국 판매 사이트에서 구매 물건을 확정한 후 알리페이로 상품가격을 위안화로 표시하고 결제 화면을 생성하여 지불승인을 완료한다. 거래가 완성이 되면 알리페이와 거래를 하는 중국은행이 한국 판매 기업의 거래 은행에 송금을 처리하는 방식으로 진행된다.

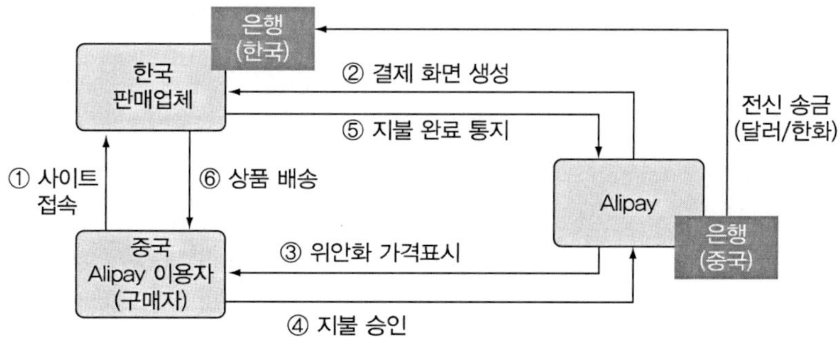

출처: 전자지급결제 서비스의 현황과 대응방안, 여신금융, 2014

[그림 5-9] Alipay의 처리 프로세스

제3절 국내 전자지급결제 서비스 현황

E-Banking & Payment

① 국내 전자지급결제 환경의 변화

1999년도부터 등장했던 전자화폐시장은 2004년을 정점으로 시장에서 성장하지 못하고 퇴화중이다. 이와 비슷한 진로를 가고 있는 것이 1999년도에 도입한 공인인증서 시장이다. 인터넷 서비스에 따른 비대면 거래의 전자적 보안 강화 수단으로 국가가 법적으로 지원했던 서비스인 공인인증서는 특정 브라우저 기반의 ActiveX 설치로 오히려 보안의 허점이 되는 문제점 등으로 2014년에 공인인증서 의무화가 폐지되었다.

1990년대 후반부터 등장한 전자상거래 시장은 새로운 산업 및 기술 발달에 많은 영향력을 제공하였다. 2000년도 초반에 전자상거래가 본격적으로 확대됨에 따라 전자지급결제대행 기업이 성장하기 시작하였다. 그리고 전자상거래에 대한 소비자 불만을 해소하기 위해 2006년도에 에스크로 제도를 도입하였다. 또한 주민번호 오남용에 따른 해결방안으로 I-Pin 서비스를 도입했으며 2008년도에 SK플랫닛이 오픈마켓 시장에 11번가라는 브랜드로 진입하였다. 11번가는 고객 보상제 서비스 등으로 전자상거래의 신뢰도 확보에 기여하였다.

2010년도부터 국내에 도입되기 시작한 스마트폰과 소셜커머스의 등장으로 전자상거래 시장성장과 더불어 스마트폰 기반의 모바일시장의 성장환경을 제공하였다. 이를 기반으로 2012년도에 전자지갑 시장이 등장했지만 시장 활성화에 진입하지 못하고 있다. 2013년도에는 핀테크 서비스가 등장하였고 현재까지 시장의 주목을 받고 있다. 모바일 기반의 소액 결제 및 송금 시장을 형성하는 미국의 벤모, 국내의 카카오 뱅크월렛 등 새로운 서비스가 등장하고 있다.

2014년도에는 전자결제의 다양한 서비스 개발 지원을 목적으로 하는 국내 정부규제 완화 정책의 일환으로 전자결제 관련기업 등이 요건을 보유하는 경우 신용카드 정보 보관을 허용하는 정책이 실행되었고, 아이디와 비밀번호 간편결제 서비스가 등장했다.

전자지급결제 관련 법률의 변천사를 논의하면, 전자자금이체거래에 관한 법률(1993), 신용정보보호법(1995), 전자거래기본법(1998), 전자서명법(1999), 정보통신망법(2001), 전자상거래법(2002) 전자금융 거래법(2007), 개인정보 보호법(2011)으로 진행되었다.

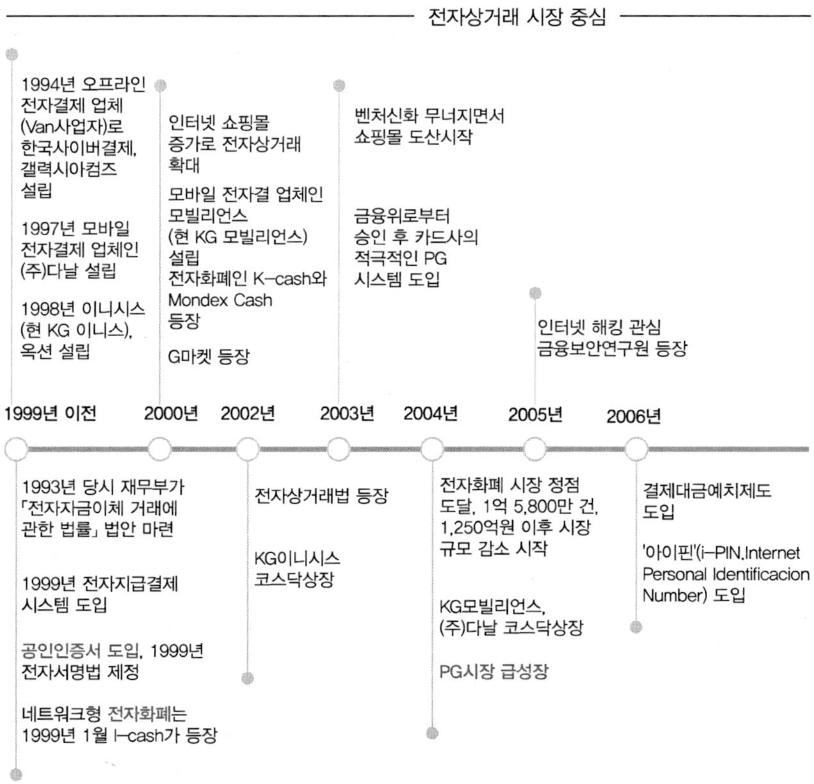

[그림 5-10] 국내 전자금융 주요이슈

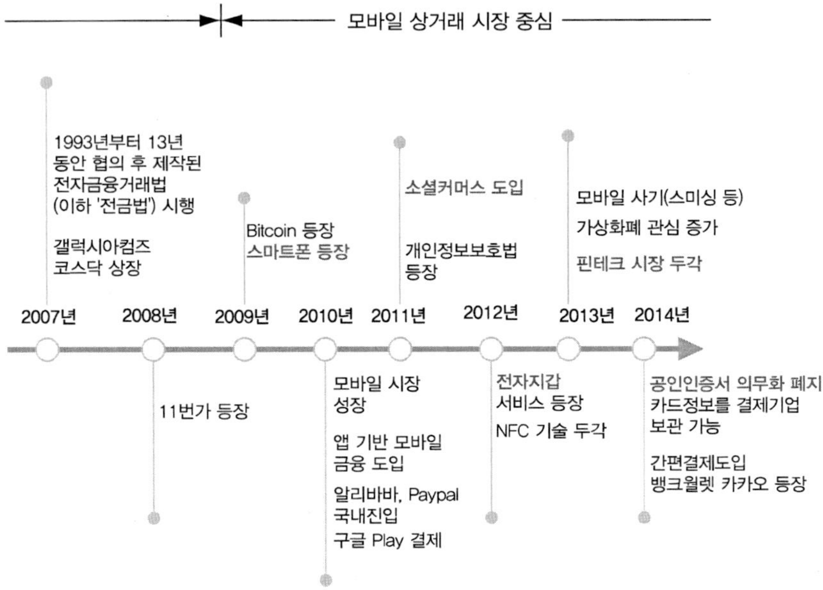

[그림 5-10] 국내 전자금융 주요이슈 (계속)

1990년도 후반부터 진행한 전자지급결제 시장의 현황을 살펴본 결과 주요 이슈 사항은 다음과 같다.

첫째, 과다한 정부 및 관련기관의 개입이 시장 발달의 저해 요인이다. 예를 들면 정부가 시장논리에 맞기지 않고 주도적으로 개입하여 ActiveX를 이용한 공인인증서 의무화 도입과 2009년도 국내에 스마트폰 도입 지연 등이 대표적인 경우이다.

둘째, 독점기업 생성 환경이 형성되어 있다는 것이다. 특히 통신과금 서비스의 경우는 일부 기업이 서비스 특허권 등을 통해 타 기업이 진입할 수 없는 환경을 만들어 국내 시장의 독점 구조를 형성하여 결국에는 관련 기술의 발전을 저해시키는 환경을 가져왔다.

셋째, 전자지급결제에 신용카드사 및 통신사 등 인프라 기업의 시장 주도권 행사로 유연한 서비스가 시장 내에 진입하지 못한 경우이다. 다양한 전자결제서비스가 시장에 자유롭게 등장해야 관련 기술이 발달하는데 인프라 기반기업이 신규 서비스 제공자에게 시장제공을 허용하지 않았다. 이로 인해 새로운 서비스 발굴과 관련 기술 개발이 발달하지 못했다.

국내 전자결제 시장의 경우 정부 및 인프라 확보 기업의 유연성 부족으로 다양한 서비스가 등장할 수 있는 환경을 제공하지 못해 시장은 성장했지만 기술적으로 지속적인 발달을 이루지 못하였다.

② 전자지급결제 서비스 시장현황

전자지급결제 서비스(PG : Payment Gateway)[18]는 인터넷 쇼핑 시장 성장으로 과거 연평균 약 20% 수준의 높은 성장세를 유지하고 있다. 국내 전자지급결제 서비스 시장은 1998년도에는 60억 원, 2001년도에 2조 원, 2004년도에 8조 원, 2010년도에는 21조 6천억 원으로 급성장하였다. 2012년을 기준으로 국내 전자지급결제 서비스 시장은 43조 원 규모였으며 매년 지속적으로 성장하고 있다.

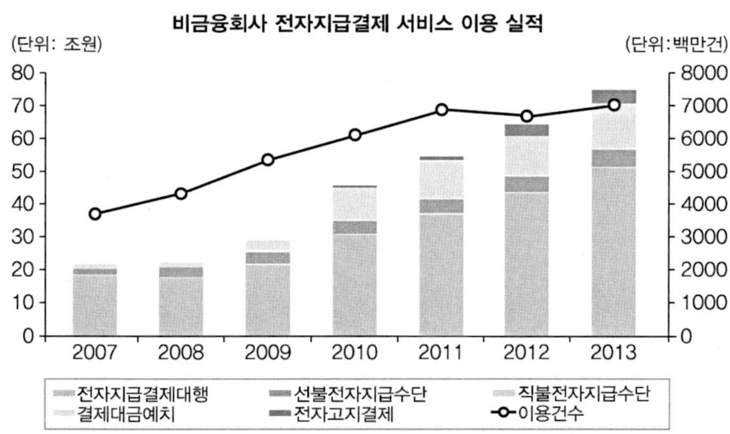

출처: '금융 IT감독·검사 방향 및 주요 현안사항', 금융감독원, 2014. 7.

[그림 5-11] 전자지급결제 서비스 성장 현황

18) 전자지급결제대행(PG : Payment Gateway) 서비스란 전자상거래 업체에게 신용카드, 계좌이체, 휴대폰 결제 등의 결제 시스템을 제공하고 지급 정산 업무를 담당하여 거래액에 대한 일정 수수료를 받는 사업이다.

거래비율을 살펴보면, 신용카드(전체의 62.2%), 가상계좌(16.9%), 계좌이체(11.9%), 통신과금(6.6%), 기타(2%)로 국내 민간 소비시장의 성장세가 점차 회복되고 있다. 모바일 쇼핑과 소셜커머스 시장의 성장으로 국내 전자 인터넷 쇼핑 거래량이 꾸준히 증가할 뿐만 아니라 오프라인 결제 시장도 점차 온라인 결제 영역으로 확대되고 있다.

<표 5-6> 국내 전자지급결제 서비스 시장 규모

구 분	2010	2011	2012	CAGR(%)
거래액 (조원)	30.9	37.0	43.5	18.8
신용카드	18.8	22.5	27.3	20.5
가상계좌	5.0	6.6	7.3	21.3
계좌이체	4.3	4.5	5.2	10.1
통신과금 *	2.1	2.6	2.9	15.6
기타	0.7	0.8	0.9	13.0
	비중(%)			증감(%)
신용카드	60.9	60.8	62.7	1.8
가상계좌	16.1	17.8	16.8	0.7
계좌이체	13.9	12.3	11.9	(1.9)
통신과금	6.9	7.0	6.6	(0.4)
기타	2.2	2.1	2.0	(0.2)

참고: *ARS 집전화 결제포함, 출처: 한국은행

국내 전자지급결제대행 기업은 주로 지원하는 결제 수단에 따라 크게 신용카드 전자결제대행 기업과 휴대폰 결제기업으로 분류된다. 국내 신용카드 전자결제대행 시장도 인터넷 쇼핑 시장의 빠른 성장과 기타 온라인 전자상거래의 증가로 연평균 26.6%의 높은 성장률을 기록하였다. 신용카드는 쇼핑몰의 거래비중이 높아 인터넷쇼핑 시장의 거래액에 따라 신용카드 전자결제대행 업체의 매출이 크게 좌우되기 때문이다. 인터넷쇼핑 시장의 성장과 상관관계가 높은 신용카드 전자결제대행 서비스의 경우 고객은 인터넷 쇼핑몰, 교육업체, 온라인 게임회사, 여행사 등 인터넷에서 결제가 필요한 업체들이다.

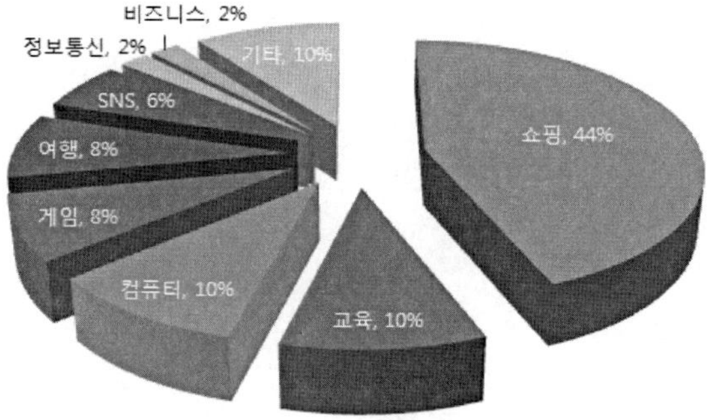

출처: KG이니시스(2013년 기준)

[그림 5-12] 신용카드 PG 카테고리별 거래 비중

신용카드 전자지급결제 대행사의 경우 신용카드뿐만 아니라 계좌이체, 상품권 등 다양한 결제 수단을 제공하고 있다. 신용카드 전자지급결제 대행사는 KG이니시스, LG유플러스(구 데이콤), 한국사이버결제(KCP) 등이 있으며, 휴대폰 결제기업은 KG모빌리언스, 다날, 인포허브 등이 있다. 다음 표는 각 기업 간의 결제 수단별 시장 점유율이다.

<표 5-7> 결제 수단별 거래비율

구 분	LG 유플러스	KG 이니시스	한국사이버 결제	KG 모빌리언스	다날
신용카드*	78	71	80	16	0
실시간 계좌 이체	18	25	16	5	3
휴대폰 결제	2	2	2	76	90
기타	2	2	2	3	7
전체	100	100	100	100	100

참고: 2013년 기준

* 쇼핑몰자체 PG사 거래액 포함, 인포허브는 휴대폰 결제 시장점유율이 7%로 매우 적어서 자료에서 제외됨, 출처: 삼성증권

③ 모바일 결제 및 통신과금서비스 현황

모바일 결제란 온·오프라인에서 이루어지는 상거래 대금을 모바일 기기를 매개체로 결제하는 것을 의미한다. 모바일 결제서비스는 오프라인 근거리통신 방식인 NFC와 모바일 POS, 원거리 방식인 통신과금서비스, 모바일 어플리케이션을 활용한 인앱(In-App) 등이 있다.

<표 5-8> 모바일을 활용한 결제 방식

구 분		결제 방식	내 용
오프라인	근거리	NFC	모바일 카드로 NFC 결제
		모바일 POS	모바일을 POS화 해서 카드 결제
온라인	원거리	통신과금서비스	통신비에 과금 후불제 운영
		In APP	모바일 앱을 활용한 결제

미국의 가트너(Gartner, Inc.)에 따르면, 전 세계 모바일 결제 시장규모는 2011년 이후 연 간 평균 42%, 이용자 수는 평균 23% 증가할 것으로 전망했다.

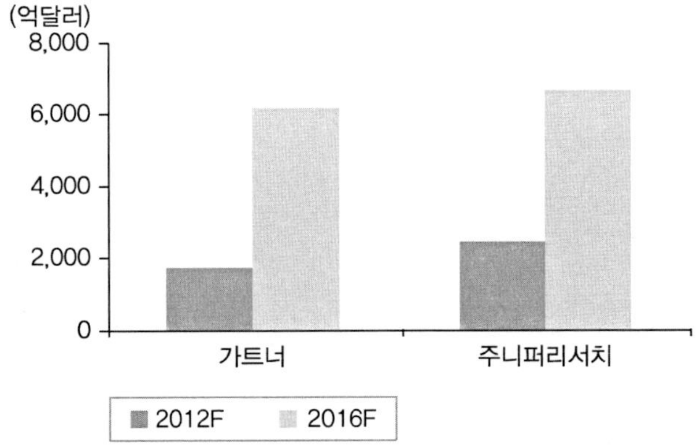

출처: Gartner(2011)

[그림 5-13] 글로벌 모바일결제 시장규모 전망

모바일 결제 시장 중 NFC 비중은 2011년 6.7%에서 2016년에는 6.2%로 소폭 감소(-0.5%)할 것으로 보인다. NFC를 기반으로 한 결제 시장은 NFC 결제 인프라 구축과 보안 등의 문제로 단기간 급성장하기는 힘들 것으로 평가되고 있다. 국내에서 출시되는 대부분의 스마트폰은 NFC 기능을 탑재하고 있다. 국내 스마트폰 사용자들의 향후 NFC 기능을 이용할 의향도 높은 편이라 NFC 기반 결제 시장의 증가세는 지속될 것으로 예상된다. NFC서비스를 이용하지 않는 스마트폰 이용자 중 71.9%는 향후 NFC 서비스를 이용할 의향이 있으며, 40.1%는 '모바일 결제' 서비스를 이용할 의사가 있다고 응답하였다.

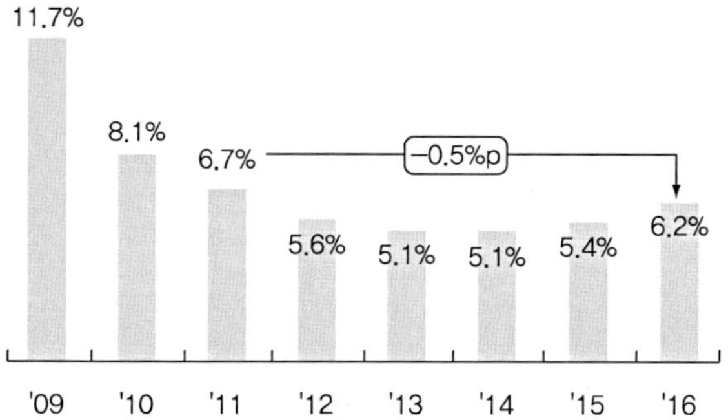

출처: Gartner (2012)

[그림 5-14] NFC 증가율(2009–2016)

모바일 지갑은 은행계좌나 신용카드 정보가 모바일 기기에 저장되어, 이용자가 거래 시 모바일 기기를 통해 결제관련 서비스가 각 통신사별로 기본적으로 모바일 지갑 어플리케이션이 설치되어 있다. 전자지갑은 클라우드 상에 저장된 금융정보를 이용하고, 모바일 폰과 같은 특정기기에 얽매이지 않고, 결제 시에 인터넷과 연결된 모든 기기에서 클라우드 안에 있는 금융정보를 안전하게 이용한다는 점에서 휴대전화에 국한된 모바일지갑과 차이가 있다.

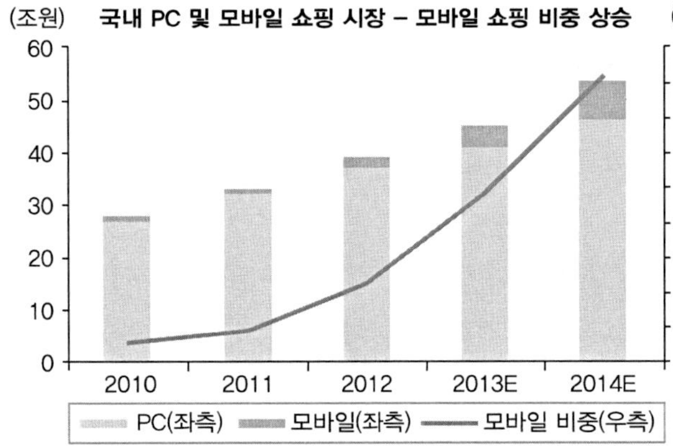

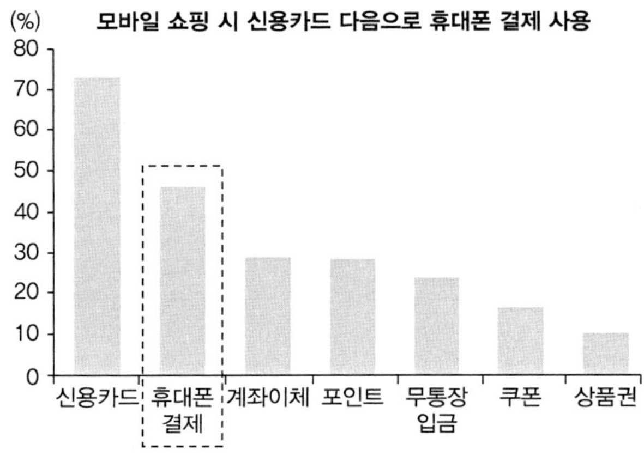

[그림 5-15] 모바일 기반 전자결제서비스 현황

국내에서는 통신사와 금융권 중심으로 NFC 방식 등 전자결제가 가능한 모바일 지갑 서비스를 제공하고 있는데 이는 이동통신사의 전자지갑 서비스이다. 국내 통신 3사 중 가장 먼저 모바일 지갑 서비스를 시작한 SK 플래닛의 '스마트 월렛'과 LG '스마트월렛'의 경우 NFC 기반의 결제를 제공한다. KT가 2012년 출시한 '모카'는 NFC외 바코드, QR코드를 통해 결제가 가능하며, 특히 결제 요청 정보를 휴대폰에 전송하는 역방향 방식으로 보안을 강화하였다.

<표 5-9> 통신사별 모바일 지갑 현황

구 분	SKT	LG U+	KT
서비스 명	스마트월렛	스마트월렛	모카
서비스개시	2010.06	2011.08	2012.12
결제 방식	NFC	NFC	NFC, 바코드, QRCode

출처: 지디넷 코리아(2013)

통신과금서비스란 인터넷이나 모바일 사이트에서 결제 시 이용자의 이름, 휴대전화번호, 주민등록번호를 입력하고 전송되는 휴대폰 문자를 사이트에 입력하여 본인 인증을 한 후 대금을 통신사의 휴대폰 요금 지불 시스템을 통해 결제하는 방법이다. 휴대폰 결제 시장은 KG모빌리언스와 다날, 인포허브가 특허를 바탕으로 시장의 97% 이상을 차지하고 있다. 실질적으로는 KG모빌리언스와 다날의 양강 구도가 이루어져 있다. 휴대폰 결제 시장은 통신사와의 관계가 중요하고, 특허로 진입 장벽을 확고히 하고 있는 만큼 신규 사업자의 진입은 쉽지 않은 편이다. 이에 따라 대형 쇼핑몰 및 오픈마켓은 KG모빌리언스나 다날의 휴대폰 결제 서비스를 이용하고 있다.

<표 5-10> 2012년 기준 통신과금서비스 시장 점유율

PG사	모빌리언스	다날	인포허브 외	계
점유율(%)	46.3%	42.9%	10.8%	100%

출처: 하나금융연구소(2012)

모바일 실물 상품 결제 증가로 고성장 통신과금 결제 서비스의 경우 2011년까지만 해도 온라인 게임 등 디지털 콘텐츠 상품의 거래액이 전체 매출의 70% 이상을 차지하였으나, 2012년부터 소셜커머스 및 온라인 쇼핑몰의 쇼핑 거래액 증가로 실물상품 거래액 비중이 빠르게 상승하고 있다. 국내 온라인게임 시장의 성장 둔화로 디지털 콘텐츠 상품 거래액 역시 증가세가 둔화되고 있으나, 빠른 실물 상품거래액 증가로 전체 거래액은 20% 이상으로 성장세를 유지하고 있다.

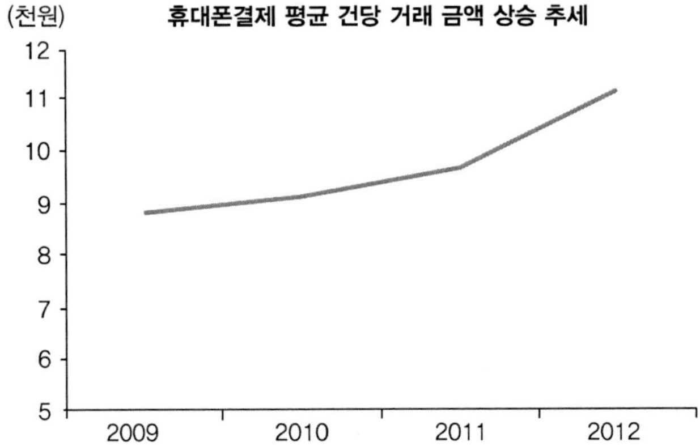

자료 : 한국은행

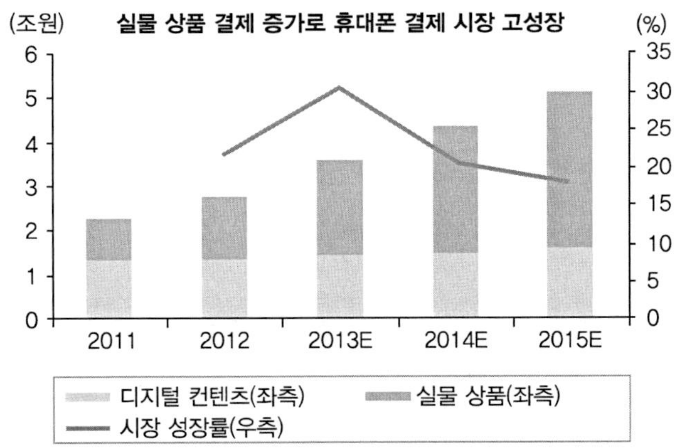

참고 : KG모빌리언스와 다날의 합산 거래액
자료 : 각 사, 삼성증권 추정

[그림 5-16] 휴대폰 결제 서비스 현황

모바일 기반의 성장이 빠르게 증가하고 있으며 모바일 결제의 이용 환경과 '휴대폰 소액 결제'의 편의성이 크게 작용하였다. 2012년 말, 기준으로는 통신사들의 결제 서비스 가입자는 전년대비 250% 증가하였다

<표 5-11> 통신과금서비스 거래규모

(단위: 억원)

구 분	'08	'09	'10	'11	'12	'13
매출액	15,451	18,547	21,702	26,044	30,000	35,000

출처: 한국은행(2012)

<표 5-12> 분야별 매출 비중

(단위: %)

구 분	게임	음악/영상	실물(온라인 쇼핑 등)	커뮤니티(웹하드 포함)	기타	계
2012년	21.67	5.85	38.90	8.14	25.44	100

출처: 한국은행(2012)

4 국내 핀테크 서비스 현황

한국은행이 집계한 2014년 2분기 인터넷 뱅킹 및 모바일 뱅킹 실적을 보면 6월 말 현재 모바일 뱅킹 등록 고객 수는 전 분기 대비 4.6% 증가한 5,499만 명을 기록하였다. 대한민국 5,000만 인구 모두가 사용하고 있다는 것이다. 특히 스마트폰 기반의 모바일 뱅킹 이용자는 2013년 2분기 3,131만 명에서 2014년 2분기 4,298만 명으로 급증하였다. 모바일 뱅킹의 사용건수 비율은 45.5%로 인터넷 뱅킹을 추월할 것으로 전망하였다. 언제 어디서나 간편하게 접속할 수 있는 모바일 기기로 금융업무를 보는 습관이 소비자에게 빠르게 수용됨에 따라 핀테크 시장의 확산이 기대되고 있다.

2013년 기준 미국의 핀테크 관련 기업체는 약 374개로 집계되고 있

으나 국내는 없는 것으로 조사되었다(이기송, 2014). 국내는 금융법률규제와 금융사들의 주도권에 밀려 핀테크(금융테크)가 활성화되지 못하였다. 간단한 온라인 결제 서비스 또한 공인인증서와 액티브X 설치 등으로 거래하는 복잡한 절차로 인해 확산되지 못하였다. 그러나 2014년 5월부터 공인인증서 의무사용이 폐지되고 금융위원회와 미래창조과학부가 전자상거래 간편화 방안의 일환으로 PG 기업이 신용카드정보 등을 보유할 수 있도록 시정하였다. 이는 이용자 위주의 간편결제 서비스를 시장에 제공할 수 있게 하였다. KG이니시스, LG유플러스, LG CNS, 페이게이트 등이 간편결제 서비스를 시장에 제시하였다. 전자지급결제대행업체(PG)인 KG이니시스와 KG모빌리언스는 간편결제 서비스인 '케이페이'로 기존 10만여 개의 가맹점을 대상으로 서비스를 제공하였다. LG유플러스는 간편결제 서비스인 '페이나우' 제공으로 사업을 확장하고 있다. 핀테크 관련 전자지급결제의 시장변화에 카카오나 네이버도 관심을 보이고 있다. 카카오는 최근 주식거래서비스를 시작했으며 조만간 송금서비스 '뱅크월렛 카카오'를 시장에 제공할 예정이다. 네이버도 소셜네트워크 서비스(SNS) '밴드'를 통해 회원 간 소액 송금서비스를 제공하고 있다.

<표 5-13> 국내 핀테크 서비스 현황

구 분	내 용
카카오	주식정보 제공 및 주식거래 앱 '증권플러스' 송금 및 이체 서비스 '뱅크월렛'준비중 간편결제 서비스 '카카오페이'준비중
네이버	SNS 밴드를 통해 송금서비스 준비 중
LG 유플러스, LG CNS, 페이게이트, KG이니시스, 한국사이버결제, SK플래닛 등	간편결제 서비스 제공 중

세계적인 추세로 볼 때 모바일 결제의 수요 급증으로 인해 서비스 시

장이 급증할 것이다. 하지만 이동통신사나 신용카드사 주도로 수많은 모바일 결제 시스템이 시장에 제공되었지만 성공적이지 못하였다. 그 이유는 송금절차가 복잡하고 카카오톡 만큼 방대한 모바일 멤버십을 구축하지 못했기 때문이다.

뱅크월렛은 가상의 지갑 또는 가상의 은행계좌 개념으로, 등록한 은행계좌에서 최대 50만원까지 카카오 뱅크머니 애플리케이션(앱)으로 충전한 뒤 카카오톡 친구들끼리 가상의 돈을 메신저로 주고받는 시스템이다. 일반적으로 인터넷뱅킹을 이용해 돈을 보내려면 공인인증서 로그인 → 입금계좌번호 → 통장비밀번호→SMS 인증 또는 전화승인 → 계좌이체비밀번호 → 보안카드 번호 → 공인인증서 비밀번호 순으로 입력해야 한다. 그러나 뱅크월렛은 이러한 기존의 방식에서 벗어나 비밀번호만 입력하면 되기 때문에 1~2초면 송금절차가 끝난다. 가상의 돈을 주고받지만 뱅크머니를 실제 현금화하려면 자신의 계좌로 송금하는 '내 계좌로 보내기'만 선택해야 한다.

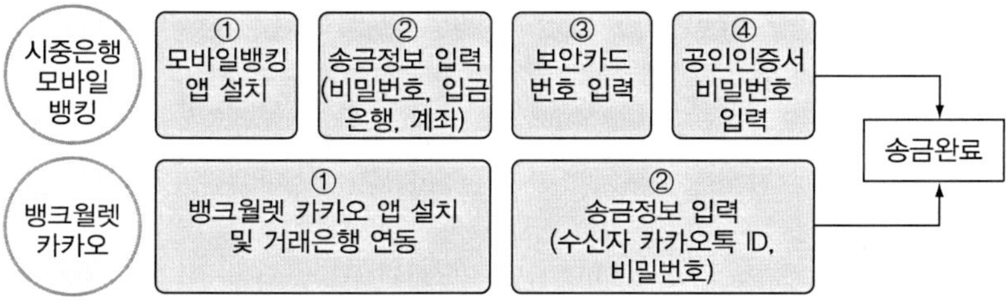

[그림 5-17] 은행 모바일과 뱅크월렛 카카오 송금절차 비교

뱅크월렛 카카오는 기존에 국내 PG 기업들이 활성화하지 못했던 영역인 개인 간 송금을 모바일 앱을 기반으로 간편하게 제공하는 것이 가장 큰 특징이라고 할 수 있다.

9월 출시한 '뱅크월렛 카카오'의 주요 기능은 소액 송금, 온오프라인 소액결제, 은행 자동화기기(CD, ATM) 이용 등 3가지이다. 뱅크월렛 카카오는 충전식으로 1회 50만원까지 충전 가능하며 온오프라인 결제는 1

회 30만원, 소액 송금은 1일 10만원이 한도로 정해져 있다.

통신과금서비스는 휴대폰에 결제금액이 부과되는 시스템이나 뱅크월렛 카카오는 은행계좌에서 충전하는 방식이기 때문에 이용자들이 일정 금액을 충전한 뒤 나누어 결제하는 방식으로 사용된다.

5 간편결제 서비스 현황

국내 규제와 소비자의 니즈에 맞게 간편결제 시스템의 인증방법이나 프로세스가 변화하고 있다. 간편결제는 액티브X나 공인인증서 없이도 애플리케이션을 설치하고, 최초 1회만 결제정보를 등록하면 추가 절차 없이 간편하게 결제할 수 있다. 국내의 간편결제 서비스는 여러 카드사와 계좌이체, 휴대폰결제 등의 다양한 결제방법을 지원한다. 특정 쇼핑몰이 아닌 범용적으로 사용할 수 있는 경우에는 스마일 페이, 카카오페이, 오픈페이가 있으며, 특정 쇼핑몰에만 사용할 수 있는 경우에는 페이핀, 페이나우가 있다. 특정 카드사에서 개발하여 특정카드만 사용이 가능한 경우로는 BC payall이 있다. 다음은 국내에서 적용되고 있는 간편결제 방식에 대해 구체적으로 살펴보고자 한다.

5.1 페이핀

SK 플래닛에 의해 제공되고 있는 페이핀(Paypin)을 이용하기 위해서는 스마트폰에 페이핀 앱을 설치한 후에 결제 수단정보를 미리 등록하여 저장해야 한다.

페이핀을 이용한 PC와 모바일 결제 방식은 다음과 같은 차이가 있다. PC를 이용해 11번가(http://www.11st.co.kr)에서 페이핀으로 결제하면 페이핀 앱이 실행되고 6자리의 비밀번호를 입력해야 한다. 그 이후에 7자리의 일회용 인증번호가 표시되고 이 숫자들을 다시 PC에 입력해야 하는 2단계 인증방식이다. 그러나 11번가 앱을 통해 모바일 결제를 하는 경우는 페이핀 앱의 6자리 비밀번호만을 입력하여 결제하는 단일 인증

방식으로 PC보다 상대적으로 간편하게 결제할 수 있다.

결제 수단중 하나인 카드결제는 BC카드, 하나SK카드, 신한카드가 지원되고 계좌이체는 KB국민은행, 부산은행이 지원되며 휴대폰 결제(통신과금서비스)도 가능하다.

페이핀은 국내 대형 결제대행(PG)사 들과 제휴를 통해 운영되고 있다. 국내 주요 가맹점이 2013년 말에 가입자 수가 100만 명이 넘었고 가맹점 수는 8만 개 이상을 보유하고 있다.

출처: 페이핀 사이트

[그림 5-18] 페이핀 인증 화면

5.2 페이나우 플러스

LG U+에 의해 2013년 11월에 페이나우 서비스가 시작되었으며, 2014년 8월에 '페이나우 플러스(Paynow+)'로 변경되었다. 페이나우는 결제정보를 미리 등록한 뒤, 안전하고 다양한 로그인 수단들(안전패턴, 공인인증서, USIM인증서, 비밀번호)을 통해 Touch 한 번만으로도 결제할 수 있는 간편결제 서비스이다.

페이나우를 이용하는 절차는 페이핀과 마찬가지로 페이나우 앱을 설치하고 결제 수단 정보를 등록한다. 페이나우 플러스의 회원가입 절차는 이름과 생년월일만 입력한다. 스마트폰으로 전송된 본인인증 번호는 자동으로 입력된다. 이후 6자리 비밀번호를 설정하면 가입이 완료된다. ID를 정하거나 주소 등 번거로운 사항에 대해 입력할 필요가 없다. 페이나우에서 결제 수단으로 신용카드 정보를 입력하는 단계를 통해 처음 1회만 정보를 등록해 놓고 다음 결제할 때에는 6자리 비밀번호만 사용한다.

페이나우 플러스도 처음 가입 시에는 비밀번호 방식이 기본적으로 적용되지만, 이용자가 원한다면 인증방식을 변경할 수 있다. 메뉴에서 로그인 인증방식을 '안전패턴방식'으로 변경이 가능하고 안드로이드 스마트폰에서 사용하는 패턴과 동일한 형태로 로그인이 가능하다. 안전패턴방식은 3X3 배열에 지정한 패턴을 입력해 본인 확인이 가능하며, 입력 패턴은 암호화돼 저장되고 있다. 본인인증 방법으로는 비밀번호, ARS, 모바일일회성비밀번호(mOTP) 등을 제공한다. 이 외에 휴대폰 잠금 해제 패턴과 같은 '안전패턴'과, 매번 무작위로 만들어지는 그림을 직접 보고 퍼즐을 맞추듯 꿰맞추는 '디멘터 그래픽' 등 새로운 인증 방식도 지원한다. 제공되는 여러 인증방법 중에서 이용자가 원하는 것을 골라 사용할 수 있다.

출처: 페이나우 사이트

[그림 5-19] 페이나우 결제 프로세스

카드결제는 BC카드, 하나SK카드, 신한카드가 지원되고 계좌이체는 KB국민은행, NH농협은행, 우리은행이 지원된다. 현재 페이나우의 가맹점은 배달통, 교보문고, 반디앤루니스, 하프클럽, 신세계면세점, 아모레퍼시픽, 이니스프리, 제로투세븐닷컴, ABC마트,슈마커/LG생활 등이 있다.

5.3 스마일페이

스마일페이(Smile Pay)는 처음 결제 시 카드 번호를 한 번만 입력하면 이후 구매 시 휴대폰 SMS (단문메시지) 인증만으로 신속하게 결제가 가능한 시스템이다. 스마일 페이는 결제 인증 시 6자리의 비밀번호를 통해 인증하면 모바일 홈페이지나 전용 앱에서 스마일페이로 결제를 시도할 때 별도의 앱을 설치하지 않고 이용이 가능하다.

신용카드결제만 지원하며 BC카드, 삼성카드, 현대카드가 가능하다. 이베이코리아에 의해 제공되는 스마일페이는 이베이코리아의 자회사인 지마켓과 옥션에서만 서비스를 제공하고 있다.

출처: 스마일페이 사이트

[그림 5-20] 스마일페이 인증화면

5.4 카카오페이

카카오페이(Kakao Pay)는 가입과 카드 등록 정보를 최초 1회 입력 후, 결제 시에 6자리의 비밀번호를 통해 인증하는 방식을 사용하고 있다. 암호화된 결제정보를 사용자 스마트폰과 LG CNS 데이터센터에 분리해 저장한다. 가입절차는 매우 간단하며, 자세한 내용은 다음과 같다. 카카오톡 사용자는 카카오페이 메뉴에 들어가 휴대폰으로 본인 인증을 한 뒤 최소 6자리에서 최대 12자리의 숫자로 된 결제 비밀번호를 등록하면 된다. 단, 스마트폰과 신용카드의 명의가 동일해야 한다.

카카오페이의 결제 수단인 카드결제는 BC카드(우리, IBK기업, 스탠다드차타드, 대구, 부산, 경남은행. 단 NH농협, 신한, 씨티, 하나SK, KB국민 제외), BC제휴카드(수협, 광주, 전북, 제주, 새마을금고, 우체국, 신협, 현대증권, KDB산업은행, 저축은행, 중국은행), 현대카드, 롯데카드이다.

카카오페이는 다음 카카오에서 2014년 9월에 출시한 간편결제 서비스로 개시 이후 한 달 만에 가입자수 120만 명을 확보하였다. 카카오톡 사용자는 별도의 앱 설치 없이 이용할 수 있어 편리하고 카카오톡 사용자가 3,500만 명이 넘어 다른 간편결제보다 빠르게 성장할 수 있는 가능

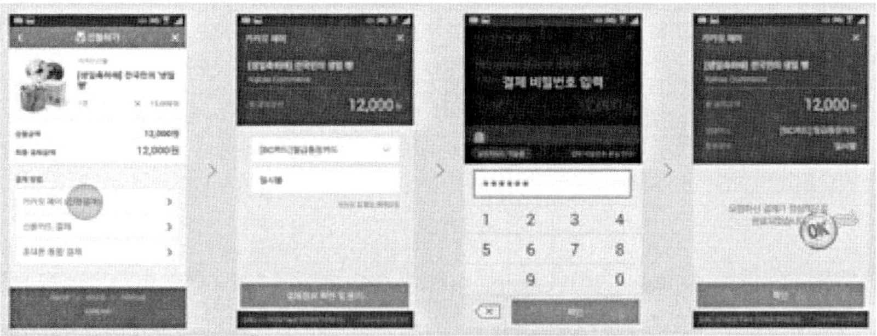

① 결제 수단 카카오 페이 선택 ② 결제카드 및 할부 개월 선택 ③ 결제비밀번호 입력 ④ 결제 완료

출처: 카카오페이 사이트

[그림 5-21] 카카오페이 모바일 결제 절차

성이 존재한다. 그러나 현재로서는 가입된 가맹점이 많지 않아 시장을 확보할 수 있는 가능성이 높지는 않다.

5.5 BC PayAll

BC PayAll은 결제 비밀번호 입력 한번으로 결제가 완료되는 빠르고 안전한 전자상거래 결제 서비스이며, E-mail 형식의 ID와 PW로 PayAll (간편결제) 서비스계정 설정이 가능하다. PayAll에서 사용할 BC카드를 최초 1회 등록하고 오픈 Web 결제 방식으로 PayAll(간편결제)에 가입한 후에는 PC/모바일 어느 경로를 통해 접속해도 결제가 가능하다. 또한 인터넷 쇼핑몰에서 결제비밀번호 입력만으로 결제를 할 수 있다. 또한 결제비밀번호 3회 오류 시 카드정보가 삭제되므로 정보의 노출의 가능성이 줄어든다는 장점이 있다.

BC카드에 의해 제공되는 BC PayAll은 BC카드 전용 간편결제로 별

출처: BC PayAll 사이트

[그림 5-22] BC PayAll 인증화면

도의 앱 설치 없이 이용가능 하고 국내 주요 쇼핑몰인 G마켓, 옥션, 11번가, H몰, SSG닷컴 등 여러 가맹점들을 확보하고 있어 현재 시장에 제공된 간편결제 중에 가장 다양한 곳에서 사용되고 있다.

5.6 오픈페이

페이게이트에 의해 제공되는 오픈페이(Open pay)는 다른 간편결제와는 다르게 카드 비밀번호를 입력한 뒤에 결제 승인 SMS를 받고 그 문자에 적힌 인증번호를 한 번 더 입력해야 최종 결제승인이 된다. 본 서비스는 국내 소비자보다는 외국 소비자들에게 더 초점을 맞춘 서비스이다. 또한 매년 국제 보안표준 'PCI-DSS' 검사를 받고 있어 국제적인 인증보안을 확보하고 있다. 지원되는 신용카드는 VISA와 MASTER 카드가 가

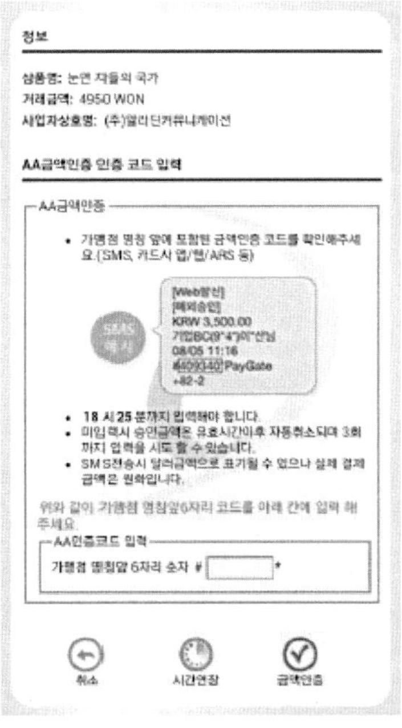

출처: 오픈페이 사이트

[그림 5-23] 오픈페이 전자거래 인증화면

능하며 국내 사이트 중에서는 유일하게 인터넷서점 회사인 알라딘에서 적용하고 있다.

6 간편결제 서비스 비교

국내는 규제와 금융사들의 주도권에 밀려 전자결제서비스의 다양성을 확보하지 못하였다. 이 배경에는 국내 금융관련 기관의 개인정보 노출사고로 인하여 전자결제 거래에 대한 이용자들의 불안감이 형성되었고, 이를 극복하기 위한 자체적인 보안 강화인 IT 거버넌스 확보 노력과 보안기술 확보 등을 통한 대처가 미흡하였다. 또한 신용카드 정보를 전자결제회사가 보관할 수 없도록 한 법률적 규제가 시장의 유연성의 저해하였다

그리고 국내 전자결제지급 서비스는 이용자 편리성보다는 거래의 안전성을 중시하여 전자거래 시 공인인증서 및 액티브X의 사용 강요로 이용자에게 과다한 절차를 요구해왔다.

하지만 2014년도부터는 거래 시 제공되는 신용카드 정보를 전자결제 서비스 기업이 보관할 수 있도록 제도를 개선하였다. 시장 규제 완화로 인해 전자결제 서비스 기업이 간편결제 서비스를 시장에 제시하고 있다. 다음 표에서는 국내에서 서비스를 제공하고 있는 6가지 간편결제에 대하여 살펴보고 각 서비스 현황을 논의하였다. 각 간편결제 서비스의 특징을 살펴보면, 앱 설치를 필요로 하는 것으로는 페이핀과 페이나우가 있고, 시장에서 가장 많이 이용되고 있는 것은 BC PayAll이며, 오픈페이는 해외 이용카드도 지원하고 있다.

<표 5-14> 국내 간편결제 서비스 비교

서비스	앱설치	인증방식	주요 특징
페이핀	○	6자리 비밀번호	휴대폰, 계좌이체 결제 수단 지원
페이나우	○	패턴, 6자리 비밀번호, 그래픽 인증	3가지 로그인방식 도입

<표 5-14> 국내 간편결제 서비스 비교 (계속)

서비스	앱설치	인증방식	주요 특징
스마일페이	×	6자리 비밀번호	자회사 쇼핑몰에서만 이용 가능
카카오페이	×	6자리 비밀번호	주로 카카오 플랫폼과 연계
BC PayAll	×	6자리 비밀번호	BC카드로만 결제
오픈페이	×	6자리 비밀번호+ SMS인증번호	해외 이용카드 모두 지원

<표 5-15> 스마트폰 간편결제 서비스 비교

구 분	애플	LG유플러스	다음카카오
서비스 이름	애플 페이	페이나우	뱅크월렛카카오
서비스 종류	신용카드 결제	신용카드 결제	선불 전자지갑 결제
사전 준비	신용카드 등록 (스마트폰 카메라로 촬영)	신용카드 등록 (스마트폰 카메라로 촬영)	PC에서 회원가입 → 공인인증서로 본인인증 → 전자지갑에 입금(1회 최대 30만원)
결제 단계	홈 버튼에 손가락 대고 아이폰을 결제 단말기에 접촉 → 결제 완료	앱 실행 → 비밀번호 입력 → 지불수단 선택 → 계산원에게 바코드 제시 → 결제완료	스마트폰을 결제단말기에 접촉 → 결제완료

G마켓이나 옥션, 11번가 등 3대 오픈마켓에서는 스마일페이와 BC PayAll이 사용되고 있으며 이베이가 운영하는 G마켓과 옥션에는 '페이팔'이 탑재될 가능성도 있다. SK플래닛의 11번가에는 이미 '페이핀'이라는 자체 결제가 있어 다른 간편결제가 진입이 불가능할 것이다. 따라서 간편결제가 기존 전자결제 처리방식 대비 간편한 회원 가입, 빠른 결제 속도라는 강점을 가지고 있지만 일부 간편결제 서비스를 제외한 나머지

기업은 적은 가맹점수와 지급수단의 제한 등으로 시장진입의 한계점을 가지고 있다. 또한 일부 간편결제는 오프라인 결제에도 적용되는 장점을 가지고 있으나 여전히 진행절차가 복잡하다는 문제점이 있다. 예를 들면 애플페이의 경우 아이폰으로 단말기 접촉으로 간단하게 이루어지는 반면에 페이나우는 앱을 실행하고 비밀번호 입력과 바코드 제시 후 결제가 완료되는 복잡한 단계를 거쳐야 한다. 따라서 이용자와 시장 인프라에 따라 간편결제 서비스의 활성화 정도도 영향을 받을 것이다.

제 6 장

전자금융 보안

제 1 절 정보보호

제 2 절 전자금융 보호

제 3 절 전자결제 보안관리

제 4 절 관련법과 정책

E-BANKING &
PAYMENT

제 1 절 정보보호

① 정보보호의 정의 및 유형

정보보호는 공급자 측면과 사용자 측면에서 살펴볼 수 있다. 공급자 측면에서의 정보보호란 내부 및 외부의 위협 요인들로부터 네트워크, 시스템 등의 하드웨어, 데이터베이스, 통신 및 전산시설 등 정보자산을 안전하게 보호하고 운영하기 위한 일련의 행위이다. 이 경우에 정보에 대한 위협은 허락되지 않은 접근, 수정, 노출, 훼손과 파괴 등을 말한다. 사용자 측면에서의 정보보호는 개인정보 유출, 남용을 방지하기 위한 일련의 행위를 의미한다.

<표 6-1> 정보보호의 정의

기 관	내 용
ISO/IEC (2007:2009)	정보의 기밀성, 무결성, 가용성의 보존. 추가적으로 진정성(Authenticity), 책임성(Accountability), 부인방지(Non-repudiation), 그리고 신뢰성(Reliability)과 관계가 있을 수 있음
CNSS(2010)	인가되지 않은 접근, 사용, 폭로, 붕괴, 수정, 파괴로부터 정보와 정보 시스템을 보호해 기밀성, 무결성, 가용성을 제공하는 것
ISACA(2008)	인가된 사용자만이(기밀성) 정확하고 완전한 정보의(무결성) 필요할 때 접근할 수 있도록(가용성) 하는 일련의 작업
Pipkin(2000)	조직의 지적 자산을 보호하는 절차
McDermott and Geer(2001)	정보보안은 위험 관리 규율로, 사업의 정보 위험 가치를 관리하는 작업

정보에 대한 위협이 나날이 늘어감에 따라 보안의 중요성 또한 높아지고 있다. 보안은 정보의 수집, 가공, 저장, 검색, 송신, 수신 도중에 정보의 훼손, 변조, 유출 등이 발생하는 것을 방지하기 위한 관리적, 기술적 방법이라고 정의한다. 보안의 3요소는 기밀성(Confidentiality), 무결성(Integrity)과 가용성(Availability)이다.

<표 6-2> 보안의 3요소와 반대되는 개념

구 분	내 용	반대되는 개념
기밀성 (Confidentiality)	인가된 사용자 프로그램에게만 접근을 허용하는 것	노출
무결성 (Integrity)	승인되지 않거나 원하지 않는 방법에 의한 데이터가 변경 보호	변조, 위조
가용성 (Availability)	필요할 때 데이터에 대한 접근을 보장	부인

기밀성(Confidentiality)은 정보의 비밀이 누설되지 않고 유지가 지속적으로 이루어지는 것을 말한다. 반드시 인가된 대상에게만 정보가 제공되어야 하며, 비인가적인 대상으로 부터의 정보 접근은 정보 통제와 암호화를 통해 차단되어야 한다.

무결성(Integrity)은 비인가적 대상으로부터 정보의 변조 삭제 등을 막는 것을 의미한다. 따라서 정보의 정확한 전달력과 안정성을 보장해야 하며 접근 통제가 보장되어야 한다.

가용성(Availability)은 서비스가 계속 유지되어 인가적인 대상에게 정보가 제공되는 것을 의미한다. 발생 가능한 공격에 대비하여 정보를 백업시켜 놓거나, 의심 위협 요소로부터의 보호를 통하여 가용성이 보장된다. 정보보안을 위한 목표는 다음과 같이 분류될 수 있다.

첫째, 부인 방지 또는 부인 봉쇄(否認封鎖)라고도 한다. 정보를 보낸 사람이 나중에 정보를 보냈다는 것을 발뺌(부인)하지 못하도록 하는 것이다.

둘째, 보안등급 분류는 보호할 대상을 중요성에 따라 분류해, 각각의 중요도에 따라 보호방법에 차등을 두는 것을 말한다. 보안등급 분류자료는 일반적으로 기업의 경우 공개자료, 대외비, 기밀, 개인정보 등으로 구분된다.

셋째, 위험관리는 위험요소의 발견에서부터 위험요소의 최소화 및 제거를 위한 모든 관리체제를 포함한 말이다. 주로 위험의 정의, 위험의 수준 분류, 위험요소 발견 시 제거를 위한 위험의 수준별 처리시간, 위험의 신고에서 제거까지의 정보공유방법 및 절차, 위험 기록 등의 항목으로 나누어진다.

넷째, 접근 보호 대상에 대해 인가된 접근을 허용하고 비 인가된 접근 시도를 차단하는 것이다.

다섯째, 신분증명은 개개인을 식별할 수 있는 정보인, 아이디, 주민등록증, 주민등록번호, 여권, 출입카드 등이 있다.

여섯째, 인증에는 실체 인증(개체 인증으로도 표현함)과 출처 인증이 있다. 실체 인증은 어떤 실체가 정말 주장하는 실체가 맞는지 확인하는 것이다. 특정 방법으로 약속된 정보를 인가된 자와 교환한 후 해당 정보를 제시하는 경우에 한해 접근을 허용하는 것을 말한다. 즉, 로그인(아이디와 암호), 부대의 암구어, 자물쇠와 열쇠 등이 있다. 출처 인증에는 메시지 또는 자료의 출처가 정말 주장하는 출처가 맞는지 확인하는 것이다. 인가된 자에게만 있는 중복되지 않은 정보에 대한 인가목록을 만든 후 인가목록을 통해 확인된 자에 한해 접근을 허용하는 것을 말하는 것으로 지문인식 등이 있다.

일곱째, 암호화한 정보를 전달하는 과정에서 인가되지 않은 사람이 취득한 경우, 암호화하기 이전 정보를 취득하지 못하게 하는 방법이다. 양방향 암호화는 암호화한 정보를 복호화하여 암호화하기 이전의 정보를 취득하는 암호화 방식이고, 단방향 암호화는 중복되지 않는 유일한 정보를 암호화한 이후 해당 정보에 해당하는 유일한 값으로 변환하고 복호화하여 이전 정보를 취득할 수 없게 하는 방법이다. 원본 데이터의 재사용을 염두에 둔 방식이 아니라 암호화된 데이터를 원본 데이터와 함께 전달함으로써 원본 데이터가 변조되었는지 여부를 확인하는 데 사용한다.

정보보호를 위해 지원하는 국내의 정보보호 관련 주요기관은 다음과 같다

<표 6-3> 정보보호 관련 주요기관

구 분	기관명
국가기관	한국인터넷진흥원, 국가정보원 인터넷침해사고대응지원센터, 국군사이버사령부, 국가사이버안전센터, 사이버테러대응센터
관련기업	안랩, 쉬프트웍스, 하우리, 이스트소프트 등

스마트폰, 태블릿 PC, 인터넷 TV(IPTV) 등을 통한 금융서비스가 확산됨에 따라 보안 위협 또한 증가하고 있다. 보안 위협으로 인한 금융사고 발생 시 금융회사의 책임을 강화하는 방향으로 관련 제도가 변화하고 있으므로 금융회사 경영진은 수반되는 IT리스크 관리를 위해 지속적으로 노력해야 한다.

2 정보보호 위협

2011-2013년 정보보호동향 예측 TOP 10의 추이를 살펴보면, 모바일 관련 위협이 본격화되기 시작한 2012년의 동향을 반영하여 2013년에는 '스마트폰 등 모바일 관련 위협'이 1위로 선정되었다. '목표대상이 명확한 조직적 범죄', '악성 프로그램 위협'은 최근 3년 동안 여전히 높은 순위를 유지하고 있다. 또한 기존 보안 관제 체계를 이용한 대응의 한계, 클라우드 서비스 활성화 예상 등의 요인으로 '보안 관제의 변화', '클라우드 컴퓨팅 보안'이 급상승하였다.

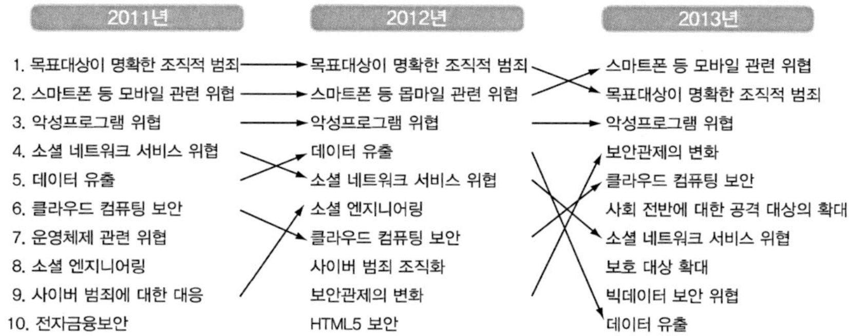

출처: 한국인터넷진흥원(2014)

[그림 6-1] 정보보호 동향 예측 TOP 10 추이

2012년 정보보호 이슈를 보면 2011년에 비해 표면으로 드러난 대형 침해사고 건수는 줄었지만 지적재산 등 특정 내부 정보 유출을 목표로 하는 표적공격 과정은 보다 치밀하고 정교해졌다. 또한 금융권에서는 피싱, 파밍을 비롯한 전자금융사기가 급격히 증가하였으며, 스마트폰 사용자가 늘어남에 따라 스마트폰 악성 프로그램도 폭발적으로 늘어나는 등 모바일 전자금융서비스에 대한 보안 위협이 증가하고 있다.

정보보호업계에서 예측하는 2013년은 현실화·고도화되어 가고 있는 위협(모바일, APT, 악성 프로그램 등)과 최신 IT트렌드(클라우드, 소셜 네트워크, 빅데이터 등)를 이용한 서비스의 활성화로 인해 파생되는 보안 위협에 대한 위험을 완화하기 위하여 보안 관제 서비스의 변화가 이루어지고 있다.

'2013년 인터넷 및 정보보호 10대 이슈 전망' 보고서에서 제시한 내용을 기준으로 침해사고 및 보안이슈를 정리하였다.

<표 6-4> 2013 정보보호동향 TOP 10 및 대표사례

2013 정보보호동향 TOP 10	사 례
목표대상이 명확한 조직적 공격	• 일본 재무성 등에 대한 악성 프로그램 공격 • 국내 특정 기업 및 기관에 대한 표적 공격
스마트폰 등 모바일 관련 위험	• 안드로이드 기반 악성 프로그램 급증 • 톨프로드 성격의 금전적 이득을 취하기 위한 악성 프로그램 증가
악성 프로그램 위협	• 응용 프로그램의 제로데이 취약점 악용 • 맥OS용 악성 프로그램 등장 • 지능형 지속 위협 공격에 활용되는 플레이머 악성 프로그램
클라우드 컴퓨팅 보안	• 클라우드 서비스를 이용한 해킹 • 클라우드 서비스의 해킹에 의한 개인정보 유출 및 삭제
데이터 유출	• 산업비밀, 금융, 개인정보 유출 • 특정 데이터 유출을 노리는 표적 공격
소셜 네트워크 서비스 위협	• SNS를 이용한 악성 프로그램 유포 • SNS의 기능을 활용한 조직적인 유포
사회전반에 대한 공격대상 확대	• 금융 분야뿐만 아니라 다양한 산업의 정보유출을 위한 공격이 수행됨
보호대상 확대	• 정보보호 대상의 확대에 대한 전반적인 인식 전환
보안관제의 변화	• 지능형 상황관제 체계 구축 필요
빅데이터 보안 위협	• 빅데이터 보안 및 빅데이터 분석을 활용한 보안 위협

2.1 목표대상이 명확한 조직적 공격

지능형 지속 위협(APT: Advanced Persistent Threat)은 정치·경제·사회·산업적 목적을 달성하기 위한 표적형 공격으로서 지속적인 시스템 접속을 통하여 기밀정보를 탈취하거나 파괴하는 조직화된 그룹의 공격을 의미한다. 침입경로가 다양해지고, 정상 서비스와 융합된 APT 공격이 확대되고 있다. 또한 공격대상 기관이 사용하는 응용프로그램 및 솔루션의 취약점 활용, 보안장비 우회를 위해 정상적인 어플리케이션을 공격에 악용하는 사례가 증가하고 있다. 이는 보안장비에서 차단하기 어려운 프로그램을 이용하는 경우로 패치관리 시스템(PMS), PC원격관리 프로그램, 그룹웨어 등이 대표적이다.

2012년 APT라고 일컬어지는 '목표대상이 명확한 조직적 공격' 사례는 일본 재무성 APT 공격, 국내 특정 기업 및 기관에 대한 표적 공격, 미국 록히드마틴기업 대상 사이버 공격 등이 있다. 2012년 7월 21일 일본 언론을 통해 일본 재무성에 있는 2,000여대의 PC 중 123대가 정보 탈취 목적의 트로이목마에 감염되었고, 약 2년간(2010년~2011년) 기밀정보가 유출되었을 것으로 추정된다는 기사가 제공되었다. 따라서 악성프로그램 감염 경로의 불명확성, 안티바이러스 미탐지, 오랜 기간 동안 발견 하지 못한 것으로 미루어 봤을 때 표적 공격으로 추정하고 있다. 이 표적 공격에 사용된 악성 프로그램은 키로깅, 파일 생성·삭제, 운영체제 정보 전송 등의 기능을 통해 감염된 시스템을 거점으로 내부 네트워크의 다양한 정보들을 수집하기 위해 제작된 것으로 추정하고 있다.

국내 또한 특정 기업 및 기관에 대한 다양하고 국지적인 공격 시도가 수차례 포착되었고, 보안 취약점이 제거되지 않은 제로데이 공격도 이루어지고 있다.[19] 상대적으로 보안관리가 소홀할 가능성이 큰 접점(제휴업체, 외부용역 등)을 공격 대상에 진입하기 위한 발판으로 활용하는 사례가 증가하고 있다. 대표적인 사례는 농협 전산망 마비 사고 시 외주업체 직원 노트북 악성코드 감염, 현대캐피탈 고객정보 유출 사고 시 서비스 협력업체의 서버 해킹 등이다.

이와 같은 표적 공격을 통해 기업에서 관리하는 고객 정보를 빼내거나 시스템을 파괴하려는 목적의 공격이 많았던 2011년의 동향과는 달리,

* * * *

19) 키워드로 돌아보는 2012년 10대 보안 위협 선정, 잉카인터넷, 2012.12. 3 (http://erteam.nprotect.com/364).

2012년에는 고객들의 정보뿐만 아니라 지적재산 등 공격자가 원하는 특정 내부 정보로 공격 목표를 한정한 사례가 많았다. 특히 시스템 관리자보다는 주요 내부 정보를 관리하는 직원을 표적으로 한 공격이 많았고, 악성 프로그램 유포 방법은 취약한 문서 파일을 첨부한 이메일 또는 정상 프로그램의 업데이트 취약점을 악용한 경우가 많았다. 이 사례는 APT 공격이 공격 대상 기관의 주요 지적재산 등 내부정보를 겨냥하며 산업스파이 활동에서 사이버 범죄자들이 정보 중개인으로 활동할 수 있다는 점을 시사하고 있다.[20] 과거에는 정부나 군사 기관 공격을 통한 군사 기밀 정보 탈취를 주요 목적으로 하였으나, 현재는 일반 기업까지 공격 대상의 범위를 넓히고 있으며, 목적 또한 금전적 이득 쪽으로 확대되고 있다. 향후 APT 공격은 정상 서비스와의 융복합, 진입경로의 다양화 등으로 보다 고도화된 형태로 진화할 것이라 전망되고 있다. 진화하는 APT 공격을 대응하기 위해 효과적인 ATP 공격 시나리오 분석 및 탐지 기술 개발, 민관군의 신속한 APT 침해정보 공유체계 강화가 필요하다.

2.2 스마트폰 등 모바일 기반 위협

2012년은 스마트폰의 보급이 전 세계적으로 크게 증가하면서 '스마트폰 등 모바일 관련 위협'이 주목받았다. 특히 2012년 인터넷 이용 관련 모바일 기기 국내 점유율은 23.84%로, 전 세계의 증가 추이보다 빠르게 증가하였다. 그 중에서도 특히 앱의 설치와 배포가 용이한 안드로이드 기반의 스마트폰 이용자가 기하급수적으로 증가함에 따라 안드로이드 이용자를 겨냥한 보안 위협도 비례적으로 증가하는 추이를 보이고 있다. 2012년은 안드로이드 외산 악성 프로그램이 폭발적으로 증가한 해이며, 카스퍼스키(Kaspersky) 발표에 따르면, 전체 모바일 악성 코드 중 99%는 안드로이드용으로 2011년보다 약 6배 증가한 것이다. 또한

* * * *

20) 2012년 상반기 5대 보안 위협 트렌드, AhnLab 뉴스, 안철수 연구소, 2012. 7.20, (http://blog.ahnlab.com/ahnlab/1554)

2012년에 발견된 안드로이드 악성 프로그램의 72%는 금전적 이득을 취하기 위해 제작된 톨프로드 성격의 악성 프로그램이었다. 톨프로드 악성 프로그램은 PC 기반 악성 프로그램이 스팸메일 발송, 디도스 공격 등에 악용되었던 것과는 달리 모바일 기기에 특화된 결제 시스템(프리미엄 SMS 등)을 이용하여 금전적 이득을 취하고 있다. 다만 안드로이드 기반 외산 악성 프로그램이 악용하는 프리미엄 SMS 기능은 국내 환경과 차이가 있기 때문에 국내에서 직접적인 피해가 발생할 가능성은 낮은 편이다.

스마트폰 문자메시지를 활용한 금융사기도 증가하고 있다. 스마트폰 문자메시지(SMS)를 활용한 URL 연결 및 악성앱 설치 유도를 통해 금전적 피해를 발생시키는 모바일 금융사기가 급증했다. 돌잔치 초대, 도로교통법 위반 등 사람들의 관심사를 반영한 새로운 내용의 메시지를 유포하는 스미싱 공격이 증가하였다. 문자메시지 내 URL을 클릭, 악성앱을 다운로드 받고 설치하도록 유도하여 소액결제 등의 금전적 피해를 유발하였다. 2013년 8월 기준 월별 스미싱 샘플 접수량이 700건을 초과하였다. 스미싱 신종 악성앱은 총 2,351건으로 2012년 17건에 비해 130배 이상 증가했으며 스마트폰 문자메시지를 활용한 신종 금융사기 출현에 따른 이용자 피해 사고 및 피해액 또한 급증하였다. 경찰청에 따르면, 13년 상반기 스미싱 사건 건수가 29,115건으로 2012년 2,182건에 비해 약 12배 증가함과 더불어 2013년 국내 스미싱 공격 피해액은 약 56억원으로 12년 대비 약 10배 증가하였다. 모바일 백신 설치 의무화와 더불어 비정상적인 소액결제가 발생할 시 이용자 통보 등 추가 인증을 통한 소액결제 안전성 강화가 필요하다. 또한 통신사들의 금융사기 문자 원천차단을 위한 기술연구 지원 등 금융사기 피해확산 방지를 위해 제도적 측면에서 정부차원의 검토가 필요하다.

2.3 악성 프로그램 위협

불법광고, 기기 및 개인정보 탈취 등을 목적으로 심어 놓은 악성코드가 심어진 악성 앱의 유통이 확산됨에 따라 악성코드 감염 사고 및 피해가 증가하고 있다. '악성 프로그램 위협' 측면에서는 2011년과 유사하게 금전적 이득을 취하거나 정보를 수집·유출하는 목적을 가진 악성 프로그램과 일반적으로 널리 사용되고 있는 응용 프로그램의 취약점을 이용하는 악성 프로그램이 생성되었다.

운영체제 측면에서는 2012년 4월 맥OS용 Flashback 악성 프로그램이 등장하여 JAVA 보안 취약점을 통해 전 세계 70만대 이상의 컴퓨터를 감염시켰으며, 이후 Sabpab 트로이목마가 맥OS용 MS워드를 통해 전파되었다. 이 사건으로 인해 맥OS도 이제는 더 이상 안전지대가 아니라고 인식되기 시작하였다.

이란과 중동지역에서 APT 공격에 활용되는 플레이머 악성 프로그램이 확산되어 주의가 요구되었다. 플레이머는 국가 기간시설에 침투해 중요 정보를 빼돌리는 매우 정교한 표적공격용 악성 프로그램으로 2010년 '스턱스넷(Stuxnet)', 2011년 이와 유사한 '듀큐(Duqu)', 전세계 화학 및 방산 업체를 공격한 '니트로(Nitro)' 등으로 인한 피해가 있었다. 플레이머는 감염 PC를 윈도우즈 업데이트 서버로 만든 후 감염되지 않은 주변 PC에 대한 중간자 공격(Man-in-the-middle)을 통해 플레이머 악성 프로그램을 전파하였다.

악성 앱을 통한 악성코드 감염 피해는 안드로이드 플랫폼의 개방성, PC 보안에 비해 뒤늦은 대응기술, 이용자 인식 저조 등이 피해 확산의 원인이 되고 있다. 현재 구글 플레이에 등록된 무료 앱 4개 중 1개가 연락처, 사용자 계정정보 외에도 단말기 식별번호(IMEI : International Mobile Station Equipment Identity), 휴대폰 제조사, 모델명 등을 빼내가는 악의적인 기능을 수행한다고 알려져 있다(2013.11월, 시만텍). 2013년 초 중국에서 악성코드가 심어진 앱이 인기 게임 앱으로 위장, 최대

100만대 이상의 안드로이드 폰이 악성코드에 감염된 사고가 발생하였다. 국내의 경우는 2012년 하반기 국내 정부기관에서 제작한 프로그램으로 사칭하여 유포된 스미싱 목적의 악성 앱이 발견되었다. 특히, 안드로이드 운영체제에서 동작하는 신종 악성 앱은 2012년 하반기부터 가파르게 증가하였다. 해외 보안업체 McAfee사 자료에 따르면 13년 3분기에만 68만개의 신종 악성 앱이 발생했으며, 2013년 '모바일 애드웨어 & 악성코드 동향보고서'에 따르면 2013년 6월 안드로이드 악성코드는 전년 대비 약 9배 폭증했고, 특히 모바일 앱에 포함된 광고 위험도는 분석결과 50% 이상이 고위험 군으로 분류되었다. 2013년도 한국인터넷진흥원(KISA)으로 신고·접수된 악성 앱을 분석한 결과 정부 및 공공기관 및 지인을 사칭한 경우가 약 54%를 차지하였다.

스마트폰 이용자에 대한 공격 수법이 계속해서 진화하고 있으며, 분석 방해 기술이 접목된 새로운 유형의 악성 앱 발생이 증가하였다. 스팸문자, 블랙마켓 등 악성 앱 유포 근원지에 대한 모니터링과 감염 스마트폰 이용자에 대한 치료 체계 마련 등이 필요하다.

2.4 클라우드 컴퓨팅 보안 위협

2011년 룰즈섹(Lulzsec) 해커 그룹은 아마존 클라우드 서비스인 Elastic Compute Cloud(EC2)의 클라우드 컴퓨팅 파워를 이용해 소니픽쳐스 및 소니컴퓨터엔터테인먼트 등을 공격해 약 1억 명의 사용자 정보를 탈취하였다. 이는 클라우드 서비스는 고객들의 정보를 안전하게 보관해 주기도 하지만, 해커들이 공격할 수 있는 도구로 변질될 수도 있다는 것을 보여 준 사례이다. 2012년 클라우드 컴퓨팅 보안관 측면에서 등장한 사건들은 살펴보면, 스파이아이(SpyEye)와 제우스(Zeus)는 유럽, 미국, 콜롬비아 등의 금융회사를 대상으로 일회용 토큰 등 투팩터(two factor) 보안인증을 우회하는데 클라우드 컴퓨팅을 활용하였다. 공격자는 사용자의 온라인 뱅킹 세션을 이용하여 실시간으로 불법 이체를 수행하기 위해 서버 사이트 스크립트와 결합된 MITB(Man-in-the-browser)라는 방법을 이용한 것으로 알려졌다. 또한, 개인 클라우드 서비스인 애플의 아이클라우드와 드롭박스가 해킹당해 일부 이용자의 정보가 삭제되는 사건이 발생하기도 하였다. 이 사건에서 해커는 아이클라우드와 드롭박스를 해킹하여 iOS 기기에 보관 중인 자료와 여기에 연동된 이메일 및 트위터 내용까지 삭제하였다.

사용자 중심형(User-Centric) 퍼스널 클라우드 서비스가 증가하면서 보안 및 프라이버시에 대한 관심과 요구가 증대되고 있다. 스마트폰, 태블릿 PC 등 스마트 디바이스의 이용이 보편화되면서 사용자 데이터를 클라우드 공간에 자유롭게 저장, 접근, 이용할 수 있는 퍼스널 클라우드 서비스가 주목받고 있다. 퍼스널 클라우드 서비스 가입자는 2013년 당시 6억 2,500만 명에 달하며, 2017년에는 13억 명까지 급증할 전망이다. 가트너는 퍼스널 클라우드 상에 저장되는 개인용 디지털 콘텐츠 비중이 11년 7%에서 2016년에는 36%까지 증가할 것으로 전망하였으며, 글로벌 개인용 디지털 스토리지 용량이 2011년에는 329엑사바이트(EB, 1016)에서 16년 4.1 제타바이트(ZB, 1021)까지 확대될 것으로 알려지고 있다. 퍼스널 클라우드는 자신이 이용하는 애플리케이션, 콘텐츠, 서비스 등을 다양한 디지털 기기에서도 동일하게 이용할 수 있어 지속적으로 성장하고 있다. 퍼스널 클라우드 서비스 이용자의 증가와 함께 저장된 데이터에 대한 보안 및 프라이버시 침해에 대한 우려가 확산되고 있다. 특히, 저장된 데이터가 대부분 개인화된 콘텐츠이고 외부로 위탁하는 서비스의 특성상, 데이터에 대한 접근제어, 암호화 등 강력한 보안이 요구된다. 퍼스널 클라우드 이용자 개인정보와 콘텐츠의 저장·이용에 있어 신뢰할 수 있는 보안 및 프라이버시 정책 제정에 대한 요구가 확대될 것으로 예상된다. 국내 클라우드 환경에 부합한 보안 기준 및 대응조치 마련, 안전한 퍼스널 클라우드 이용 확산을 위한 안전성 검증 제도 마련 등이 필요하다.

2.5 기타

다양한 소셜네트워크(SNS : Social Network Service) 플랫폼의 등장으로 사용자가 자발적으로 제공하는 소셜네트워크 서비스를 사용한 정보로 인한 위협이 등장하고 있다. '소셜 네트워크 서비스 위협' 측면에서는 페이스북, 트위터, 링크드인과 같은 소셜 네트워크 서비스를 이용해 악성 프로그램을 유포하고 스팸메일을 발송하는 등 다양한 보안 위협이 발견되고 있다. 기존에는 페이스북 측에서 보낸 메일로 위장해 비밀번호 변경 등의 이유로 첨부파일을 클릭하도록 유도하는 방식이었으나 SNS의 사진파일, 공지사항, 친구신청 등을 위장하는 등 사회 공학적인 기법이 등장하고, 조직적으로 악성 프로그램이 유포되는 사례가 증가하고 있다. 또한 단축 URL 주소 서비스를 이용해서 악의적인 웹 사이트로 연결을 유도한다. 또한 페이스북 채팅창을 통해서 친구 계정으로 전송된 메시지에 포함되어 있는 악의적 URL 주소를 클릭하게 유도하는 등 다양한 방법으로 위협하고 있다. 소셜 네트워크 기반의 위협과 더불어 사회전반으로 공격대상이 확대되고 있다. 따라서 정보 위협에 대해 보호해야 할 대상도 확대되어야 한다.

보안 관제의 변화측면을 보면, 현재의 보안 관제체계에서는 정밀하게 진행되는 고도화된 보안 위협(APT : Advanced Persistent Threats) 공격이나 사회 공학적 공격을 완벽하게 탐지할 수 없으므로 대용량 데이터에 대한 실시간 분석, 취약점 분석 결과 연동, 위험관리 프로세스 도입, 프로파일링 기술 등 지능형 상황관제 체계 구축의 필요성이 제시되었다. 또한 이를 분석 및 관리할 수 있는 기술인 빅데이터 시대에 도래하고 있다. 빅데이터 기술은 보안을 빅데이터 분석활용측면에서 보면 해커는 지속적으로 SNS 등 소셜네트워크에서 다양하게 정보를 수집하여 빅데이터 분석을 통해 의미 있는 데이터로 전환하여 공격대상의 약점을 파악하여 공격경로를 확보할 수 있다. 그리고 보안 관리자의 경우는 관리하고 있는 다양한 시스템 환경에서 수집된 정보를 빅데이터 분석을 통해 조사 가능한 리스트를 확보하여 외부 침입가능성에 대해 파악할 수 있어 보안 관리자는 외부 공격을 방어하기 위해 빅데이터 분석을 활용하여 방어할 수 있다.

BYOD(Bring your own device) 환경에서 보안 관리자는 기기의 정보를 통제 관리하고 해커는 관련 기기를 통해 정상적인 경로로 침입하여 원하는 정보를 탈취하는 경로로 이용한다. 따라서 빅데이터 분석은 기업의 생산성 증가를 위한 마케팅 측면뿐만 아니라 보안에서는 해커와 보안관리자 모두에게 아주 중요한 요소로 등장하였다.

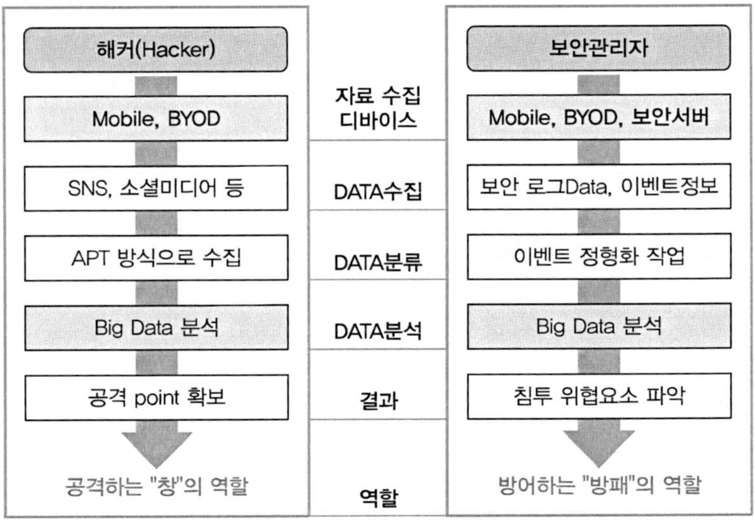

[그림 6-2] 개인정보와 관련된 기업 내부 및 외부 관계자

최근 정부기관 및 대기업들이 빅데이터 시스템 구축을 확대함에 따라 개인정보 유출 등 보안 위협에 대한 우려가 이슈로 대두하고 있다. 빅데이터 시스템의 보안 취약성으로 인한 정보유출, 불법적인 개인정보 거래, 비식별 정보의 재식별화 등에 대한 우려가 존재하고 있기 때문이다. 따라서 빅데이터 시스템 구축 시 설계 단계부터 보안 취약성 점검을 강화하고 보안 기능의 탑재가 필요하다. 보안 솔루션 상관분석, APT 탐지

등 빅데이터로 고도화된 보안서비스 등장을 예상하고 있으며, 지능화된 사이버 공격에 대한 사전예방을 강화하기 위해 빅데이터 분석 기법을 활용한 사이버 위협 분석·예측 시스템 구축이 필요하다.

사이버 범죄 조직화 측면에서 살펴보면, 사이버 범죄조직은 리더에서 자금 운반책에 이르기까지 조직 구성원들 각각의 역할과 책임이 명확히 구분되어 있을 정도로 탄탄한 조직력을 갖춘 전형적인 계층 구조로 구성되어 있다. 사이버범죄의 핵심은 고도화된 악성 프로그램을 배포하고 허위 백신 소프트웨어와 효율적인 익스플로잇 툴킷을 개발하는 등의 기술력을 보유하고 있다. 합법적인 조직처럼 개발된 코드는 엄격한 검증 프로세스를 거쳐 배포되며 대규모 공격, CAPTCHA 크랙킹 등 보다 고도화된 작업의 경우에는 해킹 그룹 등 다른 조직에 개발 연구를 의뢰하거나 기술을 보유한 외부 인력을 채용하여 범죄 조직의 기술력을 향상시키고 있다. 사이버 범죄 조직은 인터넷 구인 게시판, 해킹 포럼, 언더그라운드 인터넷 릴레이 챗(IRC : Internet Relay Chat) 채널을 통해 해킹 서비스부터 클라이언트의 요구에 맞춘 악성 프로그램 제작을 하고 있다.

내부 직원관리도 정보보안을 위해서는 매우 중요한 요소이다. 2013년 대표적인 데이터 유출 사고는 KCB(Korea Credit Bank) 신용평가사 직원이 카드사로 파견 후 주요 카드사의 고객정보를 대출 광고업자에게 제공한 경우로서 데이터 유출은 외부 해킹뿐만 아니라 내부직원의 허술한 관리를 통해 발생할 수 있다는 것을 보여 준 사례이다. 이를 통한 노출 피해는 KB국민카드, 롯데카드, 농협카드사 등에 보관된 정보가 유출되어 국민 2명당 1명의 정보가 유출되는 피해를 가져왔다. 특히 금융 데이터 유출은 제2의 금융 사고에 미치는 영향력이 높아 이에 따른 관리가 매우 중요하다.

지금까지 등장하고 있는 다양한 보안을 위협하고 있는 주요 요인에 대하여 살펴보았다. 다음은 10년 이상 국내에서 금융 보안을 위해 도입했던 디지털 인증제도인 공인인증서에 대하여 논의하고자 한다.

3 디지털 인증

3.1 디지털 인증

인증이란 특정 대상에 대하여 심사, 확인하는 것으로서 그 대상에는 규격, 디자인, 품질, 성능 등 다양하게 존재하고 있으며, 산업에서 이용되는 대표적인 인증 사례가 한국산업인증(KS 인증), 제품의 안전성 신뢰성을 제시하는 S마크 안전인증, S/W 제품의 안전성을 확인하는 GS 인증 등이 있다. 오프라인의 경우와 마찬가지로 온라인의 경우 비대면 방식으로 확인할 수 없는 통신 대상을 신뢰할 수 있게 하는 수단의 필요성에 따라 디지털(Digital) 인증서 개념이 도입되었다.

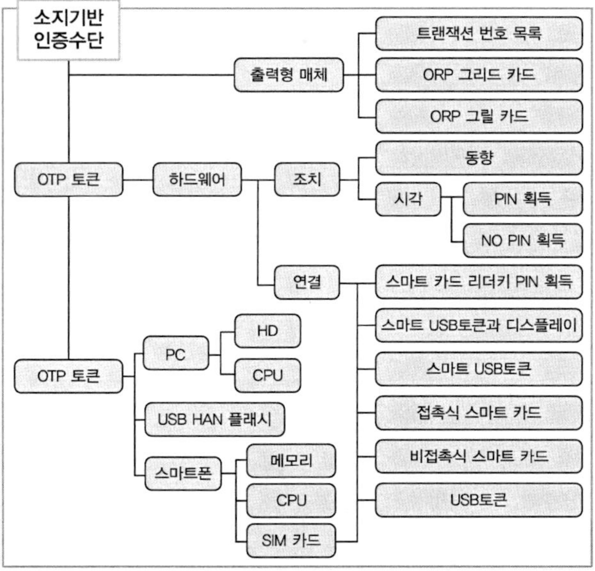

[그림 6-3] 전통적 인증수단의 분류

[그림 6-3] 전통적 인증수단의 분류 (계속)

디지털 인증서란 온라인상에서 보이지 않는 대상을 일정한 규정에 의해 확인하여 신뢰할 수 있는 주체라는 것을 확인해 주는 것이다. 디지털(Digital) 인증의 대상은 주체, 정책, 기술, 내용 등 여러 가지를 적용할 수 있다. 디지털(Digital) 인증서가 제공하는 대표적인 서비스는 첫째, 신원확인(Authentication), 둘째, 접근제어(Access Control), 셋째, 암호화(Encryption), 넷째, 전자서명(Digital Signature)이 있다.

인증서 서비스의 종류는 개인용 인증서비스, 웹 서버 인증서비스, 기업용 인증서비스로 분류된다. 개인용 인증서비스는 개인 업무 사용 시 전자서명 및 암호화를 지원하고 있으며 웹서버 인증서비스는 웹사이트의 신뢰도 및 실존여부 확인, 웹사이트 로그인, 지불, 회원 개인 신상정보 입출력 시 SSL(Socket Secure Layer) 암호보안을 수행하고 있다. 그리고 기업용 인증서비스는 기업내부 intranet, extranet의 접근제어, B2B Online network 구축 시 인증체계 구축, B2B Online 서비스 구축 시 고객사에 대한 신원 확인 등이 있다. 그 중에서 웹서버 인증에 대하여 구체적으로 살펴보고자 한다.

웹서버 인증이란 웹서버(or 웹사이트 자체)의 실체를 확인하는 것으로 웹사이트를 운영하는 회사의 실존여부, 도메인 소유의 정당성, 담당자 정보 등의 확인으로 웹서버 인증서는 발급 자체로서 온라인상에서 신뢰를 확보하는 것이다. 웹서버 인증서의 기능은 암호화 통신(SSL : Secure Socket Layer)과 신원확인(Authentication)이다.

암호화 통신(SSL : Secure Socket Layer)은 네트워크상에서 오고 가는 민감한 개인정보의 악의적인 유출을 막음과 동시에, 안전하게 보호할 수 있다. 공개키, 대칭키 암호화방식을 혼용한 암호화 통신을 가능하게 한다. 사용되는 알고리즘은 RSA[21)], RC4[22)], 3DES[23)], MD5[24)] 등이 있으며, 40비트~128비트의 대칭키 암호화로 데이터를 보호한다. 또한 SGC or STEP-UP 인증서의 경우 항상 128비트 암호화를 수행한다.

신원확인은 Cyber상의 신원/신분 확인 매체로서 온라인상에서 신뢰

* * * *

21) RSA는 공개키 암호시스템의 하나로, 암호화뿐만 아니라 전자서명이 가능한 최초의 알고리즘으로 알려져 있다. RSA가 갖는 전자서명 기능은 인증을 요구하는 전자상거래 등에 RSA의 광범위한 활용을 가능하게 하였다(출처: 위키백과).

22) RC4는 RSA Security 를 위해 Ron Rivest에 의하여 1987년에 고안된 스트림 암호 방식이다. 이것은 바이트 단위의 작용에 대하여 다양한 키 사이즈를 갖는 스트림 암호 방식이다. 이 알고리즘은 랜덤 치환 사용을 기반으로 한다. RC4는 가장 널리 쓰이는 스트림 암호 방식이다. 이 방식은 웹 브라우저와 서버사이의 통신의 표준으로 규정된 SSL/TLS(Secure Sockets Layer/Transport Layer Security) 에서 사용 된다. 무선랜 표준 IEEE 802.11 의 WEP(Wired Equivalent Privacy) 프로토콜에서 사용된다(출처: 위키백과).

23) DES(Data Encryption Standard)는 블록 암호의 일종으로, 미국 NBS (National Bureau of Standards, 현재 NIST)에서 국가 표준으로 정한 암호이다. DES는 대칭키 암호이며, 56비트의 키를 사용한다(출처: 위키백과).

24) MD5(Message-Digest algorithm 5)는 128비트 암호화 해시 함수이다. RFC 1321로 지정되어 있으며, 주로 프로그램이나 파일이 원본 그대로인지를 확인하는 무결성 검사 등에 사용된다. 1991년에 로널드 라이베스트가 예전에 쓰이던 MD4를 대체하기 위해 고안하였다(출처: 위키백과).

할 수 있는 웹사이트라는 것을 증명해주는 수단이다. 인증기관의 대외적인 신뢰도가 전제조건이고 엄격한 신원 확인 절차가 필요하며 인증서 신청, 발급과정의 투명성, 직접성을 기반으로 한다.

<표 6-5> SSL과 신원확인

구 분	암호화(SSL)	신원확인(Authentication)
기능	공개키를 안전하게 전달하기 위한 봉투	온라인상의 신분증

웹서버 인증은 암호화 비트수에 따라 시큐어 서버 인증서와 글로벌 서버 인증서로 나누어진다. 시큐어 서버 인증서는 클라이언트 브라우저의 암호화 수준(40, 56, 128비트)에 따라 가변적(40, 56, 128비트)으로 SSL통신이 가능하다. 글로벌 서버 인증서는 브라우저의 암호화 수준(40, 56, 128비트)에 관계없이 항상 128비트의 SSL통신을 가능하게 한다. SGC(Server Gated Cryptography), step-up 기술을 이용하는 인증서 중 가장 많이 보급된 것이 VeriSign 제품이다.

<표 6-6> 시큐어 서버 인증서와 글로벌 서버 인증서 비교

구 분	시큐어 서버 인증서	글로벌 서버 인증서
암호화 비트수	가변적	128bit 방식
인증서 종류	싱글서버 인증서 멀티팩 인증서	싱글서버 인증서 멀티팩 인증서

일반적인 웹서버 인증서 발급 절차를 보면 다음과 같다

① 고객의 웹서버에서 키쌍(공개키, 비밀키) 생성
② 고객 웹서버의 공개키 정보를 담은 CSR 생성
③ 관련 인증기관 사이트 신청화면 CA로 CSR 발송
④ CA(VeriSign 등) 인증 Server에서 CSR 분해(공개키, 신상정보 등)

⑤ 당사자의 Validation 신청 정보값 Validation 제공
⑥ Validation완료 후, 최상위 CA(VeriSign)고객사 공개키에 서명
⑦ 소비자에게 CA서명이 담긴 웹서버 인증서 발송
⑧ 웹서버 인증서 설치
⑨ 보안씰 설치

다음은 개인인증 방식인 공인인증서에 대하여 살펴보고자 한다.

3.2 공인인증서

전자서명은 일상생활에서 신원을 확인하거나 거래를 하려고 할 때 주민등록증이나 인감 날인 또는 서명 등이 필요하듯이, 인터넷상에서 신원 확인이 필요할 때 이를 확실히 보장해 주는 증명 수단이다. 국내의 경우는 대표적인 전자서명이 공인인증서이다.

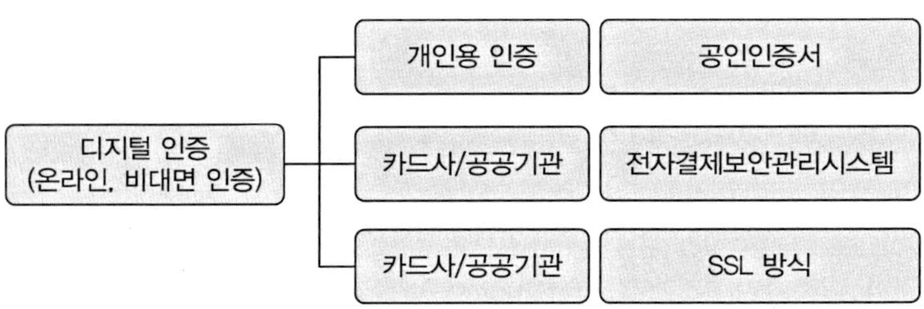

[그림 6-4] 디지털 인증의 유형

공인인증서는 국가에서 지정한 공인인증기관이 발급하는 전자서명을 인증서 형태로 발급한 것이다. 국내에서 전자적으로 업무를 처리하는 경우 공인인증서를 통한 본인 확인 과정이 필요하며 공인인증서가 없는 사용자가 공인 인증서가 필요한 민원서비스를 이용하고자 할 경우에는, 본인 확인을 위해 발급대행 기관에 신청하여 발급을 받아야 한다.

<표 6-7> 공인인증서 발급 절차

구 분	내 용
1단계	신분증, 도장, 통장을 지참하여 현재 금융 거래중인 은행·증권사·우체국 등 공인인증 등록대행기관을 직접 방문하여 인터넷뱅킹 또는 사이버트레이딩 신청
2단계	대행기관은 신분 확인 후 참조번호와 인가코드(일종의 임시 아이디와 비밀번호)를 발급
3단계	집에 돌아오면 은행, 증권사나 우체국 홈페이지에 접속하여 이를 입력한 후 인증서 프로그램을 다운로드
4단계	전자인증서를 PC나 플로피디스크 등에 설치하고 인터넷 민원을 신청할 때마다 수시로 사용

공인인증서 발급기관은 한국정보인증(주), (주)코스콤(증권전산), 금융결제원, 한국정보사회진흥원, 한국전자인증(주), 한국무역정보통신 등이 있다.

<표 6-8> 공인인증서 발급기관

공인인증기관	홈페이지 주소	설치 디렉토리
한국정보인증㈜	http://www.signgate.com/ 1577-8787	C:\Program Files\NPKI\SignKorea\User\
㈜코스콤(증권전산)	http://www.signkorea.com/ 1577-7337	C:\Program Files\NPKI\KICA\User\
금융결제원	http://www.yessign.or.kr/ (발급은행 홈페이지 참조)	C:\Program Files\NPKI\yessign\USER\ C:\WINDOWS\yessign
한국정보사회진흥원	http://sign.nja.or.kr/	C:\Program Files\NPKI\crosscert\user\
한국전자인증㈜	http://gca.crosscert.com 1566-0566	C:\Program Files\NPKI\ncaSign\user\
한국무역정보통신	http://www.tradesign.net/ 1566-2119	C:\Program Files\NPKI\tradeSign\user\

* 2010년 기준 자료

공인인증서를 사용하기 위해서는 각 인증기관에서 제시하는 보안프로그램 설치가 필수적이며 자동 또는 수동으로 사용하고자 하는 PC나 기기에 설치해야 하는 번거로움이 있다. 또한 각 인증기관에서 제공한 프로그램과 소비자가 이용하는 PC에 설치된 다른 프로그램과 연관되어 오류를 일으키는 경우가 많이 발생하고 있다.

공인인증서 사용이 불가능한 PC 운영환경은 PC 운영체제가 64비트용 Windows Vista의 IE의 경우이고 웹브라우저가 MS사의 IE(Internet Explorer)가 아닌 파이어폭스, 오페라 등인 경우이다.

3.3 공인인증서 현황

금융 보안 및 해킹 문제는 전 세계적인 문제로 등장하였다. 영국 페이팔은 시리아 전자군에 의해 해킹을 당했고, 중국 최대 포털 업체 바이두도 접속 불능 사태가 벌어지는 등 금융관련 해킹의 위협은 지속적으로 존재하고 있다. 기술 발달에 따라 지능적인 해킹, 내부인력에 의한 개인정보의 유출 등 금융 보안 이슈가 발생하는 원인은 다양하게 존재한다.

보안측면을 보면, 서버보안과 클라이언트 보안으로 크게 구분할 수 있다. 서버 보안측면에서 보면, 해커의 서버에 대한 공격은 주로 DDOS, SQL Injection 등에서 진행되었다. 금융정보를 포함한 거대한 개인정보를 방어하기 위해, 금융, 포털, 대형쇼핑몰을 비롯한 많은 사이트들이 안전한 인터넷 환경을 제공할 수 있도록 Anti DDOS, DB암호화, 서버인증(SSL), IPS, DB접근 제어, 웹 방화벽 등에 지속적인 투자를 통해 물리적 보안을 강화하고 있다. 피싱뿐만 아니라 파밍등 나날이 해킹 수법이 진화하는데 따른 위험을 막고자 EV-SSL을 도입하는 은행 및 금융기관이 증가하고 있다. EV-SSL이란, 홈페이지가 진짜인지 여부를 눈으로 직접 확인할 수 있도록 녹색 주소창으로 표시되는 방식이다. 즉, 고객이 해당 사이트에 접속했을 때 도메인 창이 녹색이면 신뢰할 수 있는 것이다. 국민은행, 우리은행 등 금융권이 EV-SSL을 도입하였다.

클라이언트 보안측면에서 논의하면 정보 해킹의 변화는 대규모 고객

정보뿐만 아니라 개인의 정보를 탈취하는 방향으로 이동하고 있다. 이에 대항하기 위해, 인증서 암호화 및 관리 프로그램, 안티바이러스(V3 등), 비밀번호 보호(키보드 보안프로그램), 개인방화벽, 해킹 IP 접속차단을 위한 보안로그 프로그램 등을 여러 금융기관에서 사용자에게 사용하도록 유도하고 있다. 공인인증서도 그 중 하나에 속한다. 해킹의 경우 기본적인 방식이 플러그인(MS의 경우 액티브X)으로 문제를 일으키고 있으며, 공인인증서가 플러그인 방식을 이용하기 때문에 바이러스의 숙주가 되어 문제가 발생할 수 있다. 해외 대부분의 경우는 소비자가 서버보안 방식은 기본적으로 제공되고 특정사이트에서 클라이언트 보안방식으로 사용할지 선택의 여지가 존재하고 있으나 국내는 의무사항으로 제시되어 있다는 것이 가장 큰 차이이다.

공인인증서와 SSL+OTP를 비교하면, SSL+OTP가 공인인증서의 대안으로 언급하기도 한다. OTP(One Time Password)는 일회용 비밀번호를 생성해 사용하는 것이고, SSL(Secure Socket Layer)은 인터넷 상에서 웹 브라우저와 웹서버 간의 데이터를 안전하게 주고 받을수 있도록 암호화해 통신하는 프로토콜이다. 일부는 공인인증서의 불필요성을 제시하고 있으나 SSL+OTP는 공인인증서와의 결합으로 보안을 강화하는 이중 보안수단으로 활용할 수 있는 것으로 보고 있다.

1999년 전자서명법에서 공인인증제도는 온라인 거래 증가에 맞추어 보안강화를 위해 제공된 제도이지만 클라이언트 보안중심의 모델로서 소비자에게 엑티브X 설치라는 방식으로 바이러스를 제공하는 통로로 이용되어 보안을 약화시키는 측면을 제공하였다. 따라서 2014년 공인인증제도의 의무화 폐지를 통해 소비자에게 인증방식의 선택권을 제공하고 있다. 따라서 환경은 클라이언트 보안보다는 서버 보안 강화를 통해 소비자의 이용 편리성을 강조하고 있다. 소비자의 경우 공인인증서 이외에도 다양한 프로그램을 개인 PC에 설치하기 때문에 각종 프로그램과의 충돌뿐만 아니라 PC 메모리 속도 저하, 악성프로그램 동반 설치 등의 경우도 발생하고 있다. 따라서 공인인증서를 통한 클라이언트 보안 측면은 소비자의 선호도에 따라 진행하는 것이 필요하다.

국내는 금융감독원의 권고에 따라 2004년부터 공인인증제도가 시행된 이래, 온라인 결제 시 신용카드 및 체크카드를 사용하는 경우에는 "안심클릭"이나 "안전결제(ISP)" 서비스를 사용하였다. 국내와 같이 5천만 정도의 적은 인구와 정부의 뒷받침을 받는 강력한 감독기관이 존재하는 상황에서는 이런 범국가적인 제도의 시행이 가능했었다. 그러나 소비자가 해외에서 설립된 회사로부터 물품 또는 서비스를 인터넷으로 구매하는 경우에는 자국 내에서 단독으로 시행하는 제도로는 이용에 한계가 존재한다.

E-Banking & Payment

제2절 전자금융 보호

① 금융전산보안

1.1 전자금융 시스템에 대한 공격

국내 전자금융 거래는 급격히 증가하여 전자금융 이용 비중이 2013년 3월 기준으로 87.7%*에 이르고 있다. 인터넷뱅킹 가입자 수는 8,940만 명(중복합산), 모바일뱅킹 고객 수는 4천만 명(중복합산) 이며, 거래 금액은 일평균 33조 804억 원에 이르고 있다

<표 6-9> 금융서비스 전달채널별 업무처리비중 (2013.3월)

창구거래 (대면거래)	전자금융(비대면거래)				합 계
		CD/ATM	텔레뱅킹	인터넷뱅킹	
12.3 %	87.7%	42.3%	14.0 %	31.4%	100.0%

출처: 한국은행

보안은 크게 금융전산 보안과 이용자 보안 측면으로 나누어진다. 금융전산보안은 전자적 시스템 등 기반 시설, 보안 조직 인력, 기업이 보유한 금융자산에 대한 보안 등을 취급하고 있다. 이용자 보안은 피해예방을 위한 사전 보안 방식으로 시스템 및 법, 제도적 보안과 사후 보안 방안으로 피해 사건이 발생 후 이를 처리하기 위한 처리 부분으로 분류된다.

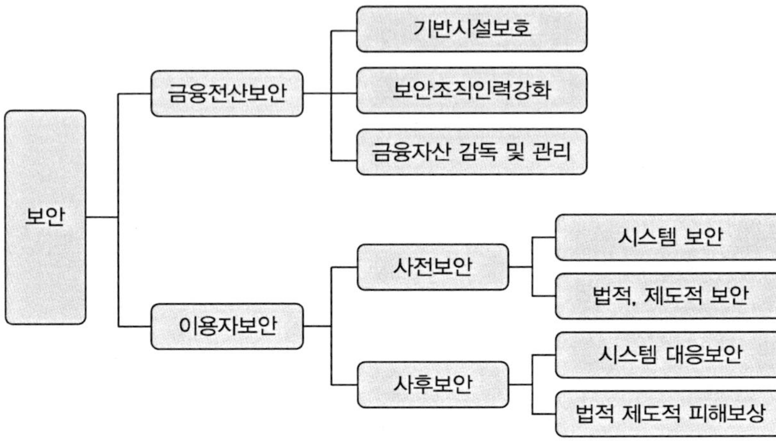

[그림 6-5] 보안의 종류

비대면 방식의 전자금융 거래 이용 수단의 발달로 금융소비자들의 이용 편의성은 높아졌지만, 그만큼 보안 위협도 함께 증가했으며 전자금융 이용자 PC 등에 악성코드를 감염시켜 금융정보를 취득하고 부정거래를 통해 불법적으로 자금을 편취하고 있다. 또한 디도스 공격·해킹 등 사이버 공격을 통해 금융 전산시스템을 마비시키거나 고객정보를 탈취하여 대국민 불편 및 피해를 초래하고 있다. 또한 사이버 공격은 여러 금융회사에 동시 다발적·반복적으로 발생하고 있으며 악성코드를 이용한 내부망 침투 등 지능화·다양화되고 있다. 대표적인 방법으로 지능형지속 위협(APT)공격, 악성코드감염, 디도스 공격 등이 있다.

APT(Advanced Persistent Threat) 공격이란 특정 목적을 정해두고 해킹기법을 이용하여 장기간 지속적으로 공격함으로써 정보유출·시스템 파괴 등을 일으키는 것을 말한다. 지능형지속 위협(APT) 공격을 통해 동시 다발적으로 전산자료를 파괴(삭제)하여 금융시스템을 일시에 대량으로 마비시키는 현상이 나타나고 있다.

악성코드란 컴퓨터에서 사용자 허락 없이 스스로를 복사하거나 변형한 뒤 정보유출, 시스템 파괴 등의 작업을 수행하여 사용자에게 피해를 주는 프로그램을 말한다. 인터넷과 연결된 내부 업무 PC, 운영단말기 등이 악성코드에 감염되어 정보유출·자료파괴를 초래하는 해킹 공격의 경로로 이용된다. 악성코드 사례는 국내 모 은행의 내부 그룹웨어 취약점을 이용한 악성코드 유포가 있었다.

DDOS(Distributed Denial of Service, 분산 서비스거부 공격)는 악성코드에 감염된 PC를 통해 일시에 집중적인 접속을 시도하여 전산망을 마비시키는 공격 기법으로 많은 피해를 제공했다.

악성코드를 이용한 내부 망 침투 등 다양화된 사이버 공격 유형에 대비하여 매년 실시하는 모의훈련 시나리오를 개선하여 지능화된 APT공격·악성코드 감염 등 신종 사이버 보안 위협에 대한 대응능력을 강화해야 한다.

1.2 금융전산보안 강화 방안

전자금융 보안은 전자금융기반시설 보호, 보안 조직 인력의 역량강화, 전자금융기업의 자율적 보안 노력, 금융전산부문 감독 및 검사 등으로 분류하여 관리할 수 있다.

<표 6-10> 금융전산 보안 강화 방안

<table>
<tr><th>구 분</th><th colspan="2">내 용</th></tr>
<tr><td>추진목표</td><td colspan="2">금융전산 보안을 강화하여 금융 이용자를 보호하고 전자금융 거래의 안전성 및 신뢰성을 제고</td></tr>
<tr><td>대응체계</td><td colspan="2">• 금융권 보안전담조직 체계화
• 금융권 백업전용센터(제3백업센터) 구축
• 금융전산 위기대응능력 강화</td></tr>
<tr><td rowspan="2">금융전산 보안</td><td>전자금융기반시설 보호</td><td>보안조직·인력 역량</td></tr>
<tr><td>• 금융전산 망분리 의무화
• 금융전산 내부통제 강화</td><td>• CISO 역할 및 독립성 강화
• 전산보안인력 사기진작
• 금융 보안 전문인력 양성</td></tr>
</table>

<표 6-10> 금융전산 보안 강화 방안 (계속)

구 분	내 용	
	금융회사 자율적 보안노력 지원	금융전산부문 감독 및 검사
	• IT 신기술 보안가이드 제공 • 보안수준 자체평가 지원 • 중소형 금융회사 보안 지원	• 지주사 및 IT자회사 감독 강화 • 사고 빈발 금융회사 집중관리 • 업무정지 등 제재기준 마련
이용자 보호	• 이상금융 거래 탐지시스템 구축 확대 • 금융회사 사칭 불법 사이트 접속 차단 • 보안사고 예방교육 및 홍보 강화	

출처: 금융위원회 전자금융과

전자금융기반시설 보호 측면에서 금융전산 보안으로 보면 다음과 같은 사항이 필요하다.

첫째, 금융전산 망분리 의무화를 실시해야 한다. 금융회사의 전산센터에 대해 우선 물리적 망 분리를 의무적으로 실시하고, 본점·영업점 등은 규모에 따라 단계적으로 추진해야 한다. 법적 근거로는 다음과 같다.

(1) 국가·공공기관은 2008년도부터 내부 업무망과 인터넷망을 분리하여 운영
(2) 정보통신망법 제15조에서는 개인정보처리시스템에 접속하는 PC의 인터넷 접속 차단을 의무화

둘째, 금융전산의 내부통제를 강화해야 한다. 취약점 점검에서 발견된 문제점에 대한 보완 조치를 이행하지 않아 동일 취약점을 이용한 해킹 등이 발생하므로 취약점 점검 결과에 대한 이행절차 마련 등 취약점 보완조치를 철저히 이행하도록 제도를 마련해야 한다. 금융회사는 취약점 점검에 따른 조치계획 등을 수립하고, 그 이행 여부를 정기적으로 점검 및 보고하는 절차가 필요하다.

출처: 금융위원회 전자금융과

[그림 6-6] 취약점 점검 및 이행절차

전산시스템 운영자들에 대하여 접속 시 ID·비밀번호 이외에 추가 인증을 의무화하고 있으나, 내부 망 전산시스템에 대해서는 추가 인증을 미적용하는 경우가 많이 있으며 일부 금융회사는 ID·비밀번호의 PC 저장·관리, 비밀번호의 장기간 미 변경 등으로 비인가자가 시스템에 접근할 가능성이 있다. 모든 전산시스템 접근 시 ID·비밀번호 이외의 안전한 인증방법에 의한 별도의 추가 인증방안의 검토가 필요하다. 이를 통해 시스템 계정 사용권한, 접근기록 등을 관리·통제하고, 상시 모니터링을 강화하여, 필요한 통제조치를 시행한다. 또한 중요 단말기에는 인터넷 접속, 메일 송·수신, 그룹웨어 접속 등을 일체 금지한다.

보안조직·인력 역량 측면에서 전자금융 보안은 CISO(Chief Information Security Officer) 역할 및 독립성 강화, 전산보안인력 사기진작, 금융 보안 전문 인력 양성 등으로 나누어 검토할 수 있다. CIO(Chief Information Officer)가 CISO를 겸직함에 따라 CISO의 독립적인 보안 활동을 저해하고 업무상 경계가 모호하여 전산사고 발생 시 책임이 불분명하다. 따라서 일정규모(예시 사례: 총자산 10조 및 종업원 수 1,500명 이상) 이상의 금융회사는 정보보호를 전담하는 CISO 전임제도(겸직금지)를 도입하는 것을 검토하고 있다. 정보보안 교육이 중·대형 금융회사에 집중되어 있고 이에 따라 상대적으로 소외될 수 있는 소형 금융회사는 임직원을 대상으로 하는 단기교육을 강화해야 한다. 중장기적 금융 보안 전문성 제고를 위한 교육 프로그램이 부족한 금융회사는 전자금융 환경의 특수성 및 금융 보안업무의 전문성을 고려하여, 금융 보안 전문 인력 양성에 필요한 교육 체계로서 계층별·직무별 금융 보안 교육과정

개발 및 금융 보안 전문 인력 수급 계획 등을 마련한다. 금융회사의 정보보안 전문 인력 양성과 임직원 보안 교육을 위해 '금융정보보호 교육센터'를 운영(금융 보안연구원)하고 정보보호 석사과정을 개설한 대학원과 금융 회사 간 협력체계 구축을 유도해야 한다.

2 전자금융 사기

2.1 개요

인터넷 등장 이후 발전한 전자금융은 금융 소비자의 편의를 제공하기 위한 수단으로 도입되었으나 금융사기 범죄에도 광범위하게 사용되고 있다. 전자금융 사기방법은 국제화, 산업화, 다양화, 지능화하는 경향을 보이며 금융 소비자와 금융기업에게 피해를 입혀 사회적 문제로 부상하고 있다.

전자금융 사기의 공격 방향에 대하여 살펴보면, 이전 방식은 사람을 이용한 공격, 개인정보를 편취하고 PC 기반으로 이루어진 반면에 현재는 이용자 정보를 해킹, 악성코드를 이용한 공격, 개인정보를 탈취하여 모바일 기반으로 공격이 이루어지고 있다.

<표 6-11> 금융사기의 공격 방향

구 분	2000년 중반 이전	2000년 중반 이후
공격의도	사기	해킹
공격수단	사람을 이용한 공격	악성코드를 이용한 공격
공격방법	불안유발 공격	호의제공 공격
공격유형	정보 편취형	정보 탈취형
공격형태	노출형 공격	은닉형 공격
공격종류	PC 공격	모바일 공격

이용자의 취약점 측면에서 보면, 과거의 금융사기와는 달리 현재 발생하고 있는 전자금융 사기사건에서 이용자가 스스로 대처하는 것은 매우 어렵다. 따라서 금융기업과 정부는 이를 방어하기 위한 다양한 기술적, 물리적, 법제도적 기반을 제공할 수 있도록 노력을 기울여야 한다. 다음은 전자금융 사기의 개념에 대하여 살펴보고자 한다.

<표 6-12> 비대면 방식 사기 분류

<table>
<tr><th colspan="4">분 류</th><th>대표적 사기유형</th></tr>
<tr><td rowspan="4">비대면 방식 사기</td><td rowspan="3">온라인</td><td rowspan="3">전자금융 사기 (사이버 금융사기)</td><td>전기통신 금융사기</td><td>번호변작 보이스 피싱, 문자</td></tr>
<tr><td>통신과금 금융사기</td><td>보이스 피싱, 신종 스미싱</td></tr>
<tr><td>전자금융결제사기</td><td>보이스 피싱, 신종스미싱</td></tr>
<tr><td>오프라인</td><td colspan="2">전화금융사기</td><td>번호변작 보이스 피싱</td></tr>
</table>

금융사기(Financial Fraud)란 금융자산을 대상으로 한 사기 범죄이며 일반 사기범죄 가운데 특히 돈의 중개를 의미하는 금융과 관련된 산업분야와 관련하여 발생하는 사기유형이다. 비대면 방식의 금융사기는 온라인 기반의 전자금융 사기(사이버 금융사기 라고 명칭하기도 함)와 오프라인 기반의 전화금융 사기로 분류된다.

전자금융 사기는 전화 등을 이용하여 불법적으로 개인정보(주민등록번호, 신용카드번호, 은행계좌번호 등)를 탈취하여 범죄에 사용하는 사기의 일종으로써 범행 대상자에게 전화를 이용하여 송금을 요구하거나 인터넷을 통한 개인정보를 수집하여 금융사기를 수행하는 것을 의미한다. 전자금융사기는 금융사기 유형에 따라 전기통신망을 이용하여 전화번호 등을 변작하는 전기통신 금융사기, 통신과금서비스를 연동하여 사기를 진행하는 통신과금 금융사기 및 일반 전자금융결제를 통한 전자금융결제사기로 분류된다.

전화 금융사기는 전화를 이용한 금융자산을 대상으로 한 사기 범죄로 정의할 수 있으며 전화는 일반적으로 사기를 행하는 수단으로 이용되고, 이러한 기망행위로부터 금융자산의 손해를 야기하는 것을 말한다(출처: 전화금융사기의 실태와 근절방안, 2010). 대표적인 전화금융 사기는 보이스 피싱(Voice Phishing)을 이용한 금융사기 범죄를 들 수 있으며, 기타 금융사기는 인터넷 금융사기, 금융업무 관련사기, 증권관련 사기 등이 있다.

2.2 온라인 전자금융 사기 유형

전자금융 사기에 이용되는 기술적 방법에 대해 살펴보면, 피싱(Phishing), 보이스 피싱, 스미싱(Smishing), 파밍(Pharming), 메모리 해킹 등이 있다.

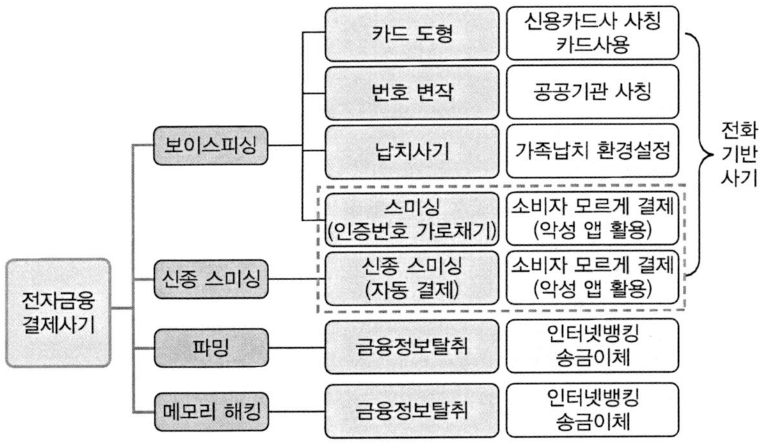

[그림 6-7] 전자금융결제 사기 형태 분류

피싱(Phishing: Private Data + Fishing)은 “Phish”에서 일반화된 동사이다. 불특정 다수에게 메일을 발송하여 위장된 홈페이지로 접속하도록 한 뒤 인터넷 이용자들의 금융정보 등을 빼내는 신종사기 수법이다. 피싱 공격 유형은 매우 단순한데 목표 웹사이트에 계정을 가지고 있는 수많은 이용자에게 메일을 보내서 이용자의 e-mail에 응답하여 자신의 ID, Password, 또는 신용카드번호를 입력하면 이러한 정보를 범죄에 이용하는 것이다. 그 중에서 보이스 피싱은 전화를 이용하여 금품을 편취하는 방법으로 보이스 피싱 형태의 사기거래는 모든 금융결제에서 발생하고 있다.

자동결제 보이스 피싱은 잘못된 결제로 유도하여 이용자에게 전화통화로 인증번호를 알아내어 이용자 몰래 결제하는 방식이며, 수동결제 기반 보이스 피싱은 개인정보 일부를 활용하여 이용자와 통화를 통해 ATM 기기 등에서 현금 송금(이체)을 유도한다. 즉, SMS로 연락을 시도하여 연결된 이에게 기망, 공갈을 통하여 자금을 송금, 또는 이체를 유도하고 현금인출을 대포통장 등으로 유도하는 방식이다.

번호변작 기반의 보이스 피싱은 인터넷 전화로 이용자에게 전화를 걸고 이용자에게는 공공기관의 전화번호로 인식하게 하여 사기를 수행하는 방식이다. 납치를 가장한 사기의 경우는 가장 일반적인 보이스 피싱의 형태로 가족 등 지인을 납치했다는 협박을 통해 사기거래를 수행한다.

스미싱(Smishing: SMS+Phishing)은 휴대폰 문자메시지를 이용해 이용자가 문자메시지에 포함된 URL을 클릭, 소액결제를 유도하거나 악성코드를 내려받도록 해 개인정보 및 금융정보를 탈취하는 새로운 디지털 사기이다. 스마트폰의 앱 활용이 활성화되어 등장한 사기 방법으로 악성앱 주소가 포함된 휴대폰 문자(SMS)를 대량으로 전송 후 이용자가 악성앱을 설치하도록 유도하여 금융정보 등을 탈취하여 금융결제 사기에 이용하는 방법이다. 신종 방식인 자동결제 스미싱의 경우는 결제로 유인하여 인증번호를 가로채는 형태로서 이용자의 인식 없이 결제가 처리되는 방식이다. 이용자 몰래 악성코드를 설치 후 결제가 진행된다. 주로 통신과금서비스에서 발생하므로 SMS 인증서비스의 한계를 나타내고 있다.

파밍(Pharming)은 이용자 PC를 악성코드에 감염시켜 이용자가 인터넷 '즐겨찾기' 또는 포털사이트 검색을 통하여 금융회사 등의 정상적인 홈페이지 주소로 접속하여도 피싱 사이트로 유도되어 범죄관련자가 금융 거래정보 등을 몰래 탈취하는 수법이다. 이용자 PC를 악성코드에 감염시켜 정상 사이트로 접속해도 이용자 모르게 가짜 사이트로 유도하여 금융정보 등을 탈취하는 방식이다.

또 다른 형태의 파밍의 경우에는 악성코드를 유포하여 피싱 사이트로 접근을 유도하고 금융 거래정보를 편취(보안카드 번호 전체 입력 등)한 후, 은행을 통해 송금, 이체를 진행하여 현금인출을 대포통장으로 진행하는 방법이다. 악성코드를 유포하고, 이용자가 보안카드 2개 번호를 정상적으로 입력하였음에도 실행 오류를 반복적으로 발생(사기범, 금융 거래정보 편취)시켜 거래 중단을 유도한 후, 현금을 대포 통장으로 송금한다. 계좌이체에 필요한 공인 인증서, 비밀번호 등은 기존에 탈취한 것을 활용한다. 자금이체 도중 오류 등으로 거래가 정지되면 재거래 시 거래 정지 당시 요구했던 보안 카드번호를 요구하는 점을 악용한 수법이다.

정상 계좌를 이용한 사기를 살펴보면, 악성코드를 유포한 후 관련 금융 거래정보 편취하여 보석류, 상품권 등을 구입하여 대금을 지급(판매처 계좌는 정상 계좌)하는 방식으로 구입물품을 현금화하여 도주하는 형태로 이루어진다. 이 경우에는 피해자가 금전 편취사실을 인지 후 지급정지를 신청하여도 판매처는 정상적인 물품거래임을 주장하므로 분쟁의 소지가 있다. 특히 카드도용의 경우 카드사를 사칭하거나 개인의 카드정보를 활용하여 획득한 정보로 이용자에게 현금을 탈취한다. 이와 비슷한 방식인 Masquerading or Spoofing은 전자상거래에서 웹사이트 위장을 통해 고객의 ID, Password, 또는 신용카드번호를 취득하는 범죄이다. 즉, 은행, 정부기관 등을 사칭한 가짜 사이트 구축 후, 이용자의 접속을 유도하여 금융정보 등을 탈취하는 방식이다.

메모리 해킹은 정상적인 인터넷뱅킹 과정에서 이용자 PC의 메모리에 상주한 악성코드가 보안카드 정보 등을 탈취하는 것을 말한다. 지금까지 전자금융 사기에 대한 개념 및 사기에 이용되는 기술적 방법에 대하여 논의하였다.

2.3 오프라인 전화금융 사기 유형

대표적인 전화금융사기 유형을 살펴보면, 보이스 피싱, 대포통장을 활용한 사기거래 등을 들 수 있다.

보이스 피싱은 불특정 다수인에게 전화를 걸어 말로 속이는 수법에서 악성코드를 유포하여 금융 거래정보를 빼내는 수법으로, 스마트폰 이용 범죄 등으로 진화하고 있으며 이체 후 5분 이내에 인출되고 있다. 전화를 이용한 수법으로는 국내 불특정 다수인에게 무작위로 전화하여 KT 또는 우체국을 사칭하여 개인정보를 탈취하는 방법이 쓰인다. 혹은 경찰, 검찰, 금감원직원을 사칭하며 금융자산 보호를 빙자하며 피해자를 순차적으로 속이는 수법을 사용한다.

<표 6-13> 사기 사례들

구 분	사례 내용	주요 피해 연령
사례 1	피해자가 직접 범인들이 지정한 계좌(국내 인출책이 소지한 계좌)로 이체하게 하는 수법 (ATM 기기에서 영문 안내문을 선택하게 하여 혼동을 주고 불러주는 번호를 누르게 함)	피해자가 70대 이상 노인층으로 피해 과다
사례 2	피해자로부터 넘겨받은 텔레뱅킹, 인터넷뱅킹 거래정보(거래 은행명, 계좌번호, 비밀번호, 공인인증비밀번호, 보안카드번호 등)로 피의자가 해당 은행에 접속하여 마음대로 국내 인출책이 소지한 계좌로 이체	피해자가 주로 50~60대
사례 3	도용한 공공기관, 금융기관 홈페이지에 접속하도록 유도하여 피해자의 인적정보, 금융 거래 정보를 입력하게 하고 피의자가 인터넷뱅킹으로 국내 인출책이 소지한 계좌로 이체하는 파밍 수법	피해자가 주로 40~50대

그 외 대출을 빙자한 수수료·보증보험료 등 명목편취, 조건만남을 빙자한 알선료 편취, 스마트폰 화상채팅을 이용하여 여성이 알몸을 보여주

면서 상대 남자에게 은밀한 부위를 보여 달라 요구하여 캡처한 후 이를 빌미로 갈취하는 몸팅 등이 있다.

전화사기 조직들은 편취한 금원을 이체 받을 수 있는 대포통장 모집에 상당한 공을 들이고 있다. 특히, 일일 이체한도 금액이 600만 원 이하로 설정하는 시스템으로 전보다 더 많은 통장이 필요하게 됨으로서, 통장만 전문으로 수집하여 판매하는 국내외 조직이 있는 것으로 확인되고 있다. 거래금액은 개인명의 통장이 한 개당 50~80만원인 반면, 사업자명의로 개설된 통장은 200만원까지 거래한다. 개인명의 통장은 개설 개수에 제안이 있고 쉽게 추적되는 반면, 사업자명의 통장은 개설 개수에 제한이 없다. 개설자가 대부분 노숙자이므로 돈을 받고 OPT와 인터넷뱅킹으로 개설한 송금계좌로 이용하기에 추적이 어렵다. 대포폰과 대포통장의 거래 절차는 다음과 같다.

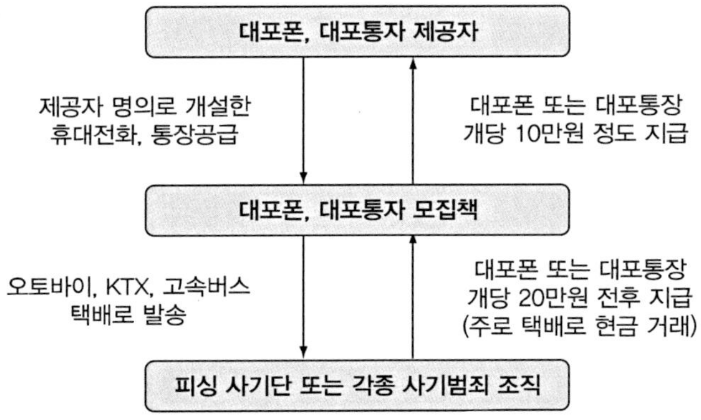

[그림 6-8] 대포폰, 대포통장 거래 개념도

대포통장 모집방법이 다양하게 존재하나 대표적인 사례를 다음에 정리하였다.

<표 6-14> 대포통장 모집방법

구 분	내 용
대출빙자	은행, 캐피탈(농협, 하나, 시티 등), 대부업체 등을 사칭하며 저금리 대출을 빙자 한 문자를 무작위 발송하고 연락한 사람들에게 '회사 직원인양 급여이체한 것처럼 거래내역을 만들어 신용등급을 올려 대출해주겠다.'며 통장, 카드, 비밀번호를 넘겨받는 수법
채용빙자	인터넷 구인구직 사이트를 통해 입수한 구직자 정보를 이용하여 구직자들에게 채용되었음을 알리는 문자를 발송하고, 구직자에게 급여이체를 받을 수 있는 통장과 사원증을 만들 현금카드를 보내 달라며 비밀번호 등 금융 거래 접근 매체를 넘겨받는 수법
대여빙자	불특정 다수의 휴대폰에 통장 대여 시 일정금액을 주겠다는 내용의 문자 메세지를 발송하고 통화된 통장명의자들에게 선금 5만원 지급 하고 매주, 매월 일정금액을 주겠다며 통장, 카드, 비밀 번호를 넘겨받는 수법

출처: 전화사기 범죄수법(2013)

자기 명의의 통장이나 현금카드를 다른 사람에게 양도하게 되면 전자금융 거래법위반혐의가 적용되어 최고 3년 이하의 징역이나 2천만 원 이하의 벌금에 처해질 수 있다. 또한 본인이 직접 개통하여 다른 사람에게 건네주는 경우에 통신사를 상대로 채무부존재확인소송을 한다고 해도 패소할 확률이 높으며 미납된 휴대전화 요금을 지불해야 한다.

3 전자금융 사기 사전 대응방안

3.1 전자금융 사기 현황

2013년도 초를 기준으로 국내 전자금융 거래 비중이 증가하고 있다. 대면거래의 비율이 12.3%이고 전자금융 거래의 비율이 87.7%로 늘고 있으며 전자금융 거래의 이용자 중 다수가 CD/ATM, 텔레뱅킹, 인터넷뱅킹을 이용한다. 인터넷뱅킹 가입자 수(개인 및 기업)가 8,940만 명(중복합산), 일평균 거래금액(자금이체 및 대출)은 33조 800억 원에 이른다.

국내 보이스 피싱은 감소하는 추세이나 문자(SMS)와 인터넷사이트 등을 연계한 피싱 건수는 급증하고 있다. 2013. 1월부터 5월까지 경찰에 신고 접수된 파밍 피해 건수는 716건, 총 피해금액은 3,757백만원(건당 피해액 524만원)이다.

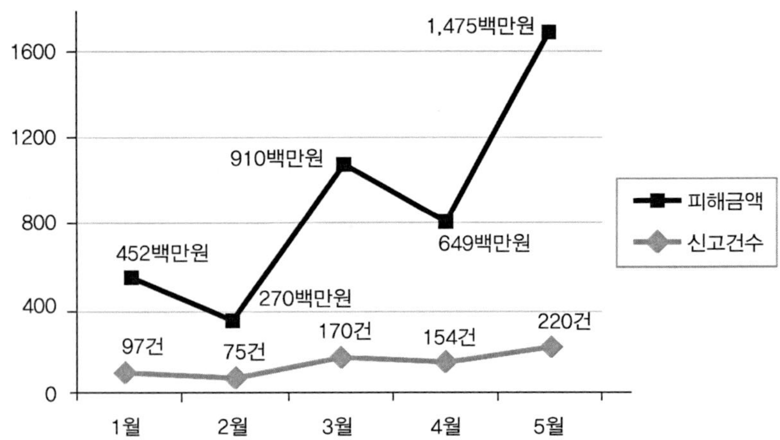

출처: 경찰청

[그림 6-9] 파밍 신고 건수 및 총 피해금액 현황 (2013. 1~5월 기준)

보이스피싱 건수는 2006년 1,488건에서 2012년 5,709건으로 급격하게 증가하였다. 금액도 2006년 106억 원에서 2012년 269억 원으로 약 254% 증가하였다. 미래창조과학부 방송통신위원회의 집계에 따르면, 2013년 기준 전자금융 거래 피해 건수는 84, 141건, 피해금액은 약 757억 원으로 발표되었다.

<표 6-15> 2013년 기준 전자금융 거래 피해건수 및 피해금액

(단위: 건, 억 원)

구 분	스미싱	파밍	보이스 피싱	총 액
건수	76,356	3036	4749	84,141
금액	48	156	553	757

출처: 미래창조과학부(2014)

디지털 신종 사기경험을 묻는 질문에 피싱은 82.0%, 스미싱은 45.6%, 파밍은 12.4%가 시도를 당했거나 실제 피해 경험이 있다고 응답하였다 (DMC 미디어 조사보고서, 2013).

<표 6-16> 전자금융 사기 피해 현황

구 분	피해 현황
보이스피싱 (금감원)	• 2006년부터 2013년 6월까지, 42,197건에 대하여 4,420억여 원 (1인당 평균 약 1,000만원)
파밍 (경찰청)	• 2013년 1월부터 7월까지, 1,263건에 대하여 63억여 원(1인당 약 500만원) • 메모리해킹은 112건에 대하여 7억여 원 (1인당 약 620만원)
스미싱 (경찰청)	• 2012년 1월부터 2013년 6월까지, 18,631건에 대하여 37억여 원(1인당 평균 약 20만원)

3.2 전자금융 사기 사전 대응

전자금융사기거래를 방지하기 위해 은행들은 다각도로 대응하기 위해 은행계좌 개설 강화, 금융 거래 이용절차 강화 및 보안 관리를 강화하였다.

<표 6-17> 은행들의 대응 노력

구 분	내 용
계좌개설 요건 강화를 위한 공동방안	• 단기체류 외국인 등에 대한 계좌개설 요건 강화(2007) • 예금계좌 개설정보 조회시스템 구축(2009) • 미성년자 계좌개설 목적 확인 제도(2012) • 대포통장 명의인 정보공유를 통한 신규계좌 개설 제한 (2012)
금융 거래 이용절차 강화를 위한 공동방안	• 전화금융사기 자금 지급정지 제도(2009) • 지연인출제도(2012) • 사기이용 의심계좌 정보 공유(2012)

<표 6-17> 은행들의 대응 노력 (계속)

구 분	내 용
	• 전자금융사기 예방 서비스 시행(2012 / 2013. 9. 26. 전면시행)
보안강화를 위한 은행별 주요 추진내용	• 피싱, 파밍 방지용 이미지 서비스 • 환율이미지, 개인화 이미지, 그래픽인증, 나만의 주소서비스 등 - 은행서버-이용자 웹브라우저 간 암호화 서비스 (주소창 자물쇠 표식) - 보안계좌 등록 서비스(전자금융 금지계좌 서비스) - SMS 통지 서비스 - 예외PC 로그인 알림 서비스 - 입금계좌지정 서비스 - 전화인증 서비스 - 해외IP 파밍 차단 서비스
사후 구제방안	• 전기통신금융사기 피해금 환급에 관한 특별법에 의거 피해금액 환급(2011)

출처: 전국은행연합회(2013)

전자금융 거래법 시행령은 이용자가 본인 확인 절차에 이용되는 본인 인증수단(휴대폰 등)을 대여·위임·제공 또는 누설·노출·방치하여 사고가 발생한 경우 이용자의 고의·중과실에 관련된 법안이다. 전자금융 사기가 증가되는 시장을 안정적으로 관리하기 위해 개정된 전자금융 거래법(2013. 11. 23.시행)은 해킹사고에 대해 1차적인 책임을 금융회사가 부담하도록 개정되었으며 이용자에게 고의·중과실이 있는 경우에 금융회사는 면책의 사유가 된다. 또한 금융회사가 접근 매체(비밀번호, 보안카드 등)에 의한 확인 이외에 보안강화를 위하여 전자금융 거래 시 요구하는 본인 확인 절차를 이용자가 정당한 이유 없이 거부하여 사고가 발생한 경우 이용자의 고의·중과실에 해당한다.

정부는 번호 변작에 의한 보이스 피싱을 막기 위해 국제전화 식별번호 표시 및 문자안내서비스를 2009년 5월부터 시행하고 있다. 즉, 보이스피싱에 이용되는 발신번호가 조작된 국제전화 차단과 국제전화 여부를 표시하고 있다. 이 서비스는 주요 통신사업자가 PSTN(Public Switched Telephone Network)방식인 국제전화에 대해서만 시행하고 있다. 한국인터넷진흥원(KISA)은 2011년 9월부터 피싱사이트 차단조치를 시행하여 2010년 8건에서 2011년 2,094건까지 차단하였다. 이 관련법에 대한 의무화를(전기통신사업법 개정) 추진하고(방송통신위원회), 입법화되기 전까지 전기통신사업자에게 발신번호 변작관련 가이드라인을 배포하여 자율규제를 유도함으로써 피해를 줄이기 위해 노력하고 있다(방송통신위원회, 2012년 2/4분기). 음성전화 관련 (발신번호 조작방지 가이드라인)안도 2012년 7월부터 시행하고 있다.

발신번호 변작방지 관련 피싱 방지대책 추진현황을 살펴보면 다음과 같다. 2012년 1월에 관계부처가 합동하여「보이스 피싱 피해방지 종합대책」을 발표하고, 방송통신위원회, 금융감독위원회, 경찰청, 금감원이 TF(Task Force)를 구성하여 대책을 마련하였다. 2012년 4월 역시 관계부처 합동으로「불법 사금융 척결방안」을 대통령께 보고하여, 총리실 주관으로 방송통신위원회, 법무부, 금융감독위원회, 경찰청 등이 종합대책을 마련하였다.

2012년 9월에는 피싱 방지 관련「전기통신사업법 개정안」을 국회에 제출했으며, 2012년 10월「전기통신망에서의 전자금융사기(피싱) 방지」대책으로 피싱 전화, 피싱 문자, 가짜 홈페이지 등 최근 수법에 대응하기 위한 종합대책을 마련하였다.

전기통신금융 사기에 대해 정부는 보이스피싱 피해방지 종합대책(2012)을 마련하여 대응하였다.

(1) 카드론 대출시 본인 확인(전화확인, SMS인증) 절차 강화(2011.12월)
(2) 관계기관 합동으로 보이스 피싱 피해방지 종합대책 발표(2012.1월)

(3) 카드론 지연입금(300만원 이상 대출시 2시간 지연입금) 시행(2012.5월)

(4) 지연 인출제 (300만원 이상 이체시 10분후 인출) 시행(2012.6월)

(5) 전기통신금융사기 방지대책 협의회 구성 및 회의 개최(2012.6월)

(6) 대포통장 근절을 위한 종합대책으로 대포통장 모니터링 시스템 구축, 계좌 개설시 금융 거래목적 확인 의무화 등 발표(2012.10월)

(7) 보이스 피싱 합동 경보제를 도입(2012.11월)하여 금융위·미래부·경찰청·금감원이 합동으로 경보 발령(1차: 2013.3월, 2차: 2013.8월)

(8) 전기통신금융사기 피해금 환급에 관한 특별법 개정안을 국회에 제출(2013.7월)했으며, 주요 내용은 전기통신금융 사기죄 신설, 피해구제대상(대출사기 포함) 확대 등이다.

(9) 전자금융사기 예방서비스 전면 시행(2013.9.26)

다음의 보안 인증 강화 서비스는 사기범이 고객정보(계좌번호, 계좌 비밀번호, 보안카드번호 등)를 불법으로 획득한 후 타인명의의 공인인증서를 부정 발급받아 고객의 금융자산을 편취해가는 사기수법 등을 예방하기 위해 도입되었다.

PC 및 스마트기기에서 공인인증서를 (재)발급받거나 1일 누적 300만원 이상 이체 시 단말기를 지정하거나, 미지정 단말기에서는 추가로 본인 확인 절차(전화 또는 휴대폰 문자 인증)를 거친 후 거래해야 한다. 공인인증서 발급 당일 이체거래를 할 때, 입금계좌가 최근 1년간 이체한 적이 없는 계좌이면 금액에 상관없이 추가로 본인 확인 절차를 거처야 한다.

신청고객에 한하여 신종 피싱 예방을 위해 보안카드 동일한 번호 입력을 2회 이상 요구 시 ARS 등 추가 인증이 적용된다. 또한 비밀번호 요구방식 변경 등 비정상 종료 거래에 대한 본인 확인 절차가 강화되었다.

<표 6-18> 전자금융사기 예방서비스를 위한 보안 강화 방안 내용

구 분	내 용
시행 시기	2013년 9월
대상자	개인고객(은행, 증권, 저축은행, 신협, 우체국, 새마을금고, 농·수협 등) ※ 카드사·보험사의 경우 공인인증서를 발급하지 아니하고, 고객과 사전에 약정된 계좌로만 자금이체거래(예 : 대출금, 보험금 등)를 하므로 적용대상에서 제외
대상거래	• 공인인증서 (재)발급 및 ②인터넷뱅킹을 통해 300만원 이상(1일 누적) 이체 시 본인 확인 절차가 추가 (현행) 공인인증서+보안카드 또는 OTP ⇒ (변경) 공인인증서+보안카드 또는 OTP+휴대폰문자 또는 전화확인 ※ 단말기 지정도 가능하며, 지정된 단말기에서는 추가 인증 생략 가능 또한, OTP 이용고객의 경우 300만원 이상 이체시 추가 인증 생략 가능
기대효과	• (공인인증서 부정발급 제한) 사기범이 피싱, 파밍 등으로 고객의 금융 거래정보를 탈취하더라도 온라인 거래를 위한 타인 명의의 공인인증서 발급이 불가 • (무단이체 피해 예방) 300만원 이상(1일 누적) 자금이체 시 추가확인 절차를 거치므로 사기범에 의한 무단이체 피해를 예방

출처: 금융위원회

4 전자금융 사기 사후대응방안

4.1 해외의 전자금융사기 피해자 구제방안

EU는 지급결제서비스 지침(PSD : Payment Services Directive)에 따라 접근 매체의 도난·분실, 부적절한 이용이 적발되었을 경우, 이용자가 13개월 이내에 통지하면 책임을 면할 수 있다.

영국은 지급결제 서비스 규정(PSR : Payment Services Regulations)을 기준으로 접근 매체의 도난·분실, 부당이용이 확인되면 이용자가 13개월 이내에 통지하면 책임을 면하며, 13개월 이후에 통지하면 50파운드(150유로)까지 책임을 부담한다.

독일은 민법(BGB)에 따라 접근 매체의 도난·분실, 부당이용이 적발되었을 경우, 이용자가 13개월 이내에 통지하면 책임을 면하며, 13개월 이후에 통지하면 150유로까지 책임을 부담한다.

미국 전자자금 이체법 (EFTA : Electronic Fund Transfer Act) 및 연방 준비제도 이사회(FRB : Federal Reserve Bank)의 Regulation E에 따라 무관한 거래로 확인되는 경우에는 이용자가 내역서 수신 후 60일 이내에 금융회사에 통지할 경우 책임이 면제되며, 60일 이후에 통지하면 모든 피해 책임을 부담한다. 접근 매체의 도난·분실에 대해서는 이용자가 인지 후 2일 이내에 금융회사에 통지하면 50달러까지 책임을 부담하고, 60일 이내에 통지하면 500달러까지, 60일 이후에 통지하면 전부 책임을 부담한다.

호주의 전자지급결제규약(e-Code, e-Payments Code)에 따르면 접근 매체의 도난·분실, 비밀번호유출을 이용자가 통지하면 150달러까지 책임을 부담하며, 통지하지 않고 고의·중과실이 인정되면 전부 책임을 부담 한다.[25)]

<표 6-19> 주요국의 접근 매체 도난 또는 분실하지 않은 경우 이용자의 책임범위

법명 (구분)	미국	유럽연합			호주
	EFTA/Reg.E	PDS	PSR(영국)	BGB(독일)	e-code
통지	60영업일 이내 통지 시 면제	13개월 이내 면제	13개월 이내 면제	13개월 이내 면제	최대 150 호주달러
미 통지	60영업일 이후 통지 시 총액	13개월 이후 최대 150유로	13개월 이후 최대 50파운드	13개월 이후 최대 150유로	고의, 중과실 전액

출처: 전자금융 사기의 피해자 구제방안, 김경환(2013)

* * * *

25) 출처: 금융 보안연구원, 주요국 전자금융사고 책임소재 관련 법규 분석 및 시사점, 2013

일반적으로 해외법의 경우 정보의 접근 매체의 도난 및 분실 여부에 따라 이용자의 책임여부를 근거 및 이용자의 통지 여부를 기준으로 피해액에 대한 이용자의 책임범위를 산정한다.

<표 6-20> 주요국의 접근 매체 도난 또는 분실한 경우의 이용자 책임범위

법명	미국		유럽연합			호주
	EFTA/Reg.E		PDS	PSR(영국)	BGB(독일)	e-code
통지	2영업일 이내	최대 50달러	13개월 이내 면제	13개월 이내 면제	13개월 이내 면제	최대 150 호주달러
	3~60일 이후	최대 500달러				
	60영업일 이후	도난, 분실 통지 이전 패해 액				
미 통지	60영업일 이후 통지 시 총액		13개월 이후 최대 150유로	13개월 이 후최대 50 파운드	13개월 이후 최대 150유로	고의, 중과실 전액

출처: 전자금융 사기의 피해자 구제방안, 김경환(2013)

4.2 전자금융 사기에 대한 이용자 보안대책 및 피해자 구제 근거

전자금융 이용자 보안대책에 대해서 현재의 법률로서 논의한다면, 전자금융 거래법 제21조에서는 이용자 보호방안을 제시하고 있다. 또한 전자금융감독규정의 행정규칙 조문에 따른 이용자 보안 대책은 34조(전자금융 거래 시 준수사항), 제35조(이용자 유의사항 공지), 제37조(공인인증서 사용기준)에 명시하고 있다.

<표 6-21> 전자금융 감독규정의 행정규칙의 이용자 보안 대책

구 분	내 용
34조 1항	일회용 비밀번호의 적용
34조 2항	• 암호화하여 통신할 것 • 이용자의 전자적 장치에 보안프로그램을 설치할 것 • OTP 등 접근 매체의 발급 시 본인 실명증표를 확인·교부할 것 • 전자금융 거래프로그램의 위조 변조 여부 등 무결성을 검증할 수 있는 방법을 제공할 것 등
35조	• 이용자 유의사항 공지
37조	• 공인인증서의 사용

전기통신금융사기 피해금 환급에 관한 특별법을 제정(2011.3.29)하여 사기 이용계좌에 대한 지급정지, 피해금 환급절차의 간소화 등을 규정하고 있다. 대출사기를 구제대상에 포함시키는 것으로 소송 시 6개월 이상 소요되었던 것을 특별법으로 3개월로 단축하고 있다.

스미싱의 경우 피해자 구제는 정보통신망법 제60조에 따라 소비자가 경찰청에 신고하여 피해확인서를 이동통신사에 제출하면 피해보상을 받을 수 있다. 또한 사기죄로 처벌할 수 없었던 일부 보이스 피싱 사기범(예: 세금 환급형 사기)까지 처벌이 가능하도록 법률을 개정하였다.

<표 6-22> 보이스 피싱의 구제 현황 근거

구 분	내 용
사전구제	『전기통신금융사기 피해금 환급에 관한 특별법』에 의한 피해금 환급조치, 다만 대포통장에서 인출된 경우에는 무용지물. 정부입법으로 『전기통신금융사기 피해 방지 및 피해금 환급에 관한 특별법』으로 개정을 추진하면서, 대출금융사기에 대하여도 보호범위를 넓히고, 대출신청이나 적금해지 때에 본인 확인을 하지 않으면 피해자에게 손해배상을 해 줌
사후구제	『전자금융 거래법』 제9조에 의하여 구제 가능하나 피해자의 과실상계를 지나치게 크게 인정함으로써, 30%도 채 보상이 되지 않는 상황

다음은 파밍의 경우 전자금융 거래법에 2013년에 법적 책임을 부담할 수 있는 근거를 마련하였다.

<표 6-23> 파밍의 경우 피해자 구제현황

구 분	내 용
2013년 11월 23일 이전	• 7월경 의정부지법은, 현행 『전자금융 거래법』으로도 파밍사고에 대한 금융회사의 책임을 인정할 수 있다고 하면서, 피해자에게 30% 보상 • 파밍 사기의 보상에 대하여 금융회사가 거부하고 있는 상황이나 다만, 메모리 해킹의 경우에는 일부 금융회사가 보험·공제조합에 의한 보상 고려
2013년 11월 23일 이후	• 개정된 『전자금융 거래법』 제9조가 시행되면서 악성프로그램에 의한 파밍 사고에 대하여도 금융회사가 법적 책임을 부담할 수 있는 법적 근거 마련 • 8월경 입법예고된 『전자금융 거래법 시행령』 제8조 제3호에서는 금융회사의 면책범위를 정하고 있는데, '보안강화를 위하여 전자금융 거래 시 요구하는 본인 확인 절차를 이용자가 정당한 이유 없이 거부하여 사고가 발생한 경우'에는 금융회사의 책임을 면하고 있음. • 이 규정으로 금융회사의 보안조치는 이용자 보호를 위한 목적보다는 금융회사의 면책범위를 넓히는 방향으로 작용

제3절 전자결제 보안관리

① 전자결제 보안관리 개요

IT기술 발달은 온라인 시장 활성화에 많은 영향을 제공하였다. 온라인 시장의 성장에 따라 전자상거래뿐만 아니라 오픈마켓의 시장 규모 또한 크게 증가하고 있으며 이와 관련된 산업이 더불어 성장하고 있다. 오픈마켓은 개인 사업자에게 인터넷 사이트를 제공해서 상품을 직접 판매할 수 있도록 하는 방식으로 일반 쇼핑몰과 구분된다. 즉, 다수의 구매자와 판매자가 제품과 서비스를 거래하고 금융·물류 등의 부가서비스를 제공하는 인터넷 상의 가상장터를 말한다. 이는 일반적인 쇼핑몰 판매방식을 벗어나 개인과 소규모 판매업체 등이 온라인상에서 자유롭게 상품을 거래하는 '중개'형 인터넷 쇼핑몰이다. 다양한 제품을 한눈에 찾아볼 수 있고, 가격비교와 함께 물품을 쉽고 빠르게 구매할 수 있다는 장점으로 인해 온라인 속 오픈마켓은 많은 인기를 누리고 있다. 또한 소셜커머스 시장을 통한 오프라인 상품의 온라인 거래가 가속화되고 있다. 현재 온라인 시장 활성화의 원동력이 되고 있는 것은 전자지불결제이다.

온라인 마켓에서는 지불을 처리하기 위해서 각종 매체인 PC, 무선망, 모바일 등을 사용하여 신용카드, 휴대전화, 계좌 이체 등을 통해 결제를 진행한다. 온라인 결제는 비대면 방식으로 통해 이루어지므로 이를 부정적인 의도로 사용하려는 것으로 부터 안전하게 거래를 진행하기 위해서는 기술적, 제도적 장치가 필요하다. 온라인 전자결제 시스템을 안전하게 관리하기 위해 체계적 관리와 정부의 노력이 필요하다.

정보보호 시스템은 운영 관리하기 위해서는 기술적 보안, 물리적 보안, 관리적 보안을 수립하여야 한다.

기술적 보안이란 정보 시스템에 존재하는 취약점을 제거하고 정보 시스템상 발생할 수 있는 외부로부터의 보안 위협을 차단하기 위해 정보 보호 시스템을 구축, 운영하는 활동이다. 이를 위해 네트워크, 시스템, DB, 애플리케이션, 개인 PC 등에 대한 보안 관리를 진행하는 것이다. 기술적 보안을 관리적 보안의 한 부분으로 보고 백신, 방화벽 및 침입탐지 시스템 등의 도입을 회사의 보안정책에 맞게 체계적으로 구축하는 것이다. 따라서 정보를 내, 외부의 위협으로부터 보호하기 위해 운용하는 단말 및 서버 시스템에 적용되어 있는 해킹 프로그램 자동 수집 및 분석 보안 패치 프로그램을 수시로 업데이트해야 한다.

고객의 개인정보를 취급하는 회사라면 개인정보의 유출을 방지하고, 고객에게 신뢰를 주기 위해서 관리적 보안체계를 보다 더 중요하게 다루어야 하며, 이를 통해 기업의 대외적인 이미지 향상도 기대할 수 있다. 따라서 관련된 정보에 대해 철저한 관리가 필요하다. 현재 일부 시스템에서는 특정 기간이 지나면 자동으로 비밀번호 교체를 요구하여 비밀번호 노출에 따른 문제점을 방지할 수 있도록 지원하고 있다. 또한 결제 시 이용되는 각종 정보를 특정기관만 저장·관리 하도록 유도하고 있다. 예를 들면 쇼핑몰 시스템에서는 주민번호 등 프라이버시와 직결된 민감한 정보를 보유하지 않도록 유도하고 있다. 특히 신용카드번호는 공식적으로 카드사만이 보유하고 관리할 수 있도록 하고 있다.

물리적 보안은 정보 자산이 위치한 시설에 대해 허가되지 않은 접근 또는 사용을 차단하고 모니터링하기 위한 활동으로 전산실 환경, 출입통제시스템, 감시 시스템(CCTV), DR(Disaster Recovery) 등 관리적 보안을 통해 조직의 정보보호에 대한 정책 수립과 정보보호 체계를 보다 효율적이고 체계적으로 구성한다. 법률적 측면에서는 소비자의 피해 보상 정책 등 여러 경우에 대비하여 선의의 피해자 또는 쇼핑몰 운영자를 보호하기 위해 다양한 법률 구성이 필요하다. 대표적인 사례인 에스크로 제도는 소비자의 피해를 최소화하기 위한 방안으로 쇼핑몰이 거래대금만 수령하고 물건을 소비자에게 전달하지 않은 채, 사라지는 경우를 방지하기 위한 것이다.

관리적 보안은 정보자산에 대한 기업의 정보보호 활동에 대한 정책, 표준, 지침, 절차를 정의하고 이를 실행 감독하는 활동으로서 보안정책 운영 조직(CERT, 운영, 감사)과 사고대응 및 보고 절차, 보안운영 업무 관련 표준/지침 업무 절차 등이 있다.

운영측면에서는 시스템 장애 등 서비스를 제공하는 동안 피해를 최소화하기 위해 관리하는 방안이다. 예를 들면 네트워크의 보안설정 확인, 시스템 서버다운 시 등장하는 장애절차 관리 등이 있다. 사업을 운영하는 입장에선 직접적인 수익에 악영향을 제공하므로 사전예방을 통해 손실을 줄여야 한다. 전자상거래의 전자결제의 프로세스를 보면 전자상거래 쇼핑몰, PG 시스템, 카드사를 포함한 각종 기관이 각종 부당 거래에 대해 관리를 수행하고 있다. 전자상거래 쇼핑몰의 경우에는 고객의 개인정보와 구매상품 내역에 따라 거래 내역을 평가하여 적절성을 판단한다. PG서비스 제공업체의 경우 결제처리 내역을 다양한 각도로 분석하고, 거래의 안전관리를 판단하여 거래 승인 처리를 진행한다. 신용카드사의 경우는 이력 분석을 통하여 모니터링을 통해 거래내역을 관리하고 있다. 이력분석은 2000년 초반부터 운영되었다.

정보보호는 기술적, 물리적, 관리적 보안강화가 필요하며 특정 부분의 정보보호 수준이 낮으면 전체적인 보안수준이 낮아지므로 세 가지 요소들 간 적절한 균형을 유지할 수 있도록 노력해야 한다.

<표 6-24> 안전한 거래관리를 위한 지불결제 시스템 관리방안

구분		방안	대비
부문별 안전 관리 정책	기술적	해킹프로그램 자동수집 분석 강화	보안패치 업그레이드
		상용키 로그 프로그램 백신탐지	ID-PW의 유추 어려움
		키보드 보안 프로그램 기능개선	키보드 입력의 다양성 제공
		보안카드 비밀번호 체계	보안카드 비밀번호의 암호화

구 분		방 안	대 비
		테이타 암호화	SSL 또는 SSO
		비밀 암호의 공유 방지	인증방식 도입
		카드 소유자의 민감한 정보의 저장 위치 검증	예 : 상품 배치 단에 관련된 정보를 저장하지 않기
		트렌잭션의 세부 내용 기록	
	물리적(법률적)	정보보호 관리체계의 적절성	점검리스트 및 의견 수렴
		정보보호 정책의 적절성	의견수렴 후 절차 점검
		전자적 대금 지급의 신뢰확보	네트워크 방화벽 정책 설정리스트 작업
		소비자피해 보상보험	에스크로 적용에 의한 소비자 보호
		거래금액에 대한 한도액 지정	고액 거래 제한
	관리적(운영적)	운영체계의 취약성	자동화 도구 도입
		네트워크의 보안 설정	수작업 점검 및 점검 리스트 작성
		PC 보안 프로그램 작동	네트워크 장비의 보안 설정리스트 작성
		웹 애플리케이션 취약점 보완	해킹도구 점검 및 리스트 작성
		시스템 서버 다운시 대책	장애 복구 시스템 구축

출처: 보안 관리에 대한 연구, 장정호(2007)

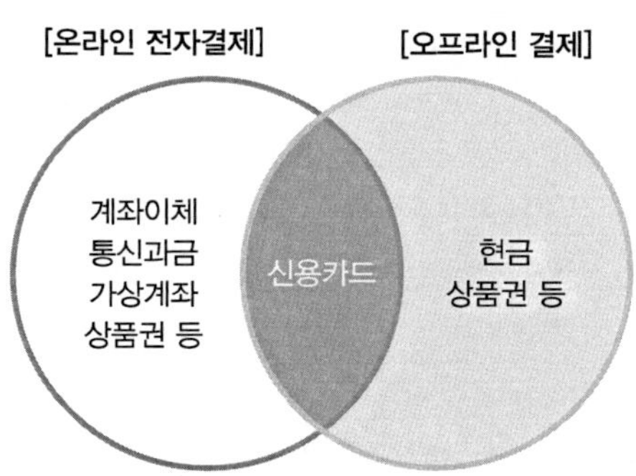

[그림 6-10] 온오프라인 결제 분류 (신용카드 전용 FDS, 전자결제 FDS)

부당청구관리 시스템은 대표적으로 오프라인기반의 신용카드 FDS와 온라인기반의 모든 전자결제 FDS로 구분할 수 있다. 전자지불결제 시스템의 안정성 관리를 살펴보기 전에 신용카드시스템의 부당거래 방지 방안에 대하여 논의하고자 한다.

② 신용카드의 부당 청구관리 시스템

신용카드사의 경우는 Off-line 거래는 직접 '부당청구관리시스템(FDS : Fraud Detection System)'을 이용하고 있으나 On-line의 경우는 PG사를 통해 관리함으로써 업무 효율을 증진하고 있다. 신용카드사들은 '부당청구관리시스템'을 주로 1990년대 후반부터 2000년대 초반에 도입하였다. 초기에는 승인 건에 대해 수기로 작성해 데이터를 수집했으나 IT가 급속도로 발전한 2000년대에 들어서는 시스템을 통한 실시간 모니터링이 가능해졌다.

<표 6-25> ISP 방식과 SSL 방식의 비교

구 분	ISP 방식	SSL 방식
거래 방식	ISP비밀번호 제공	회원의 금융정보 입력(카드번호, 주민번호 뒤 7자리, 비밀번호 2자리, 유효기간)
인증방식	PKI(Public Key Infrastructure)	SSL(Secure Socket Layer)
기밀성	금융정보 미유출	금융정보 유출
무결성	SEED 알고리즘 지원	지원 못함
부인봉쇄	가능	불가능
고객인증	전자서명에 의해 제공	일부제공(카드번호, 주민번호 7자리, 비밀번호 2자리)

신용카드사들은 리스크 관리의 선진화 기반 마련과 함께 자동화된 시스템 구축, 제도적 부당결제를 목적으로 하는 접근 제한을 위해 사용자

를 확인하는 인증 시스템을 도입하였는데, 그 대표적인 인증 방식이 SSL(Secure Socket Layer)과 ISP(Internet Secure Payment)방식이다. SSL 방식은 1994년 말 넷스케이프사가 보안이 취약한 인터넷상에서 웹브라우저와 웹서버 사이의 안전한 정보교환을 위해 개발한 프로토콜이다. ISP는 전자상거래에서 고객이 신용카드로 결제 할 때 여러 가지 정보를 PC에 입력하여 발생할 수 있는 유출을 방지하기 위해 마련된 장치로서 일부 카드사(국민카드, 비씨카드)에서 이 서비스를 제공하고 있다. ISP 서비스는 신용카드 결제 시 인증 프로세스를 제공하여 요건에 적합한 고객이 사용할 수 있도록 지원한다. SSL과 ISP는 거래하는 동안에 발생하는 부당거래를 방지하는 방안으로 이용되고 있으며 거래 발생 후 거래내역의 이상 징후를 부당청구관리 시스템을 통해 처리한다. 부당청구관리시스템은 대표적으로 신용카드 도난·분실·위조·복제 등 부정한 사용을 방지하기 위한 금융 감시 장치이다. 기존 승인처리 과정에서의 부당청구 적발 단계를 고도화해 '사후 처리'보다 '사전 차단'의 비중을 늘린 것이 특징이다.

카드사들이 구축한 부당청구관리시스템은 고객의 거주지, 사용액, 사용시간 등과 다양한 IT시스템에서 추출된 데이터를 과학적 통계 기법으로 통합 적용해 청구된 카드 건에 대해 실시간 감시한다. 신용카드의 고객 패턴과 그동안 거래의 패턴을 분석하여 부당거래와 비슷한 사례로 확인이 되는 경우에 고객에게 직접 유선이나 SMS(Short Message System)로 카드의 정상거래 여부를 확인하고 이상 거래로 판명되는 경우에 거래를 중지한다. 즉, 부당거래방지 시스템은 신용카드 손실에 대응하기 위해 고객정보와 사용습관을 기초로 한 사실 자료를 인공지능망에 적용, 점수화함으로써 도난·분실에 의한 신용카드 사기거래를 승인단계에서 검출하고 지속적인 고객 데이터를 관리한다. 온라인 거래에서 부당거래 방지를 위해서 처리하는 프로세스는 3단계가 있다. 1단계는 상품을 선택하고 거래하는 쇼핑몰 시스템을 관리한다. 2단계는 전자결제를 처리하는 전자지급결제 시스템에서 관리하고 3단계는 고객으로부터 수금 후 정산을 제공하는 신용카드 사 등 외부연동 기관에서 관리하는 방식으로 진행된다.

부당거래방지 시스템은 신한카드, 현대카드, 삼성카드, 롯데카드, 하나SK카드 등 전 업계 신용카드사는 물론 KB카드, 외환카드 등 은행계 카드사들도 이 시스템을 사용하고 있다. 다음은 전자지급결제 시스템에 적용하여 예상되는 부당 거래를 관리하기 위한 기능을 살펴보고자 한다.

③ 전자결제 거래관리 시스템

전자지급결제 시스템은 부정거래에 대해 기본적인 관리를 한다. 부정거래 관리시스템 운영(FDS : Fraud Detection System)과 고객의 서비스를 확인하는 운영자들은 거래 내역의 특성을 실시간 모니터링하여 예상되는 부당거래에 대해 이용자 또는 판매 기업에게 E-mail, SMS 등을 통해 미리 경보를 제공하고 있다. 부당거래에 대해 개념을 살펴보면 고객이 불순한 의도를 통해 거래를 발생하는 경우로서 다음의 경우를 비정상적인 거래로 분류한다.

- 시스템에서 정상 거래 발생 후 대금 수금이 안 되는 경우
- 비정상적인 저장이 발생하는 경우
- 거래가 발생했으나 시스템에 등록이 안 되는 경우

시스템은 예측되는 비정상적인 거래를 시스템 프로세스를 통해 확인하여 거래승인을 제공하지 않는다. 시스템과 거래내역을 모니터링하는 운영자는 예견되는 비정상적 거래에 고객 및 가맹점 담당자에게 통보하거나 거래 안전관리를 위한 방안을 적용할 수 있다.

다음은 부정거래를 시스템 측면에서 내부와 외부로 분류하여 살펴보고자 한다. 시스템 내부에 적용된 프로세스에 의해 일부 부정거래로 의심되는 경우 자동으로 시스템이 거래를 제한해 고객 및 운영자에게 알려준다. 또한 시스템에 의해 거래승인은 발생했으나 운영요원의 모니터링을 통해 지급 보류나 승인 절차 취소의 발생할 수도 있다. 이 경우는

구매담당자에게 E-mail, SMS 등을 통해 상황정보가 제공된다.

시스템을 부정거래의 외부적 요소에는 서버장애나 공격에 의해 시스템이 정상적으로 작동이 불가능한 경우가 발생하여 거래에 대해 정상적인 자료를 생성하지 못하는 경우이다. 이를 방지하기 위해 시스템 보안 담당 부서에서는 서버가 설치된 공간에 대해 방화벽 등 물리적 보안관리 장치를 확보하고 있다. 오픈마켓에서는 거래가 발생할 때 관련된 정보를 활용하여 고객이 거래승인(구매승인)을 제한하여 거래를 발생하지 못하도록 하는 프로세스를 적용하고 있다.

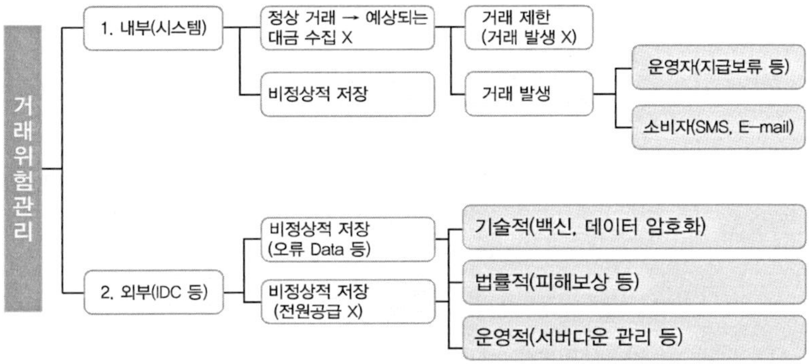

[그림 6-11] 부정거래 방지를 위한 시스템 관리 방안

전자지급결제의 경우 운영하는 시스템에 부정거래 확인 프로세스를 가동해 다양한 모니터링, 거래 제한내역 등록, 민원 및 사고 발생유형을 분류하여 판매 기업 관리에 적용한다. 부당거래 방지를 위해 운영자는 위험관리 업체 등록, 관리뿐만 아니라 일반기업의 거래에 대해서 이상 징후를 사전에 발견하기 위하여 다양한 기준의 조건을 통해 모니터링에 필요한 데이터를 관리한다. 매일 오전에 전일의 매출현황을 확인하여 동일카드, 동일금액 거래 및 비정상 거래 발생 시 즉각적인 조치를 수행한다. 대표적인 관리항목은 다음과 같다.

(1) 단 시간 내 동일카드, 동일금액 결제 다수 발생(동일카드 사용률

50% 이상)

(2) 전월 기준 일일 거래금액 급 변동(300% 이상 급상승 / 300% 이하 급 하락)

(3) 장기간 무실적(7일 이상)

(4) 기존 결제단가 대비 고액매출 발생

(5) 제한상품(서비스) 취급 여부 등을 확인

전자상거래 취급 제한상품으로는 상품권, 경매, 아이템, 선불카드, 고가품, 담배, 구매 대행 등이 있다. 시스템을 이용하여 운영자가 통합 모니터링에서 관리자 기능으로 해당요건에 값을 입력하고 검색을 한 후 생성된 자료에 대한 확인을 통해 관리가 가능하다.

[그림 6-12] 통합 모니터링 내용

시스템을 통해 이전 거래내역에 상기에 언급한 사항을 입력한 후 검색 버튼을 클릭하면 해당 업체의 정보를 확인할 수 있고 제공된 자료를 통해 운영자가 처리절차에 따라 진행한다. 즉, 운영자는 거래를 중지하거나 거래 정산여부에 대해 의견을 수렴하고 필요 시 고객에게 직접 관련 내용을 공지한다. 모니터링 기준 표를 통해 부정거래 발생건과 해당 고객정보를 확인하여 관리를 진행한다. 판매 기업은 민원 접수를 통해 자료 및 기존의 사고 유형을 분석해 관리를 수행하고 있다.

부정거래를 방지하기 위한 가장 기초적인 업무는 거래를 제한하는 것이다. 시스템에서는 기존 거래를 분석하여 다양한 조건으로 거래제한 프로세스를 등록하여 처리한다. 부정거래가 발생한 후에는 지급보류 등, 처리 방안에 대해 결정한다.

모바일 거래의 경우에는 거래정보에 대해 본인 확인 절차를 통해 인증하므로 휴대전화로 제공되는 인증번호를 알고 있을 경우 도용이 가능하다. 따라서 이를 관리하기 위해 다음과 같은 방법을 이용하고 있다.

(1) 중간에 주고받는 것에 대해 암호 인증키 도입 (예. 은행 인증키 방식처럼, 공개키, 개인키)
(2) 특정한 카드(휴대전화)로 계속 매출 발생 시 본인에게 통지 확인
(3) 거래정보를 사용자 휴대전화나 개인 PC에 메일로 전송
(4) 쇼핑몰의 결제 정보를 개인에게 통보
(5) 대금결제 후 결제 정보를 본인에게 통지
(6) 배송상태 및 도착 정보를 휴대전화로 발송하는 6단계 과정을 진행

<표 6-26> 모니터링 및 업체관리 기준 표

구 분	분 류	내 용
모니터링	거래 발생시간	거래 발생시간별 비율을 확인하여 거래 상태를 점검
	카드사별 발생 현황	각 카드사별 발생 금액 현황 확인
	평균 거래금액	평균 거래금액 확인가능
	동일카드사용	동일카드 사용비율 확인 가능
	동일금액사용	동일금액 사용비율 확인 가능
	거래내역조회	RISK업체 거래내역 조회 가능
	통합모니터링	거래 미발생 가맹점 및 RISK관리 가맹점조회 등 통합모니터링 가능
	거래기업 URL확인	실제 거래사이트 확인 가능
업체관리	RISK업체	Rsk 관리 대상 업체 조회 가능
	민원관리	민원 접수/등록 내역 조회 가능
	업체유형	업체 유형 등록 내역 조회 가능
	사고유형	사고 유형 등록 정보 조회 가능
	민원유형	민원유형 조회가능

전자상거래를 통하여 발생한 거래에 대해 소비자 또는 가맹점에 민원이 접수되는 경우 전자지불결제 업체는 우선 가맹점에 온라인으로 관련 정보를 제공하여 현황을 파악하고 카드사와 확인을 거친 후 처리방안을 결정한다. 이때 가맹점은 소비자와의 협의를 통해 조율을 진행한다.

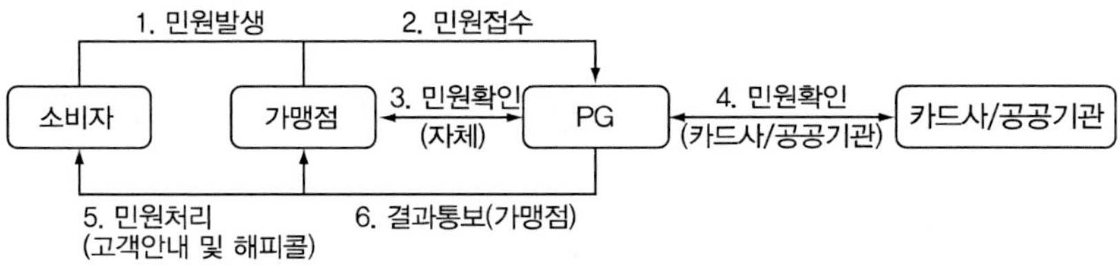

[그림 6-13] 민원처리 과정

전자지급결제 기업은 민원 접수(공문) 및 해당 사용 가맹점 처리 및 증빙자료 요청(공문)에 대해서는 가맹점 증빙자료 접수 및 카드사 회신(공문)과 소비자와 가맹점간의 분쟁 발생 시 원활한 처리를 위한 중재역할을 수행한다. 단, 공공기관(법원, 경찰서 등) 자료 요청은 영장접수 시에만 제공한다.

<표 6-27> 거래제한 및 지급보류 적용 기준표

구 분	분 류	상세 내용
거래 제한 설정	가맹점의 거래 제한승인 한도조건 등록	• 건당 한도 금액 : 1건당 거래금액 상한가 설정 • 당일 동일카드 한도금액 : 1일 동일카드로 거래 가능한 금액한도 • 당일 총 한도금액 : 1일 가맹점에서 거래 가능한 한도금액 • 할부기간 제한 : 정보등록 페이지가 우선 • 동일카드 등 사용제한 : 기간/횟수로 각각입력 가능 • 기간 사용한도 : 카드거래 가능기간 • 기간 사용한도 : 정해진 기간 내 거래 가능한 한도금액 • 월간 사용한도 : 각월에 결제 가능한 금액 총 한도

구 분	분 류	상세 내용
지급 보류 설정	정산차감 보류설정	• 등록 후 정산 CP 생성 시 자동 차감 후 생성 • 가맹점ID : 지급보류 등록 가맹점 ID 선택 • 설정 구분 : 보류/해제 선택 • 설정 금액 : 보류금액 설정 • 보류 기준 : 비율/정액/총액기준설정 • 보류 사유 : 등록할 사유 선택(기타입력가능) • 요청 담당 : 지급보류 설정요청 담당자이름 • 등록 담당 : 지급 보류등록 담당자이름 • 적용 일자 : 보류 적용일자등록

민원 발생 시 조치사항은 다음과 같다.

(1) 가맹점(입점 회원사) 및 소비자에 연락해 현황 파악
(2) 이상매출 판단 시 배송 및 증빙 자료 제공 요청
(3) 리스크 관리 방안을 검토하여 가맹점에 적용 조치
(예를 들면 월 이용한도 제한, 건당 거래금액 제한, 할부 제한 또는 동일카드 사용횟수 제한, 지급보류, 담보 증액요청 등)

기타 민원 처리 사항을 논의하면, 우선 민원 유형은 1) 결제내역 확인 문의, 2) 서비스 미 제공, 서비스 불만 등인 부당거래 취소 문의 3) 카드 도용, 도난 등에 의한 본인 미사용 등 부정사용 관련에 대한 문의가 있다. 민원접수 경로를 살펴보면 회원이 카드사에 이의신청을 하면 카드사가 쇼핑몰에 민원 처리를 요구하고 있다. 각 관련 기관에서 요청한 자료 및 요구사항에 대해서는 금융감독원 공지사항 수시 확인 및 고지와 지시사항 이행 현황에 대해 파악하고 관리한다.

<표 6-28> 거래 안전관리를 위한 금융감독원 보고 체계

구 분	처리내용
정기	• 정기 업무보고서 제출(분기별 1회) • 매년 금융감독원 보안성 심사 및 업무현장 실사 1회 • 매년 소비자 배상책임 보험 또는 적립금 준비
수 시	• 업계 현황 자료 요청 회신 • 법 개정 관련 의견 개진 • 장애발생 시 금감원 보고 의무화 • 금융거래 기록 백업 자료 보존

4 전자지급결제 거래 리스크 관리

전자지급결제 서비스는 온라인 거래에 대해 신용카드의 가맹점으로서 결제 및 정산관리 업무를 대행하고 있다. 신용카드 거래의 경우를 살펴보면 온라인 결제의 경우 일반적으로 쇼핑몰이 고객에게 물건을 배송하지 않는다면 이를 인지하는데 최소 5~7일 정도의 시간이 소요되며 이 기간은 쇼핑몰이 전자지급결제 기업으로부터 결제대금을 수금하기에 충분한 시간이다. 이런 측면에서 전자지급결제 기업은 쇼핑몰 관리를 통해 수익을 보존하고 신용카드사와 불필요한 분쟁을 줄이기 위한 노력이 필수적이다.

부당거래 발생 시 관리 방안중의 하나가 전자보증 서비스이다. “전자상거래 등에서의 소비자보호에 관한 법률”에 근거한 전자보증서비스는 서울보증보험㈜이 인터넷 쇼핑몰에서 상품주문(결제) 시점에 소비자에게 보험증서를 발급하여 소비자의 금전적 피해를 100% 보상하는 서비스이다. 쇼핑몰에서 문제가 발생하여 소비자에게 피해보상을 진행 시 전자지급결제 기업이 역할을 수행하고 있다. 카드사용 수수료율과 보증보험 증권은 전자지급결제 기업마다 차이는 있지만, 쇼핑몰이 공지하는 수수료가 기본이며 보증보험증권은 일종의 담보이다. 전자지급결제 기업은 향후 부실에 대한 보장 차원에서 현금담보나 보증보험증권을 쇼핑몰에 요구하며, 쇼핑몰이 제출하는 보증보험증권금액이 월간 거래승인 한도금액이 된다.

전자지급결제 기업은 신용카드사와 협력하여 쇼핑몰의 심사를 진행하고 있다. 신용카드 거래를 원하는 쇼핑몰이 발생하면 전자지급결제 기업은 가맹점인 쇼핑몰과 계약 관계를 수립 후 쇼핑몰에 대한 신용카드 사용 여부에 대한 적합성을 카드사에 문의하여 거래 여부를 결정한다. 일반적으로 온라인 거래가 불가능한 상품을 쇼핑몰에서 판매하는지, 동일한 사업자의 카드 사고 관련 이력 여부가 있는지 등을 확인 후 사용가능 여부를 결정한다.

<표 6-29> 전자지급결제 시스템의 거래 리스크 관리 내역

구 분	분 류	관리 내용
위험관리 모니터링	모니터링	• 거래 발생 시간별 통계 • 신용카드사 별 사고 발생률 • 거래건당 통계 • 평균 거래 금액 통계 • 동일 카드 사용현황 조회 및 설정 • 거래내역 조회(URL 등) • 통합모니터링 내역
	제한조건	• 거래제한 내역 조회 및 설정 • 지급보류내역 조회 및 설정
	업체관리	• 위험업체 관리 • 업체유형별 분류 및 조회 • 민원관리 및 유형 분류 • 사고 유형 관리
	에스크로 관리	• 에스크로 거래 조회 및 관리 • 에스크로 배송현황 • 에스크로거래 기업현황

제4절 관련법과 정책

E-Banking & Payment

① 전자금융 거래에 따른 정보보호 관련 법률

전자금융 거래에 따른 정보보호 관련 법률은 개인정보 보호법, 전자금융 거래법, 신용정보법, 여신금융업법, 금융지주회사법, 금융실명제법, 보험업법, 은행법, 정보통신망법, 위치정보 보호법 등이 관련되어 있다. 개인정보 보호는 각종 사항의 공통사항으로 처리가 되고 있으며, 이를 기반으로 기업에서는 각종 보유하고 있는 이용자 정보를 안전하게 관리해야 한다.

<표 6-30> 정보보호 관련 법률적 근거

구분	분류	법	고시 및 규칙	기타
일반 공통	개인정보 보호	개인정보 보호법, 동법시행령, 시행령 규칙	개인정보 안전성 확보조치기준 개인정보보호 인증제 운영에 관한규칙	2012 개인정보 보호법령집 개인정보보호 인증제 점검사항
	암호화			암호정책 수립기준안에 암호 알고리즘 및 키 길이 이용안내서
금융 영역	금융 서비스 제공자	전자금융 거래법, 동법시행령	전자금융감독 규정 금융회사 정보기술부문 보호업무 모범 기준	전자금융가동 규정 시행세칙 전산장비 이용관련 내부통제 모범규준 금융분야 주요 정보통신기반 시설 취약점 분석 평가기준 전자금융감독규정 해설 금융 IT 보안 컴플라이언스 참조 가이드
		신용정보법, 동법시행령	신용 정보업 감독 규정 개인신용정보 관리 보호 모범규준	
		여신금융업법, 동법시행령, 시행규칙	여신전문금융업 감독 규정	여신업 전문금융업 감독규정 시행세칙

<표 6-30> 정보보호 관련 법률적 근거 (계속)

구 분	분 류	법	고시 및 규칙	기 타
		금융지주회사법, 금융실명제법, 보험업법, 은행법		
정보 통신 영역	정보통신 서비스 제공자	정보통신망법, 동법시행령, 시행규칙	개인정보의 기술적, 관리적, 보호 보호조치기준 정보보호 관리체계(ISMS)인증 등에 관한 고시 개인정보 보호 관리체계 (PSMS)인증에 관한 고시	개인정보의 기술적, 관리적 보호 조치기준 해설서 정보보호 관리체계(ISMS) 인증기준 세부점검사항 항목 개인정보 보호 관리체계 인증 심사항목 정보통신서비스 제공을 위한 개인정보 보호 법령해설서 정보통신 서비스 제공자 등을 위한 외부 인터넷 망 차단 조치 안내
	위치정보 사업자 위치기반 서비스 사업자	위치정보보호법 동법 시행령		

출처: CISO 스토리 (강은성, 2013)의 자료를 수정 변경

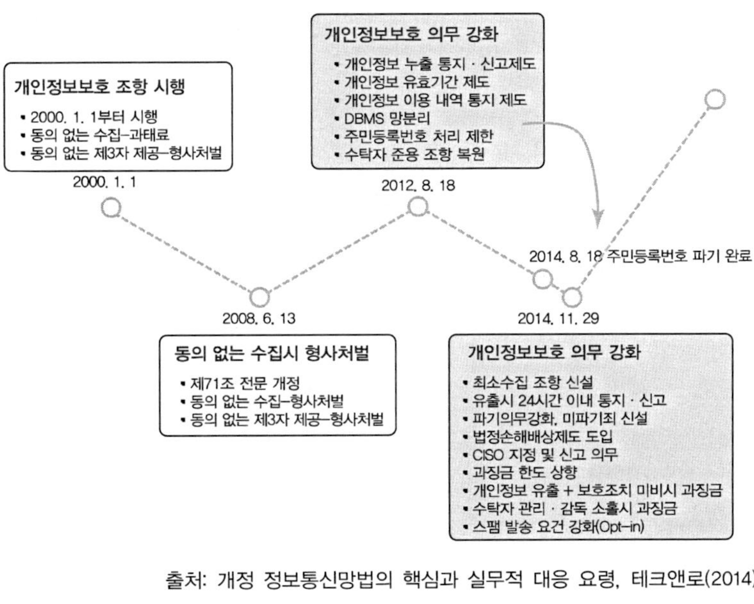

출처: 개정 정보통신망법의 핵심과 실무적 대응 요령, 테크앤로(2014)

[그림 6-14] 정보통신망법의 개정 연혁

정보통신망법의 경우 정보보호를 위해 규제를 강화하는 방향으로 진행하고 있다. 주요내용은 다음과 같다.

첫째, 최소한의 필요한 개인정보의 개념을 명확하게 함으로써 이에 필요한 필수 항목은 해당 서비스의 본질적 기능을 수행하기 위하여 반드시 필요한 정보로 엄격히 제한하고 있다. 기업이 서비스를 이용자에게 제공하기 위해 필요로 하는 선택 항목은 서비스 목적별로 그룹화하고 개별적으로 동의하도록 하고, 특히 마케팅 활용목적을 위한 선택항목(연락처 등)은 별도로 그룹화하여 개별 동의를 받아야 한다. 또한 거부하더라도 서비스 이용이 가능하다는 점을 명확하게 표시해야 한다.

<표 6-31> 서비스별 수집 가능 정보 예시

해당서비스	본질적 기능	필수항목
인터넷 회원제 서비스	회원에 대한 요금조회, 상담서비스 신청, 포인트 적립등 명의도용 부정이용 방지 등 회원관리	아이디, 비밀번호, 성명, 법정 생년월일, 연락처 등
유료 서비스	구매한 서비스 및 상품결제	결제 수단별 필요한 개인정보 (계좌번호, 카드번호 등)
결제 및 배송 서비스	구매한 서비스 및 상품결제, 배송	경제정보(계좌번호, 카드번호 등), 배송정보(배송주소, 수령인 연락처 등)

출처: 개정 정보통신망법의 핵심과 실무적 대응 요령, 테크앤로(2014)

둘째, 기업이 M&A 시 영업 양수자 등의 통지 의무를 강화하여 반드시 이용자에게 양수 관련 정보를 통지해야 한다. 셋째, 개인정보 누출 등 통지·신고 의무에 대한 강화 방안으로 정보유출이 발생한 경우 정부 관련 부서에게 이를 통지해야 한다. 넷째, 개인정보 수집, 이용 목적 달성, 이용기간 경과 후에 반드시 개인정보를 파기해야 하는 개인정보 파기 의무 및 처벌 방안을 강화해야 한다. 다섯째, 영리목적 광고성 정보규제 강화 방안으로 모든 전자적 전송매체에 대해 원칙적으로 이용자가 사전 수신동의 시에만 영리목적의 광고성 정보전송 및 게시가 가능하며, 홍보성 Email의 경우 Opt-Out[26]에서 Opt-In[27]으로 변경하여 진행한다. 사전 동의를 받았더라도 수신자가 철회하거나 수신거부 의사를 표시하면 전송이 금지된다. 이에 대하여 과징금 부과 사유 추가 및 상한액은 상향조정되어야 한다.

2 CPO 및 CISO의 기업 내 역할과 책임

정부는 기업내 정보보호 책임자를 지정하도록 명시하여 기업이 보유한 개인정보를 안전하게 관리할 수 있도록 하고 있다. 정부는 정보보호 관리자를 지정하도록 유도하는 법률로 개인정보 보호법, 신용정보보호법, 전자거래금융법, 정보통신망법에서 제시하고 있다.

<표 6-32> 법령 기준 관리책임자 임명 의무

관련법률	관리 책임자 임명 의무
개인정보보호법	CPO(Chief Privacy Officer)임명 의무
신용정보보호법	CCO(Chief Credit information Officer)임명 의무
전자금융거래법	CISO(Chief Information Security Officer) 임명 의무 (일정 규모 이상 기업은 임원급 임명 및 겸직금지)
정보통신망법	CPO, CISO, 청소년보호책임자 임명 의무 (일평균이용자 10만 명 또는 매출액 10억 원 이상)

출처: CISO와 CPO의 책임과 역할, 테크앤로(2014)

26) 옵트아웃(Opt-out)은 당사자가 자신의 데이터 수집을 허용하지 않는다고 명시할 때 정보수집이 금지되는 제도이다. 기업과 같은 단체가 광고를 위한 메일을 보낼 때, 수신자가 발송자에게 수신거부 의사를 밝혀야만 메일발송이 금지되고 수신거부 의사를 밝히기 전에는 모든 수신자에게 메일을 보낼 수 있는 방식이다.

27) 옵트인(Opt-in)은 당사자가 개인 데이터 수집을 허용하기 전 까지 당사자의 데이터 수집을 금지하는 제도이다. 기업과 같은 단체가 광고를 위한 메일을 보낼 때, 수신자의 동의를 얻어야 메일을 발송할 수 있도록 하는 방식도 옵트인(Opt-in) 방식이다.

CPO(Chief Privacy Officer)는 개인정보 관리책임자 또는 최고 정보보호 책임자라고도 명칭하며 개인정보 보호법과 정보통신망법에 따른 임명 의무가 있다. 개인정보 보호법과 정보통신망법에 의한 임명 의무에 따르면 개인정보 보호법에서는 개인정보 보호 책임자 그리고 정보통신망법에서는 개인정보 관리책임자로 명칭하고 있다. 개인정보 보호법 상 CPO의 임무는 개인정보의 처리에 관한 업무를 총괄해서 책임지는 것(제31조 제1항)으로 명시하고 있다. 정보통신망법상 CPO의 임무는 이용자의 개인정보를 보호하고 개인정보와 관련한 이용자의 고충을 처리하는 것(제27조 제1항)으로 되어 있다. 주요 업무는 이용자의 개인정보 보호, 개인정보와 관련한 이용자의 고충 처리 업무를 담당한다.

<표 6-33> 정보통신망법 기준 CISO와 CPO의 차이점

구 분	CPO	CISO
정식명칭	개인정보 관리책임자	정보보호 최고책임자
자격	임원 또는 개인정보와 관련하여 이용자의 고충을 처리하는 담당 부서의 장(시행령 제13조)	임원급
주요업무	이용자의 개인정보 보호 개인정보관련 이용자의 고충처리	정보보호 관리체계 수립·관리·운영 침해사고의 예방 및 대응 중요정보의 암호화 등
임명 의무 부담자	정보통신서비스 제공자 등 (정보통신서비스 제공자, 그로부터 이용자의 개인정보를 제공받은 자)	정보통신서비스 제공자
근거조항	제27조 (제4장 개인정보의 보호)	제45조의 3 (제6장 정보통신망의 안정성 확보 등)

출처: CISO와 CPO의 책임과 역할, 테크앤로(2014)

금융 보안 측면에서 CISO(Chief Information Security Officer)는 다음과 같은 역할을 수행한다.

첫째, 정보보호 최고 책임자로서의 역할이다. 즉, 기업에서 정보보안을 위한 기술적 대책과 법률 대응까지 총괄적으로 책임을 지는 최고임원이다.

둘째, 전자금융 거래법과 정보통신망법에 의한 임명 의무이다. 따라서 금융회사는 CISO를 반드시 지정해야 한다. 총자산 2조원 이상이고 종업원 수가 300명 이상인 금융회사는 정보보고 최고책임자(CISO)를 임원으로 임명하여야 한다.

셋째, 기업의 경영목표를 이루기 위해, 정보기술을 감독하고 전략을 세우는 것이 주 임무인 최고 정보관리책임자(CIO)와는 구별되는 역할을 수행한다.

전자금융 거래법상 CISO의 자격 기준은 IT분야 학위 및 경력취득 여부가 중요하며 전자금융 거래법 시행령 별표1 기준에 따르면 다음과 같이 자격 요건을 명시하고 있다.

- 정보보호 또는 정보기술(IT) 분야의 전문학사 학위를 취득한 후 4년 이상 정보보호 분야 업무 또는 5년 이상 정보기술(IT) 분야 업무를 수행한 경력이 있는 사람
- 정보보호 또는 정보기술(IT) 분야의 학사학위 또는 다음 전문자격을 취득한 후 2년 이상 정보보호분야 또는 3년 이상 정보기술(IT) 분야 업무를 수행한 경력이 있는 사람
- 정보보호 또는 정보기술(IT) 분야의 석사학위를 취득한 후 1년 이상 정보보호 분야 업무 또는 2년 이상 정보기술(IT) 분야 업무를 수행한 경력이 있는 사람
- 8년 이상 정보보호분야 업무 또는 10년 이상 정보기술(IT) 분야 업무를 수행한 경력을 보유한 사람 등

국내의 경우 여러 개인정보 유출 사고를 겪은 후 개인정보 보호의 경우 점차적으로 규제가 강화되고 있다. 정보통신망법의 경우 2014년 8월에 주민등록번호 파기를 진행하였다. 정보통신망법의 경우 여러 차례 개정을 진행하고 있다.

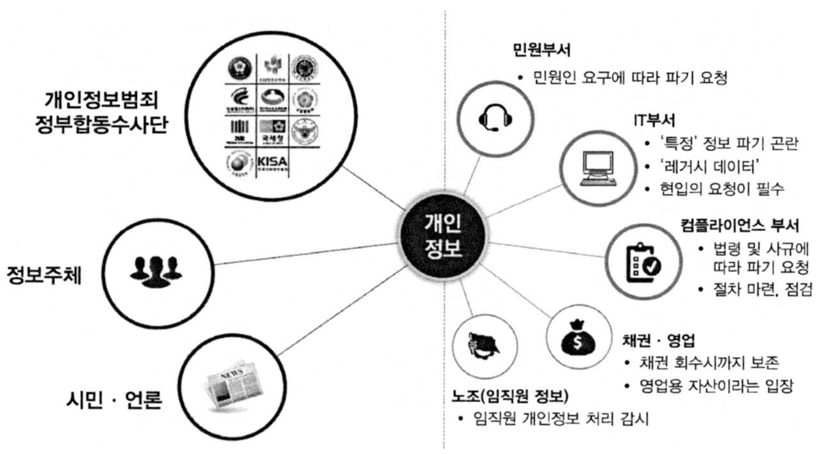

출처: 개정 정보통신망법의 핵심과 실무적 대응 요령, 테크앤로(2014)

[그림 6-15] 개인정보와 관련된 기업 내부 및 외부 관계자 들

개인정보 보호법 제59조 제3호를 위반하여 다른 사람의 개인정보를 훼손, 멸실, 변경, 위조 또는 유출한 자는 국내의 경우 정보 주체의 동의 없는 개인정보 제3자 제공 등의 경우 고의, 과실, 목적을 불문하고 강한 형사처벌을 수행하고 있다[28]. 그러나 독일의 경우, 고의, 중과실, 경제적 목적이 인정되어야 형사처벌이 가능하게 구성되어 있다. 형사처벌은 양법규정으로 담당자와 해당기업은 동일한 형량으로 5년 이하 징역 또는 5천마원 이하 벌금으로 처벌 받게 되어 있다. 행정처벌의 경우는 5천만원 이하의 과태료 납부이다. 따라서 회사 내에서 CISO 직위는 기피대상으로 CISO의 법률적 위험감소를 할 수 있는 환경 조성이 필요하다.

＊＊＊＊

28) 관련 근거는 개인정보 보호법 제71조의 형사처벌 조항이다.

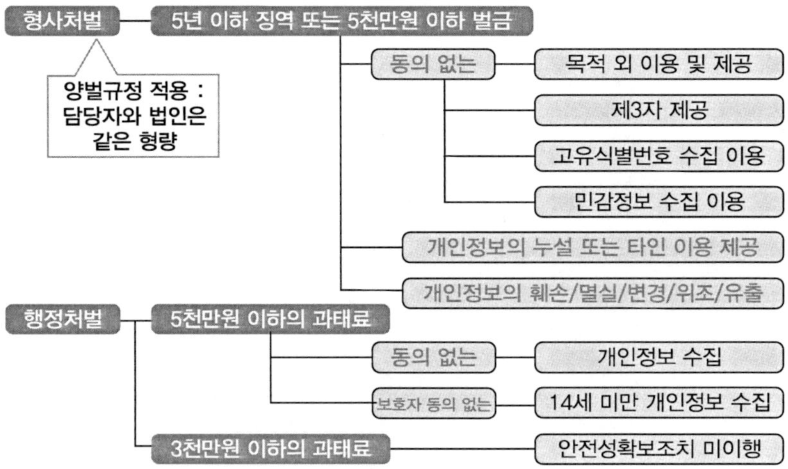

출처: CISO와 CPO의 책임과 역할, 테크앤로(2014)

[그림 6-16] 개인정보 보호법 기준 CISO, CPO 관련 법률상 책임조항

다음은 기업에서 CISO와 CPO 운영형태에 대하여 논의하고자 한다.

3 금융권의 CPO와 CISO 운영형태

개인정보를 수집하는 5인 이상 사업체 중 CPO를 지정한 업체의 비율은 약 55% 이며, 그중 CPO를 전담으로 임명한 업체 비율은 28.7%(출처: KISA,정보보호 실태조사)로 나타났다. 즉, 실제로 30대 기업 중 CPO 직책을 전담한 사람은 거의 없는 것이 현 실정이다.

CPO와 CISO를 겸직하는 경우 업무감시의 효과 저해, 입법취지의 저해가 발생할 가능성이 높으며 CPO와 CISO를 분리하는 경우는 IT조직의 같은 안건에 대하여 CISO와 CPO가 각각 결재하여 업무추진 상 애로사항이 발생할 수 있다. 또한 CPO는 IT시스템의 개발 등 주요 업무를 소홀히 할 우려가 생기며 개인정보 처리시스템에 접근통제 활동 누락으로 개인정보 보호법 29조를 위반하는 경우로 개인정보 유출 시 형사처벌 가능성이 발생 할 수 있다. CISO와 CPO를 겸직하는 경우는 일반적으로 이공계열 출신의 CISO가 CPO를 겸직할 가능성이 높다. CISO가 CPO를 겸직하는 경우 법무에 대한 이해 부족으로 업무에 지장을 줄 수 있고, 법무조직과 업무협조가 소홀해지거나 갈등이 발생할 가능성이 있다. 따라서 회사의 업무 분배현황, 정보사고발생시 대응방안 등을 고려하여 기업 환경에 맞는 최적의 형태를 선택하여 운영해야 한다. 환경적으로 CISO의 요건 중에 법률에 대한 깊은 이해를 가질 것을 요건으로 포함하여 장기적으로 융합전문가 양성의 필요성이 대두되고 있다.

	CISO (Chief Information Security Officer)	COP (Chief Privacy Officer)
유형 1	IT조직에 소속되어 IT보안역할 수행	준법감시 등 내부통제조직 소속
유형 2	IT조직과 별도로 분리되어 전사 정보보안역할	준법감시 등 내부통제조직 소속
유형 3	IT조직과 별도로 분리되어 전사정보보안역할	별도 독립조직 운영 (기획, 실행, 모니터링)

출처: CISO와 CPO의 책임과 역할, 테크앤로(2014)

[그림 6-17] 금융권의 CISO, CPO 운영 형태

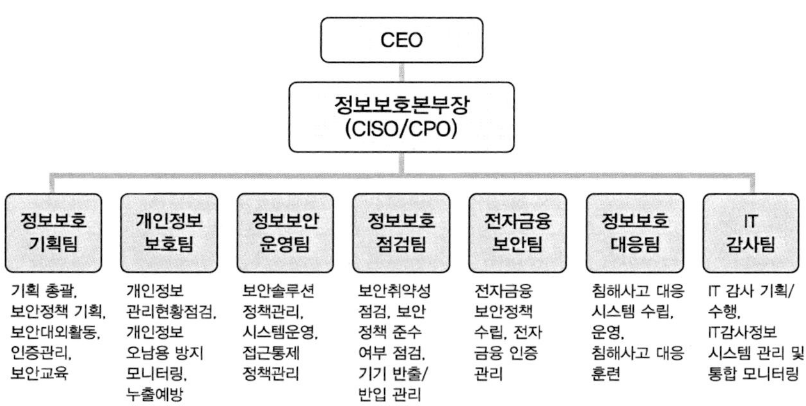

출처: CISO와 CPO의 책임과 역할, 테크앤로(2014)

[그림 6-18] CISO 및 CPO 겸직 시 이상적 조직구조

참고문헌

E-Banking & Payment

❖ 국내 문헌

[1] 강구민, 보이스 피싱 범죄에 대한 쟁점과 대책, 2010

[2] 김명선, 개인정보 보호법 기반 개인정보 수준측정 점검모델, 2011

[3] 김성천. 전자금융과 이용자 보호 2008

[4] 김수현, 안드로이드 플랫폼 기반 보이스 피싱 방지 시스템의 설계 및 구현, 2010

[5] 김시홍, 전자금융의 컨버전스와 전자금융 거래법

[6] 김영준, 보이스피싱 방지를 위한 번호변작 차단시스템, 2013

[7] 김이영, 전자고지·결제(EBPP) 서비스의 현황 및 전망, 2001

[8] 김종배, 웹 기반의 개인정보 유.노출 대응, 2013

[9] 김주현, 국내 가상화폐의 유형별 현황 및 향후 전망, 2014

[10] 김태오, 가상화폐의 이용현황과 시사점, 2013

[11] 노규성외 9명, 스마트시대의 전자상거래, 2013

[12] 노승훈, 권태경, 국내 모바일 환경 간편결제 서비스에 대한 비교 연구, 2014

[13] 류한석, 모바일 플랫폼 비즈니스, 2012

[14] 문혜정, 개인정보침해 사례, 2012

[15] 배문선, 비금융기관 전자지급결제 서비스 이용 현황, 2013

[16] 성기훈, AHP를 이용한 SNS 정보보호 위협요인 분석, 2010

[17] 신진, 사이버 공격의 국가 경제적 손실분석, 2012

[18] 신휴근, 금융IT 정보보호 동향 예측분석, 2013

[19] 양현봉, 신종원, 유순덕, 권혁진, 중소기업 전자상거래 보증의 현황분석을 통한 e-비즈니스 활성화 방안, 산업연구원, 2013

[20] 오용석, 2012년 개인정보 보호 상담사례집(130627공표), 2012

[21] 유순덕, 전자지급결제 서비스의 현황과 대응방안, 여신금융협회, 2014

[22] 유순덕, Supplier Management and Approval in Reverse Trade card, the electronic payment system on the B2B market, CUTE 2010 The 5th International Conference on Ubiquitous Information Technology & applications IEEE, 2010

[23] 유순덕, 국내 전자상거래 보증제도의 효율적 운영방안에 관한 연구, 한국디지털정책학회, 2011

[24] 유순덕, 오픈마켓과 부당거래 방지 시스템, 한국인터넷방송통신학회, 2011
[25] 유순덕, 신용기반의 해외무역 거래를 위한 최적화된 전자결제 시스템, 한국정보과학회, 2011
[26] 유순덕, OTP를 활용한 안전하고 간편한 신결제 시스템 연구, 한국정보과학회, 2012
[27] 유순덕, B2B 거래 기반의 소셜커머스 모델 소개, 한국인터넷방송통신학회, 2012
[28] 유순덕, 통신과금 서비스의 피해예방을 위한 개선방안, 2013, 한국디지털정책학학회
[29] 유순덕, 전자상거래에서 소비자 보호방안에 관한 연구, 한국디지털정책학회, 2013
[30] 유순덕, 중소기업간 금융결제를 지원하는 e-MP 서비스 활성화 방안, 한국디지털정책학회, 2013
[31] 유순덕, 빅데이터 산업 활성화 전략 연구, 한국디지털정책학회, 2014
[32] 유순덕, 미래예측 방법론, 정보통신산업진흥원, 2014
[33] 유순덕, Business Ecosystem and ecosystem of BigData, LNCS (Lecture Notes in Computer Science), 2014
[34] 유순덕, Using Big Data strategy for the development of the communication industry, LNCS(Lecture Notes in Computer Science), 2014
[35] 유순덕, 김홍천, 최광돈, 이세영, 구매안전서비스 등 전자상거래 결제제도 개선을 위한 연구, 한세대학교 산학협력단, 2013
[36] 유순덕, 이세영, 구태언, 유광선, 신종과금서비스 피해예방을 위한 정책방안 연구, 미래창조과학부, 2013
[37] 유순덕, 최광돈, 최점기, 유광선, 김병훈, 민간의 자생적 벤처·창업 생태계 조성 및 활성화 방안 연구, 미래창조과학부, 2014
[38] 유순덕외 8인, 빅데이터 비즈니스 생태계 활성화 전략수립 연구, 한국정보화진흥원, 2013
[39] 윤일한, 정보보안 컴플라이언스, 2014
[40] 장상수, 정보보호 안전진단 성과관리 측정 모델 및 성과 분석 방안 연구, 2010
[41] 전주용, 비트코인의 이해와 시사점, 2013
[42] 조호대, 보이스피싱 발생 및 대응방안, 2012
[43] 진성철, 인터넷 이용자의 개인정보 유출 가능성에 대한 심리적 불안에 관한 연구, 2011
[44] 최대선, 소셜네트워크서비스 개인정보 노출 실태 분석, 2013

[45] 최정수, 2013년 연간 및 4분기 전자상거래 및 사이버쇼핑동향, 2013
[46] 최정수, 전자상거래 및 사이버쇼핑 동향, 2014
[47] 한창희, 기업의 개인정보 유출로 인한 경제적 피해규모 산출방법, 2011
[48] 함유근, 중장기전자금융발전과제및금융정보화추진체계개편방안
[48] 허현희, 기술 유출 사례집(최종), 2007
[50] 홍준형, 개인정보분쟁조정사례집, 2013
[51] 전자화폐의 종류 및 발급기관 현황, 2006
[52] ICT 산업 위험 요인
[53] 인터넷 및 정보보호, 2014
[54] 전자상거래개론 USA 대표 PG사 조사 Paypal외, 2010
[55] DMC 모바일 지급결제 시장 현황 및 전망
[56] KB지식비타민 20140423 국내 지급결제 시장 동향과 특징, 2014
[57] 공인인증서, 비금융기관의 지급결제 서비스 제공현황, 2012
[58] 전자금융 거래법(11814), 2013
[59] 전자금융업자 서비스 제공 현황, 2014

정가 18,000원

전자금융과 결제

2015년 2월 20일 초판 인쇄
2015년 2월 27일 초판 발행
저　자 : 유순덕
발행자 : 우명찬·송　준
발행처 : 홍릉과학출판사
주　소 : 서울시 강북구 인수봉로 50길 10
142-885
등　록 : 1976년 10월 21일 제5-66호
전　화 : (02) 999-2274~5, 903-7037
팩　스 : (02) 905-6729
e-mail: hongpub@hongpub.co.kr
http://www.hongpub.co.kr
ISBN: 979-11-5600-348-9

저자와의
협의하에
인지생략